T0246513

CÓMO CONOCER A UNA PERSONA

David Brooks

CÓMO CONOCER A UNA PERSONA

*El arte de ver profundamente a los demás
y de ser visto con profundidad*

OCÉANO

CÓMO CONOCER A UNA PERSONA
El arte de ver profundamente a los demás
y de ser visto con profundidad

Título original: HOW TO KNOW A PERSON. The Art of Seeing
                 Others Deeply and Being Deeply Seen

© 2023, David Brooks

Publicado según acuerdo con con Grand Central Publishing, una división
de Hachette Book Group Inc., USA. Todos los derechos reservados.

Traducción: Rafael Segovia

Diseño de portada: Pete Garceau
Ilustración de portada: www.iStockphoto.com / Getty Images
Fotografía del autor: © Howard Schatz and Beverly Ornstein

D. R. © 2024, Editorial Océano de México, S.A. de C.V.
Guillermo Barroso 17-5, Col. Industrial Las Armas
Tlalnepantla de Baz, 54080, Estado de México
info@oceano.com.mx

Primera edición: 2024

ISBN: 978-607-557-937-5

Impreso en México / Printed in Mexico

A Peter Marcos

Índice

Parte 1

TE
VEO

El poder de ser visto

Si alguna vez viste la vieja película *El violinista en el tejado*, sabrás lo cálidas y emotivas que pueden ser las familias judías. Están siempre abrazándose, cantando, bailando, riendo y llorando juntos.

Yo vengo del otro tipo de familia judía.

La cultura de mi educación podría resumirse en la frase "Piensa en yiddish, actúa como británico". Éramos personas reservadas y rígidas. No estoy diciendo que haya tenido una mala infancia ni mucho menos. El hogar fue un lugar estimulante para mí mientras crecía. Sentados a la mesa durante las cenas de Acción de Gracias hablábamos de la historia de los monumentos funerarios victorianos y las fuentes evolutivas de la intolerancia a la lactosa (no estoy bromeando). Había amor en el hogar. Simplemente no lo expresábamos.

Quizá como era de esperar, me volví un poco indiferente. Cuando tenía cuatro años, mi maestra de la guardería al parecer les dijo a mis padres: "David no siempre juega con los otros niños. La mayor parte del tiempo se queda a un lado y los *observa*". Ya fuera por naturaleza o por educación, un cierto retraimiento se convirtió en parte de mi personalidad. En la secundaria ya había adoptado una residencia de largo plazo dentro de mi propia cabeza. Cuando más vivo me sentía era cuando me dedicaba a la solitaria tarea de escribir. En el tercer año quería salir con una mujer llamada Bernice. Pero después de reunir información, descubrí que ella quería salir con otro chico. Me quedé impactado. Recuerdo haberme dicho:

"¿Qué está *pensando ella*? ¡Escribo mucho mejor que ese tipo!". Es muy posible que tuviera una visión un tanto limitada de cómo funcionaba la vida social para la mayoría de las personas.

Luego, cuando tenía 18 años, los responsables de admisiones de Columbia, Wesleyan y Brown decidieron que debía ir a la Universidad de Chicago. Amo mi *alma mater*, y ha cambiado mucho para mejor desde que estuve ahí, pero en aquel entonces no era exactamente el tipo de lugar para ponerse en contacto con tus sentimientos y que pudiera derretir mi edad de hielo emocional. Mi dicho favorito sobre Chicago es éste: es una escuela bautista donde profesores ateos enseñan a estudiantes judíos la teología de santo Tomás de Aquino. Los estudiantes todavía usan camisetas que dicen: "Seguro que funciona en la práctica, pero ¿funciona en la teoría?". Y así entré a regañadientes en este mundo sesudo y... ¡Sorpresa, encajé a la perfección!

Si me hubieran conocido 10 años después de terminar la universidad, creo que les hubiera parecido un tipo bastante agradable, alegre pero un poco inhibido, no alguien que fuera fácil de conocer o a quien le resultara fácil conocerlos a ustedes. En verdad, yo era un experimentado artista del escape. Cuando otras personas me revelaban cierta intimidad vulnerable, se me daba bien hacer contacto visual significativo con sus zapatos y luego excusarme para asistir a una cita de vital importancia con mi tintorero. Tenía la sensación de que aquélla no era una forma ideal de ser. Me sentía dolorosamente incómodo durante esos momentos en que alguien intentaba conectarse conmigo. Por dentro quería conectar. Pero no sabía qué decir.

Reprimir mis propios sentimientos se convirtió en mi modo predeterminado de moverme por el mundo. Supongo que me impulsaron las causas habituales: miedo a la intimidad; una intuición de que si realmente dejaba fluir mis sentimientos no me gustaría lo que surgiría; miedo a la vulnerabilidad, y una ineptitud social generalizada. Un episodio en apariencia pequeño y estúpido simboliza para mí esta forma de vida reprimida. Soy un gran aficionado al beisbol, y aunque he asistido a cientos de partidos, nunca he atrapado una bola perdida en las gradas. Un día, hace unos 15 años, estaba en un juego en Baltimore cuando el bate de un bateador se hizo añicos y todo, excepto el mango, voló sobre la banca y aterrizó a mis pies. Me agaché y lo agarré. ¡Conseguir un bate en un juego es mil veces mejor que conseguir una pelota! Debí haber estado saltando arriba y abajo, agitando mi trofeo en el aire, chocando las manos con la gente que me rodeaba, convirtiéndome por un momento en una enorme celebridad. En cambio, tan sólo coloqué el bate a mis pies y me senté, con la cara inexpresiva, mientras todos me observaban. Mirando hacia el pasado, me dan ganas de gritarme a mí mismo: "¡Muestra un poco de alegría!". Pero cuando se trataba de manifestaciones espontáneas de emociones, tenía la capacidad emocional de una col.

Sin embargo, la vida tiene una manera de ablandarlo a uno. Convertirme en padre fue una revolución emocional, por supuesto. Más tarde, absorbí mi parte de los golpes que sufre cualquier adulto: relaciones rotas, fracasos públicos, la vulnerabilidad que conlleva el envejecimiento. La consiguiente sensación de mi propia fragilidad fue buena para mí, ya que me introdujo a partes más profundas y reprimidas de mí mismo.

Otro evento aparentemente pequeño simboliza el comienzo de mi viaje aún en curso para convertirme en un ser humano pleno. Como comentarista y experto, a veces me piden que participe en paneles de discusión. Por lo general, se hacen en los *think tanks* de Washington y tienen exactamente el mismo fervor emocional que se esperaría de una discusión sobre política fiscal. (Como observó una vez la periodista Meg Greenfield, Washington no está lleno de esos niños salvajes que metieron al gato en la secadora; está lleno de aquellos niños que delatan a los niños que metieron al gato en la secadora.) Pero ese día en particular estaba invitado a participar en un panel en el Public Theatre de Nueva York, con la compañía que más tarde lanzaría el musical *Hamilton*. Creo que se suponía que hablaríamos del papel de las artes en la vida pública. La actriz Anne Hathaway estaba en el panel conmigo, junto con un payaso hilarante e intelectual llamado Bill Irwin y algunos otros. En este panel, las reglas de los *think tanks* de D.C. no aplicaban. Entre bastidores, antes del panel, todos se animaban unos a otros. Nos reunimos para un gran abrazo grupal. Entramos al teatro llenos de camaradería y buenas intenciones. Hathaway cantó una canción conmovedora. Había pañuelos en el escenario por si alguien empezaba a llorar. Los otros panelistas comenzaron a emocionarse. Hablaron de momentos mágicos en los que quedaron deshechos, transportados o transformados por alguna pintura u obra de teatro. ¡Incluso yo comencé a poner emoción a las cosas! Como podría haber dicho mi héroe Samuel Johnson, era como ver a una morsa tratando de patinar: no era buena, pero a uno le impresionaba verla. Luego, después del panel, celebramos con otro abrazo grupal y pensé: "¡Esto es fantástico! ¡Tengo que rodearme más de gente de teatro!". Prometí cambiar mi vida.

Sí, soy el tipo a quien le cambió la vida gracias a una mesa redonda.

Bien, fue un *poco* más gradual que eso. Pero a lo largo de los años llegué a darme cuenta de que vivir de manera desapegada es, de hecho, un alejamiento de la vida, un distanciamiento no sólo de otras personas sino también de uno mismo. Entonces me embarqué en un viaje. Los escritores elaboramos nuestras cosas en público, por supuesto, así que escribí libros sobre la emoción, el carácter moral y el crecimiento espiritual. Y en cierto modo funcionó. Con el paso de los años, cambié mi vida. Me mostré más vulnerable con la gente y más expresivo emocionalmente en público. Intenté convertirme en el tipo de persona en quien la gente confiaría: hablaría conmigo sobre sus divorcios, su dolor por la muerte de su cónyuge, sus preocupaciones por sus hijos. Poco a poco, las cosas empezaron a cambiar por dentro. Tuve estas experiencias novedosas: "¿Qué son estos hormigueos en mi pecho? ¡Oh, son *sentimientos*!". Un día estoy bailando en un concierto: "¡Los sentimientos son geniales!". Otro día, me entristece que mi esposa esté de viaje: "¡Los sentimientos apestan!". Mis objetivos de vida también cambiaron. Cuando era joven quería tener conocimientos, pero a medida que crecí quería ser sabio. Las personas sabias no sólo poseen información; poseen una comprensión compasiva de otras personas. Saben de la vida.

No soy una persona excepcional, pero soy un cultivador. Tengo la capacidad de ver mis defectos y luego tratar de esforzarme por convertirme en un ser humano más desarrollado. He progresado a lo largo de estos años. Esperen, ¡puedo demostrárselo! Dos veces en mi vida he tenido la suerte de haber aparecido en el programa *Super Soul Sunday de Oprah*, una en 2015 y otra en 2019. Después de que terminamos de grabar la segunda entrevista, Oprah se me acercó y me dijo: "Rara vez he visto a alguien cambiar tanto. Estabas tan bloqueado antes". Ése fue un momento de orgullo para mí. Quiero decir, ella debería saberlo: ella es Oprah.

Aprendí algo profundo en el camino. Tener un corazón abierto es un requisito previo para ser un ser humano pleno, bondadoso y sabio. Pero no es suficiente. La gente necesita habilidades sociales. Hablamos sobre la importancia de "relaciones", "comunidad", "amistad", "conexión social", pero estas palabras son demasiado abstractas. El verdadero acto de, digamos, construir una amistad o crear una comunidad implica realizar bien una serie de pequeñas acciones sociales concretas: estar en desacuerdo sin envenenar la relación; revelar la vulnerabilidad al ritmo adecuado; ser un buen oyente; saber terminar una conversación con gracia; saber pedir y ofrecer perdón; saber decepcionar a alguien sin romperle el corazón; saber sentarse con alguien que sufre; saber organizar un encuentro en el que todos se sientan acogidos; saber ver las cosas desde la perspectiva del otro.

Éstas son algunas de las habilidades más importantes que un ser humano puede poseer y, sin embargo, no las enseñamos en la escuela. Algunos días parece que hemos construido intencionalmente una sociedad que brinda a las personas poca orientación sobre cómo realizar las actividades más importantes de la vida. Como resultado, muchos de nosotros nos sentimos solos y carecemos de amistades profundas. No es porque no queramos estas cosas. Por encima de casi cualquier otra necesidad, los seres humanos anhelan que otra persona los mire a la cara con amor, respeto y aceptación. Es que nos falta conocimiento práctico sobre cómo brindarnos unos a otros el tipo de atención que deseamos. No estoy seguro de que las sociedades occidentales hayan sido alguna vez buenas en enseñar estas habilidades, pero en las últimas décadas en particular ha habido una pérdida de conocimiento moral. Nuestras escuelas y otras instituciones se han centrado cada vez más en preparar a las personas para sus carreras, pero no en las habilidades de ser consideradas con la persona que está a su lado. Las humanidades, que nos enseñan lo que pasa por la mente de otras personas, han quedado marginadas. Y pasar una vida en las redes sociales no ayuda exactamente a las personas a aprender estas habilidades. En las redes sociales se puede tener la ilusión del contacto social sin tener que realizar los gestos que realmente generan confianza, interés y afecto. En las redes sociales la estimulación reemplaza a la intimidad. Hay juicio en todas partes y comprensión en ninguna.

En esta era de creciente deshumanización me he obsesionado con las habilidades sociales: cómo mejorar en el trato a las personas siendo considerado; cómo mejorar en comprender a las personas que nos rodean. He llegado a creer que la calidad de nuestra vida y la salud de la sociedad depende, en gran medida, de qué tan bien nos tratamos unos a otros en las pequeñas interacciones de la vida diaria.

Y todas estas diferentes habilidades se basan en una aptitud fundamental: la capacidad de comprender por lo que está pasando otra persona. Hay una habilidad que reside en el corazón de cualquier persona, familia, escuela, organización comunitaria o sociedad sana: la capacidad de ver a otra persona en profundidad y hacer que se sienta vista; conocer con precisión a otra persona, permitirle sentirse valorada, escuchada y comprendida.

Ésa es la esencia de ser una buena persona, el máximo regalo que puedes dar a los demás y a ti mismo.

∼

Los seres humanos necesitan reconocimiento tanto como necesitan comida y agua. No se puede idear un castigo más cruel que *no* ver a alguien, hacerlo sentir insignificante o invisible. "El peor pecado hacia nuestros semejantes no es odiarlos —escribió George Bernard Shaw—, sino ser indiferentes hacia ellos: ésa es la esencia de la inhumanidad." Hacer eso es decir: tú no importas. No existes.

Por otro lado, hay pocas cosas tan satisfactorias como la sensación de ser visto y comprendido. A menudo les pido a las personas que me cuenten las ocasiones en las que se han sentido vistas y, con brillo en los ojos, me cuentan historias sobre momentos cruciales de su vida. Hablan de un momento en que alguien percibió en ellas algún talento que ellas mismas ni siquiera podían ver. Hablan de alguna ocasión en que alguien entendió exactamente lo que necesitaban en un momento de agotamiento, e intervino, de la manera precisa, para aligerar la carga.

Durante los últimos cuatro años me he decidido a aprender las habilidades necesarias para ver a los demás, comprenderlos y hacer que otras personas se sientan respetadas, valoradas y seguras. Primero, quise comprender y aprender estas habilidades por razones pragmáticas. Uno no puede tomar de manera adecuada las grandes decisiones de la vida si no es capaz de comprender a los demás. Si vas a casarte con alguien, debes conocer no sólo la apariencia, los intereses y las perspectivas profesionales de esa persona, sino también cómo se manifiestan los dolores de su infancia en su edad adulta, si sus anhelos más profundos se alinean con los tuyos. Si vas a contratar a alguien, tienes que ser capaz de ver no sólo las cualidades enumeradas en su currículum sino las partes subjetivas de su conciencia, las partes que hacen que algunas personas se esfuercen o se sientan cómodas ante la incertidumbre, tranquilas en una crisis o generosas con los colegas. Si vas a retener a alguien en tu empresa, debes saber cómo hacer que se sienta apreciado. En un estudio de 2021, McKinsey preguntó a los directivos por qué sus empleados abandonaban sus empresas.[1] La mayoría de los directivos creía que la gente se iba para ganar más. Pero cuando los investigadores de McKinsey preguntaron a los propios empleados por qué se habían ido, las principales razones resultaron ser relacionales. No se sentían reconocidos ni valorados por sus directivos y organizaciones. No se sentían vistos.

Y si esta capacidad de ver verdaderamente a los demás es importante a la hora de tomar la decisión de casarse o de contratar y retener trabajadores, también lo es si eres un profesor que guía a sus estudiantes, un médico que examina pacientes, un anfitrión que anticipa las necesidades de un huésped, un amigo que pasa tiempo con otro amigo, un padre que cría a un hijo, un cónyuge que observa a su ser querido meterse a la cama al final del día. La vida va mucho mejor si puedes ver las cosas desde el punto de vista de otras personas, además del tuyo propio. "La inteligencia artificial hará muchas cosas por nosotros en las próximas décadas y reemplazará a los humanos en muchas tareas, pero una cosa que nunca podrá hacer es crear conexiones de persona a persona. Si quieres prosperar en la era de la IA, será mejor que seas excepcionalmente bueno conectando con los demás."

En segundo lugar, quería aprender esta habilidad por lo que considero motivos espirituales. Ver bien a alguien es un acto poderosamente creativo. Nadie puede apreciar por completo su propia belleza y fortalezas a menos que esas cosas se reflejen en la mente de otra persona. Hay algo en ser visto que produce crecimiento. Si irradias la luz de tu atención sobre mí, florezco. Si ves un gran potencial en mí, es probable que yo llegue a ver un gran potencial en mí mismo. Si puedes comprender mis debilidades y simpatizar conmigo cuando la vida me trata con dureza, entonces es más probable que tenga la fuerza para sortear las tormentas de la vida. "Las raíces de la resiliencia —escribe la psicóloga Diana Fosha— se encuentran en el sentido de ser comprendido y existir en la mente y el corazón de un otro que ama, está en sintonía y es dueño de sí mismo."[2] En la manera en que me ves, aprenderé a verme.

Y tercero, quería aprender esta habilidad para lo que supongo que uno llamaría razones de supervivencia nacional. Los seres humanos evolucionaron para vivir en pequeños grupos con personas más o menos como ellos. Pero hoy muchos de nosotros vivimos en sociedades maravillosamente pluralistas. En Estados Unidos, Europa, India y muchos otros lugares, estamos tratando de construir democracias multiculturales masivas, sociedades que acojan personas de diferentes razas y orígenes étnicos, con diferentes ideologías e historias. Para sobrevivir, las sociedades pluralistas necesitan ciudadanos que puedan superar las diferencias y mostrar el tipo de comprensión que es prerrequisito de la confianza, que puedan decir, como mínimo: "Estoy empezando a verte. Ciertamente, nunca experimentaré a plenitud el mundo como tú lo experimentas, pero estoy empezando, un poco, a ver el mundo a través de tus ojos".

En la actualidad, nuestras habilidades sociales son inadecuadas para las sociedades pluralistas en las que vivimos. En mi trabajo como periodista me sucede a menudo que entrevisto a personas que me dicen que se sienten invisibles y no respetadas: personas negras que sienten que las desigualdades sistémicas que afectan sus experiencias cotidianas no son comprendidas por los blancos; la población rural siente que no es visible para las élites de la costa; las personas de diferentes campos políticos se miran entre sí con furiosa incomprensión; los jóvenes deprimidos se sienten incomprendidos por sus padres y por todos los demás; los privilegiados que alegremente ignoran a todas las personas que los rodean limpiando sus casas y atendiendo sus necesidades; esposos y esposas en matrimonios rotos que se dan cuenta de que la persona que debería conocerlos mejor en realidad no tiene ni idea. Muchos de nuestros grandes problemas nacionales surgen del desgaste de nuestro tejido social. Si queremos empezar a reparar las grandes rupturas nacionales, tenemos que aprender a hacer bien las cosas pequeñas.

∽

En cada multitud hay reductores e iluminadores. Los reductores hacen que las personas se sientan pequeñas e invisibles. Ven a los otros como cosas que pueden usarse, no como personas con quienes entablar amistad. Estereotipan e ignoran. Están tan involucrados consigo mismos que los demás simplemente no están en su radar.

Los iluminadores, por el contrario, tienen una curiosidad persistente por las demás personas. Han sido entrenados o se han entrenado ellos mismos en el oficio de comprender a los demás. Saben qué buscar y cómo hacer las preguntas correctas en el momento adecuado. Encienden el brillo de su cuidado sobre las personas y las hacen sentir más grandes, más profundas, respetadas e iluminadas.

Estoy seguro de que has experimentado una versión de esto: conoces a alguien que parece totalmente interesado en ti, que te capta, que te ayuda a nombrar y ver cosas en ti mismo que tal vez ni siquiera habías expresado todavía con palabras, y te conviertes en una mejor versión de ti mismo.

Un biógrafo del novelista E. M. Forster escribió: "Hablar con él era dejarse seducir por un carisma inverso, una sensación de ser escuchado con tal intensidad que tenías que ser lo más honesto, lo más inteligente y mostrar lo mejor de ti mismo".[3] Imagínate lo bueno que sería ser ese tipo.

Quizá conozcas la historia que a veces se cuenta sobre Jennie Jerome, quien más tarde se convirtió en la madre de Winston Churchill. Se dice que cuando era joven cenó con el estadista británico William Gladstone y se fue pensando que era la persona más inteligente de Inglaterra. Tiempo después cenó con el gran rival de Gladstone, Benjamin Disraeli, y salió de esa cena pensando que *ella* era la persona más inteligente de Inglaterra. Es bonito ser como Gladstone, pero es mejor ser como Disraeli.

O considera una historia de Bell Labs.[4] Hace muchos años, los ejecutivos se dieron cuenta de que algunos de sus investigadores eran mucho más productivos y acumulaban muchas más patentes que otros. ¿Por qué sucedía esto?, se preguntaron. Querían saber qué hacía tan especiales a estos investigadores. Exploraron todas las explicaciones posibles (antecedentes educativos, posición en la empresa), pero se quedaron con las manos vacías. Entonces notaron una peculiaridad. Los investigadores más productivos tenían la costumbre de desayunar o almorzar con un ingeniero eléctrico llamado Harry Nyquist. Además de hacer importantes contribuciones a la teoría de las comunicaciones, Nyquist, dijeron los científicos, realmente escuchaba sus problemas, se metía en sus cabezas, hacía buenas preguntas y sacaba lo mejor de ellos. En otras palabras, Nyquist era un iluminador.

Entonces, ¿qué eres la mayor parte del tiempo, un reductor o un iluminador? ¿Qué tan bueno eres leyendo a otras personas?

Con seguridad no te conozco en persona, pero puedo hacer la siguiente afirmación con un alto grado de confianza: no eres tan bueno como crees. Todos pasamos nuestra vida repletos de ignorancia social. William Ickes, un destacado estudioso de la precisión con la que las personas perciben lo que piensan otras personas, descubre que los extraños que están en su primera conversación se leen entre sí con precisión sólo alrededor de 20 por ciento de las veces y los amigos cercanos y familiares lo hacen sólo 35 por ciento de las veces.[5] Ickes califica a los sujetos de su investigación en una escala de "precisión empática" de 0 a 100 por ciento y encuentra una gran variación de persona a persona.[6] Algunas personas obtienen una calificación de cero. Cuando conversan con alguien que acaban de conocer, no tienen idea de lo que en realidad está pensando la otra persona. Pero otras personas son bastante buenas leyendo a los demás y obtienen una puntuación de alrededor de 55 por ciento.[7] (El problema es que las personas que son terribles para leer a los demás piensan que son tan buenas como las que son bastante precisas.) Curiosamente, Ickes descubre que cuanto más tiempo están casadas muchas parejas, menos precisas son para interpretarse entre sí.[8] Bloquean una versión temprana de quién es su cónyuge y, con el paso de los años, a medida que la otra persona cambia, esa versión permanece fija, y saben cada vez menos acerca de lo que realmente está pasando en el corazón y la mente del otro.

No es necesario basarse en un estudio académico para saber que esto es cierto. ¿Con qué frecuencia en tu vida te has sentido estereotipado y categorizado? ¿Con qué frecuencia te has sentido prejuzgado, invisible, mal escuchado o incomprendido? ¿De verdad crees que no les haces esto a los demás a diario?

∼

El propósito de este libro es ayudarnos a ser más hábiles en el arte de ver a los demás y hacerlos sentir vistos, escuchados y comprendidos. Cuando comencé a investigar sobre este tema no tenía idea de en qué consistía esta habilidad. Pero sí sabía que personas excepcionales en muchos campos habían aprendido por sí mismas versiones de esta aptitud. Los psicólogos están capacitados para ver las defensas que construyen las personas para protegerse de sus miedos más profundos. Los actores pueden identificar los rasgos centrales de un personaje y aprender a desempeñar el papel. Los biógrafos pueden notar las contradicciones en una persona y, sin embargo, ver una vida completa. Los profesores pueden detectar el potencial. Los presentadores expertos de programas de entrevistas y podcasts saben cómo lograr que las personas se abran y sean ellas mismas. Hay muchísimas profesiones en las que el trabajo consiste en ver, anticipar y comprender a las personas: enfermería, ministerio, gestión, trabajo social, marketing, periodismo, edición, recursos humanos, etcétera. Mi objetivo era reunir algunos de los conocimientos que se encuentran dispersos en estas profesiones e integrarlos en un único enfoque práctico.

Así que me embarqué en un viaje hacia una mayor comprensión, un viaje en el que todavía me queda un largo, muy largo camino por recorrer. Poco a poco me di cuenta de que para tratar de conocer y comprender profundamente a los demás no se trata sólo de dominar algún conjunto de técnicas; es un modo de vida. Es como lo que experimentan los actores que han ido a la escuela de actuación: cuando están en el escenario no piensan en las técnicas que aprendieron en la escuela. Las han interiorizado, por lo que ahora son sólo parte de quiénes son. Espero que este libro te ayude a adoptar una postura diferente hacia otras personas, una manera diferente de estar presente con la gente, una manera diferente de tener conversaciones más importantes. Vivir de esta manera puede producir los placeres más profundos.

Un día, no hace mucho, estaba leyendo un libro aburrido en la mesa del comedor cuando levanté la vista y vi a mi esposa enmarcada en la puerta principal de nuestra casa. La puerta estaba abierta.

La luz del final de la tarde la envolvía. Su mente estaba en otra parte, pero su mirada se posaba en una orquídea blanca que teníamos en una maceta sobre una mesa junto a la puerta.

Hice una pausa y la miré con especial atención, y una extraña y maravillosa sensación de conciencia recorrió mi mente: "La *conozco* —pensé—. Realmente la conozco de principio a fin".

Si me hubieran preguntado en ese momento qué era exactamente lo que sabía sobre ella, habría tenido problemas para responder. No era una colección de datos sobre ella, ni la historia de su vida, ni siquiera algo expresable en las palabras que usaría para describirla a un extraño. Era todo el fluir de su ser: la incandescencia de su sonrisa, el trasfondo de sus inseguridades, los raros destellos de fiereza, la vitalidad de su espíritu. Eran las líneas ascendentes y las armonías de su música.

No veía partes de ella ni tenía recuerdos específicos. Lo que veía, o sentía ver, era su totalidad. Cómo su conciencia crea su realidad. Es lo que sucede cuando has estado un tiempo con una persona, la has soportado y disfrutado a la vez, y poco a poco has desarrollado un sentido intuitivo de cómo se siente y responde. Incluso podría ser exacto decir que por un momento mágico no la estaba viendo, estaba viendo desde ella. Quizá para conocer realmente a otra persona hay que tener una idea de cómo experimenta el mundo. Para conocer de verdad a alguien, tienes que saber cómo te conoce.

La única palabra que se me ocurre que captura mis procesos mentales en ese instante es *contemplar*. Ella estaba en la puerta, la luz brillaba detrás de ella y yo la estaba contemplando. Dicen que no existe una persona común y corriente. Cuando contemplas a alguien ves la riqueza de esta conciencia humana particular, la sinfonía completa: cómo percibe y crea su vida.

No hace falta que les diga lo delicioso que se sintió ese momento: cálido, íntimo y profundo. Fue la dicha de la conexión humana.

"Muchos escritores y pensadores brillantes no tienen idea de cómo actúa la gente —me dijo una vez la terapeuta y autora Mary Pipher—. Poder comprender a las personas y estar presente en sus experiencias es lo más importante del mundo."

Cómo no ver a una persona

Hace unos años estaba sentado en un bar cerca de mi casa en Washington, D.C. Si hubieras estado ahí esa noche, podrías haberme mirado y pensado: "Un tipo triste bebiendo solo". Yo lo llamaría "un académico diligente informando sobre la condición humana". Estaba tomando mi bourbon, observando a la gente que me rodeaba. Como el bar estaba en D.C., había tres tipos en una mesa detrás de mí hablando sobre elecciones y estados indecisos entre partidos. El hombre con su computadora portátil en la mesa junto a ellos parecía un técnico informático subalterno que trabajaba para un contratista de defensa. Al parecer, había adquirido su vestuario en la venta de garaje después del rodaje de *Napoleon Dynamite*. Al final de la barra había una pareja mirando fijo sus teléfonos. Justo a mi lado había una pareja en lo que parecía ser una primera cita, y el chico hablaba con monotonía sobre sí mismo mientras miraba hacia un punto en la pared a unos dos metros arriba de la cabeza de su acompañante. Cuando su monólogo llegó al décimo minuto, sentí que ella estaba rezando en silencio para poder arder espontáneamente, para que este encuentro pudiera terminar. Sentí la repentina necesidad de agarrar al chico por la nariz y gritar: "Por el amor de Dios, ¡hazle una pregunta ahora!". Creo que este impulso mío estaba justificado, pero no me enorgullece.

En resumen, todos tenían los ojos abiertos y nadie parecía verse. Todos, de una manera u otra, actuábamos como reductores. Y la verdad, yo era el peor de ellos, porque estaba haciendo eso que hago:

tantear. Tantear es lo que haces cuando conoces a alguien por primera vez: observas su apariencia y enseguida comienzas a emitir juicios sobre esa persona. Estaba estudiando los tatuajes con caracteres chinos de la encargada del bar y sacando todo tipo de conclusiones sobre sus tristes gustos musicales de cantantes e indie rock. Solía ganarme la vida haciendo esto. Hace poco más de dos décadas escribí un libro llamado *Bobos in Paradise* (*Bobos en el paraíso*). Mientras investigaba para ese libro, seguí a personas por lugares como la tienda de ropa y muebles Anthropologie, mirándolos tocar chales peruanos. Examinaba las cocinas de la gente, observando la estufa Aga que parecía un reactor nuclear niquelado justo al lado de su enorme refrigerador Sub-Zero, porque aparentemente el simple cero no era lo bastante frío para ellos. Hacía algunas generalizaciones e improvisaba sobre las tendencias culturales.

Estoy orgulloso de ese libro. Pero ahora busco un juego más importante. Estoy aburrido de hacer generalizaciones sobre grupos. Quiero ver a las personas con más profundidad, una por una. Uno pensaría que esto sería algo fácil. Abres los ojos, diriges la mirada y los ves. Pero la mayoría de nosotros tenemos todo tipo de inclinaciones innatas que nos impiden percibir a los demás con precisión. La tendencia a aumentar el tamaño instantáneamente es sólo uno de los trucos del reductor. Aquí hay algunos otros:

EGOÍSMO. La razón número uno por la que las personas no ven a los demás es que son demasiado egocéntricas para intentarlo. No puedo verte porque todo lo que me ocupa soy yo. Déjame *a mí* decirte *a ti* mi opinión. Déjame entretenerte con esta historia sobre mí. Muchas personas no pueden salirse de sus propios puntos de vista. Simplemente no sienten curiosidad por los demás.

ANSIEDAD. La segunda razón por la que las personas no ven a los demás es que tienen tanto ruido en su propia cabeza que no pueden oír lo que sucede en la cabeza de los demás. *¿Cómo me encuentro? No creo que en realidad le guste a esta persona. ¿Qué voy a decir ahora para parecer inteligente?* El miedo es el enemigo de la comunicación abierta.

REALISMO INGENUO. Ésta es la suposición de que la forma en que el mundo aparece ante ti es la visión objetiva y, por lo tanto, todos los demás deben ver la misma realidad que tú. Las personas presas del realismo ingenuo están tan encerradas en su propia perspectiva que no pueden apreciar que otras personas tienen perspectivas muy diferentes. Es posible que hayas oído la vieja historia sobre un hombre junto a un río. Una mujer parada en la orilla opuesta le grita: "¿Cómo llego al otro lado del río?". Y el hombre le responde: "*¡Estás al otro lado del río!*".

EL PROBLEMA DE LAS MENTES INFERIORES. Nicholas Epley, psicólogo de la Universidad de Chicago, señala que en la vida cotidiana tenemos acceso a muchos pensamientos que pasan por nuestra mente. Pero no tenemos acceso a todos los pensamientos que pasan por la mente de otras personas. Sólo tenemos acceso a la pequeña porción que habla en voz alta. Esto lleva a la percepción de que soy mucho más complejo que tú: más profundo, más interesante, más sutil y de altos pensamientos. Para demostrar este fenómeno, Epley preguntó a sus estudiantes de la escuela de negocios por qué estaban iniciando negocios.[1] La respuesta común fue: "Me importa hacer algo que valga la pena". Cuando les preguntó por qué pensaban que otros estudiantes de la escuela se dedicaban al negocio, en general respondían: "Por el dinero". Ya sabes, porque otras personas tienen menos motivaciones… y mente inferior.

OBJETIVISMO. Esto es lo que hacen los investigadores de mercado, los encuestadores y los científicos sociales. Observan el comportamiento, diseñan encuestas y recopilan datos sobre las personas. Ésta es una excelente manera de comprender las tendencias entre poblaciones de personas, pero es una manera terrible de ver a una persona individual. Si adoptas esta postura desapegada, desapasionada y objetiva, es difícil ver las partes más importantes de esa persona, su subjetividad única (su imaginación, sentimientos, deseos, creatividad, intuiciones, fe, emociones y apegos), el molde del mundo interior de esta persona única.

A lo largo de mi vida he leído cientos de libros de investigadores académicos que realizan estudios para comprender mejor la naturaleza humana, y he aprendido muchísimo. También he leído cientos de autobiografías y he hablado con miles de personas sobre su propia vida singular, y estoy aquí para decirles que cada vida en particular es mucho más sorprendente e impredecible que cualquiera de las generalizaciones que los académicos y los científicos sociales hacen sobre los grupos de gente. Si quieres comprender a la humanidad, debes centrarte en los pensamientos y emociones de los individuos, no sólo en los datos sobre grupos.

ESENCIALISMO. La gente pertenece a grupos y existe una tendencia humana natural a hacer generalizaciones sobre ellos: los alemanes son ordenados, los californianos son tranquilos. Estas generalizaciones en ocasiones tienen alguna base en la realidad. Pero todas son falsas hasta cierto punto y todas son hirientes hasta cierto punto. Los esencialistas no reconocen esto. Los esencialistas se apresuran a utilizar estereotipos para categorizar a vastos sectores de personas. El esencialismo es la creencia de que ciertos grupos en realidad tienen una naturaleza "esencial" e inmutable. Los esencialistas imaginan que las personas de un grupo son más parecidas de lo que realmente son. Imaginan que las personas de otros grupos son más diferentes de "nosotros" de lo que en realidad son. Los esencialistas son culpables de "apilar". Ésta es la práctica de aprender una cosa sobre una persona y luego hacer toda una serie de suposiciones adicionales sobre esa persona. Si esta persona apoyó a Donald Trump, entonces esta persona también debe ser así, así y así.

LA MENTALIDAD ESTÁTICA. Algunas personas se formaron un cierto concepto de ti, un concepto que incluso puede haber sido muy preciso en algún momento. Pero luego creciste. Cambiaste de manera profunda. Y esas personas nunca actualizaron sus modelos para verte ahora como realmente eres. Si eres un adulto que ha vuelto a casa para quedarse con sus padres y te diste cuenta de que todavía te consideran el niño que ya no eres, sabes exactamente de qué estoy hablando.

~

Estoy analizando estas inclinaciones de los reductores para enfatizar que ver bien a otra persona es el más complejo de todos los problemas difíciles. Cada persona es un misterio insondable y sólo se tiene una visión exterior de quién es ella. El segundo punto que intento señalar es el siguiente: el ojo inexperto no es suficiente. Nunca se te ocurriría intentar pilotar un avión sin ir a la escuela de vuelo. Ver bien a otra persona es aún más difícil que eso. Si tú y yo confiamos en nuestras formas no entrenadas de encontrarnos con los demás, no nos veremos el uno al otro tan profundamente como deberíamos. Viviremos nuestra vida inundados de ignorancia social, enredados en relaciones de ceguera mutua. Nos contaremos entre los millones de víctimas emocionales: maridos y esposas que realmente no se ven, padres e hijos que en realidad no se conocen, colegas de trabajo que bien podrían vivir en galaxias diferentes.

Es inquietantemente fácil ignorar a la persona que está a tu lado. Como descubrirás a lo largo de este libro, me gusta enseñar mediante ejemplos, así que déjame contarte un caso que ilustra cómo puedes pensar que conoces bien a alguien sin conocerlo de verdad. Es de las memorias clásicas de Vivian Gornick de 1987, *Fierce Attachments* (*Apegos feroces*). Gornick tenía 13 años cuando su padre murió de un ataque cardiaco y su madre, Bess, tenía 46. Bess siempre había disfrutado de la condición de parecer la única mujer en su edificio de departamentos de clase trabajadora del Bronx con un matrimonio feliz y amoroso. La muerte de su marido la deshizo. En la funeraria intentó meterse al ataúd donde estaba él. En el cementerio trató de arrojarse a la tumba abierta. Durante años, estaría trastornada por paroxismos de dolor, de repente retorciéndose en el suelo, con las venas abultadas y sudando copiosamente.

"El dolor por mi madre era primitivo y lo abarcaba todo: le quitaba el oxígeno al aire", escribió Gornick en esas memorias. El dolor por su madre consumía el dolor de todos los demás, atraía la atención del mundo sobre ella y reducía a sus hijos a ser accesorios de su drama. Con miedo a dormir sola, Bess atraía a Vivian junto a ella, pero Vivian, en rechazo, yacía como una columna de granito, en esta intimidad sin unión que duraría toda la vida. "Me obligó a dormir con ella durante un año, y durante 20 años después no pude soportar la mano de una mujer sobre mí".

Durante un tiempo pareció que Bess iba a llorar hasta morir; en cambio, el dolor se convirtió en su forma de vida. "La viudez proporcionó a mamá una forma superior de ser", escribió Gornick. "Al negarse a recuperarse de la muerte de mi padre, descubrió que su vida estaba dotada de una seriedad que sus años en la cocina le habían negado... Llevar el luto de papá se convirtió en su profesión, su identidad, su persona".[2]

Vivian pasó sus años de adulta tratando de obtener cierto grado de independencia de esta madre dominante, difícil y por completo fascinante. Pero ella siguió siendo esquiva. Las dos mujeres Gornick daban largos paseos por la ciudad de Nueva York. Ambas eran muy críticas, vehementes y desdeñosas: maestras del desprecio verbal neoyorquino. Eran antagonistas íntimas, ambas enojadas. "Mi relación con mi madre no es buena y, a medida que nuestras vidas se acumulan, parece empeorar —escribió Vivian—. Estamos atrapadas en un estrecho canal de relación, intenso y vinculante."[3] En las memorias de Vivian, parte de lo que las divide es personal: el historial de daños que se han infligido mutuamente. "Ella está ardiendo y me alegro de dejarla arder. ¿Por qué no? Yo también estoy ardiendo." Pero parte de esto también es generacional. Bess es una mujer de la clase trabajadora urbana de los años 1940 y 1950 y ve el mundo a través de ese prisma. Vivian es una mujer de la academia de artes liberales de los años 1960 y 1970 y ve el mundo a través de ese prisma. Vivian cree que Bess y su generación de mujeres deberían haber luchado más duro contra el sexismo que las rodea. Bess cree que la generación de Vivian ha eliminado la nobleza de la vida.

Un día, mientras caminan, Bess deja escapar:

—Un mundo lleno de locos. Divorcio en todas partes... ¡Qué generación son todos ustedes!

Vivian responde:

—No empieces, mamá. No quiero volver a oír esa mierda.

—Tonterías aquí, tonterías allá. Sigue siendo cierto. Hicimos lo que hicimos, no nos desmoronamos en las calles como les está pasando a todos ustedes. Teníamos orden, tranquilidad, dignidad. Las familias permanecían unidas y la gente vivía una vida digna.

—Eso es una tontería —responde Vivian—. No vivían una vida decente, vivían una vida escondida.

Al final coinciden en que la gente era igualmente infeliz en ambas generaciones, pero, observa Bess, "la infelicidad está muy *viva* hoy".[4] Ambas hacen una pausa, sorprendidas, y disfrutan de la observación. Vivian se siente brevemente orgullosa cuando su madre dice algo inteligente y está a punto de amarla.

Aun así, Vivian lucha por ser reconocida, por tener el tipo de madre que comprenda el efecto que tiene en su propia hija. "Ella no

sabe que tomo su ansiedad como algo personal, que me siento ani-
quilada por su depresión. ¿Cómo puede saber esto? Ella ni siquiera
sabe que estoy ahí. Si le dijera que para mí es la muerte el que ella
no sepa que estoy ahí, me miraría fijamente con sus ojos llenos de
perpleja desolación, esta joven de 77 años, y lloraría enojada: '¿Tú?
¡No entiendo! ¡Nunca lo has entendido!'."[5]

Cuando Bess tiene 80 años, el tenor de su relación se suaviza, ya
que ambas parecen más conscientes de que la muerte se acerca. Bess
incluso muestra cierta conciencia de sí misma:

—Sólo tenía el amor de tu padre. Fue la única dulzura en mi
vida. Entonces amaba su amor. ¿Qué otra cosa podía haber hecho?[6]

Vivian está enojada. Le recuerda a su madre que sólo tenía 46
años cuando murió su marido. Podría haber creado otra vida.

—¿Por qué no te vas ya? —espeta Bess—. ¿Por qué no te alejas de
mi vida? No te voy a detener.

Pero su apego es inquebrantable. La réplica de Vivian es la frase
final del libro:

—Sé que no, mamá.

Fierce Attachments es una descripción brillante de lo que es ver
pero no ver realmente. Aquí hay dos mujeres inteligentes, dinámi-
cas y muy verbales que se comunican durante toda la vida y que
nunca logran entenderse del todo. El libro de Gornick es muy bueno porque ilustra que incluso en los casos en los que somos devotos
de una persona y sabemos mucho sobre ella, todavía es posible no
verla. Puedes ser amado por una persona y que ella no te conozca.

Parte de la razón por la que las Gornick no pueden verse es porque sólo prestan atención al efecto que la otra tiene en cada una de
ellas. Vivian y Bess son beligerantes, enfrascadas en una lucha sobre
quién tendrá la culpa. Parte del problema es Bess. Bess está tan involucrada en su propio drama que nunca ve desde el punto de vista
de su hija, ni siquiera se da cuenta del efecto que tiene en ella. Pero
parte del problema también reside en Vivian. Su intención al escribir

Fierce Attachments había sido crear una voz que finalmente pudiera enfrentarse a su madre y encontrar una manera de distanciarse de ella. Pero Vivian está tan ocupada tratando de liberarse que en realidad nunca pregunta: ¿Quién es mi madre, aparte de su relación conmigo? ¿Cómo fue su infancia y quiénes fueron sus padres? Nunca llegamos a ver cómo Bess experimenta el mundo, quién podría ser fuera de su relación con su hija. En esencia, madre e hija están tan ocupadas defendiendo su propio caso que no pueden entrar en la perspectiva de la otra.

Me atormenta una frase que Vivian usa en el libro: "Ella ni siquiera sabe que estoy ahí". Su propia madre no sabe que ella está ahí. ¿Cuántas personas padecen este sentimiento?

~

Ser un iluminador, ver a otras personas en toda su plenitud, no sucede por casualidad. Es un oficio, un conjunto de habilidades, una forma de vida. Otras culturas tienen palabras para esta forma de ser. Los coreanos lo llaman *nunchi*, la capacidad de ser sensible a los estados de ánimo y pensamientos de otras personas. Los alemanes (por supuesto) tienen una palabra para describirlo: *Herzensbildung*, entrenar el corazón para ver la humanidad plena en el otro.

¿Cuáles son exactamente estas habilidades? Explorémoslas, paso a paso.

Iluminación

Hace unos años estuve en Waco, Texas. Estuve ahí para encontrar y entrevistar a algunos Weavers, que son la clase de constructores de comunidades que unen ciudades y barrios, que impulsan la vida cívica. No es difícil encontrar gente así. Simplemente vas a un lugar y preguntas a los residentes: "¿En quién se confía aquí? ¿Quién hace funcionar este lugar?". La gente empezará a ofrecerte los nombres de las personas que admiran, las personas que defienden la comunidad y trabajan para ella.

En Waco, varias personas me hablaron de una mujer negra de 93 años llamada LaRue Dorsey. La contacté y quedamos en reunirnos para desayunar en un restaurante. Había pasado su carrera principalmente como maestra y le pregunté sobre su vida y las comunidades de las que formaba parte en Waco.

Cada periodista tiene su propio estilo de entrevista. Algunos reporteros son seductores. Te atraen para que les des información colmándote de calidez y aprobación. Algunos son transaccionistas. Sus entrevistas son tratos implícitos: si me das información sobre esto, te daré información sobre aquello. Otros son personalidades simplemente encantadoras y magnéticas. (Tengo la teoría de que mi amigo Michael Lewis ha podido escribir tantos libros fantásticos porque es tan simpático que la gente divulga cualquier cosa sólo para mantenerlo cerca.) Mi modo de ser, supongo, es el de un estudiante. Soy serio y deferente, no demasiado familiar. Le pido a la gente que me enseñe cosas. Por lo común no me pongo demasiado personal.

Esa mañana, durante el desayuno, la señora Dorsey se presentó ante mí como una severa instructora tipo sargento, una mujer que, me informaba, era dura, tenía normas, imponía la ley. "Amaba a mis alumnos lo suficiente como para disciplinarlos", me dijo. Me sentí un poco intimidado por ella.

En medio de la comida, un amigo en común llamado Jimmy Dorrell entró al restaurante. Jimmy es un hombre blanco parecido a un oso de peluche de unos 60 años que construyó una iglesia para personas sin hogar debajo de un paso elevado de la autopista, que dirige un refugio para personas sin hogar junto a su casa y que sirve a los pobres. Él y la señora Dorsey habían trabajado juntos en varios proyectos comunitarios a lo largo de los años.

La vio al otro lado del restaurante y se acercó a nuestra mesa sonriendo tan ampliamente como le es posible sonreír a un rostro humano. Luego la agarró por los hombros y la sacudió con más fuerza de la que jamás deberías aplicar a una persona de 93 años. Se inclinó a centímetros de su rostro y gritó con una voz que llenó todo el lugar: "¡Señora Dorsey! ¡Señora Dorsey! ¡Eres la mejor! ¡Eres la mejor! ¡Te amo! ¡Te amo!".

Nunca había visto todo el aspecto de una persona transformarse tan de repente. La vieja y severa cara disciplinaria que se había mostrado ante mi mirada se desvaneció y apareció una niña de 9 años, alegre y encantada. Al proyectar una calidad de atención diferente, Jimmy evocó una versión diferente de ella. Jimmy es un iluminador.

En ese momento comencé a apreciar por completo el poder de la atención. Cada uno de nosotros tiene una manera característica de presentarse en el mundo, una presencia física y mental que marca el tono a la manera en que las personas interactúan con nosotros. Algunas personas entran en una habitación con una expresión cálida y acogedora; otras entran luciendo indiferentes y cerradas.

Algunas personas tienen un primer encuentro con los demás con
una mirada generosa y amorosa; otras personas ven a quienes encuentran con una mirada formal y distante.

Esa mirada, esa primera visión, representa una postura hacia el
mundo. Una persona que busca belleza probablemente encontrará
maravillas, mientras que una persona que busca amenazas encontrará peligros. Una persona que irradia calidez saca a relucir los lados brillantes de las personas que conoce, mientras que una persona
que transmite formalidad puede conocer a las mismas personas y
encontrarlas rígidas y distantes. "La atención —escribe el psiquiatra
Iain McGilchrist— es un acto moral: crea, da vida a aspectos de las
cosas."[1] La calidad de tu vida depende bastante de la calidad de la
atención que proyectas al mundo.

La moraleja de mi historia de Waco, entonces, es que debes poner atención a las personas más como Jimmy y menos como yo.

Ahora bien, quizá pienses que se trata de una comparación injusta. Jimmy conocía a la señora Dorsey desde hacía años. Por supuesto
que él iba a estar más familiarizado con ella que yo. Jimmy tiene una
personalidad generosa y bulliciosa. Si intentara saludar a la gente
como lo hace Jimmy, me sentiría falso. Simplemente no soy yo.

Pero el punto que intento señalar es más profundo que eso. La
mirada de Jimmy cuando saluda a una persona deriva de cierta concepción de lo que es una persona. Jimmy es pastor. Cuando Jimmy
ve a una persona, cualquier persona, está viendo una criatura que
fue hecha a imagen de Dios. Al mirar cada rostro, está mirando, al
menos un poco, el rostro de Dios. Cuando Jimmy ve a una persona, cualquier persona, también está viendo una criatura dotada de
un alma inmortal, un alma de valor y dignidad infinitos. Cuando
Jimmy saluda a una persona, también está tratando de estar a la
altura de uno de los grandes llamamientos de su fe: está tratando
de ver a esa persona de la misma manera que Jesús la veía. Está
tratando de verlos con los ojos de Jesús, ojos que prodigan amor a

los mansos y humildes, a los marginados y a los que sufren, y a toda persona viva. Cuando Jimmy ve a una persona, llega con la creencia de que esa persona es tan importante que Jesús estuvo dispuesto a morir por ella. Como resultado, Jimmy saludará a la gente con respeto y reverencia. Así me ha saludado siempre.

Ahora bien, puedes ser ateo, agnóstico, cristiano, judío, musulmán, budista o cualquier otra cosa, pero esta postura de respeto y reverencia, esta conciencia de la infinita dignidad de cada persona con la que te encuentras es una condición previa para ver bien a la gente. Quizá la idea de Dios te parezca ridícula, pero te pido que creas en el concepto de alma. Tal vez simplemente estés charlando con alguien sobre el clima, pero te pido que asumas que la persona frente a ti contiene una parte de sí misma que no tiene peso, tamaño, color o forma, pero que le confiere un valor y una dignidad infinitos. Si consideras que cada persona tiene un alma, serás consciente de que cada persona tiene alguna chispa trascendente en su interior. Serás consciente de que en el nivel más profundo todos somos iguales. No somos iguales en poder, inteligencia o riqueza, pero todos somos iguales en el nivel de nuestras almas. Si consideras que las personas que conoces son almas preciosas, tal vez terminarás tratándolas bien.

Si puedes prestar atención a las personas de esta manera, no estarás meramente observándolas o escudriñándolas. Las iluminarás con una mirada cálida, respetuosa y de admiración. Estarás ofreciendo una mirada que dice: "Voy a confiar en ti, antes de que tú confíes en mí". Ser iluminador es una manera de estar con otras personas, un estilo de presencia, un ideal ético.

Cuando practicas el iluminacionismo, ofreces una mirada que dice: "Quiero conocerte y ser conocido por ti". Es una mirada que responde de manera positiva a la pregunta que todo el mundo se hace inconscientemente cuando te conoce: "¿Soy una persona para ti? ¿Te preocupas por mí? ¿Soy una prioridad para ti?". Las respuestas a esas preguntas se transmiten en tu mirada antes de que se transmitan en tus palabras. Es una mirada que irradia respeto. Es una mirada que dice que cada persona que conozco es única, irrepetible y, sí, superior a mí en algún sentido. Cada persona que conozco es fascinante en algún tema. Si me acerco a ti de esta manera respetuosa, sabré que no eres un rompecabezas que pueda resolverse, sino un misterio al que nunca se podrá llegar al fondo. Te haré el honor de suspender el juicio y dejarte ser como eres. El respeto es un regalo que uno ofrece con sus ojos.

En el capítulo anterior enumeré algunas de las cualidades que dificultan ver a los demás: egoísmo, ansiedad, objetivismo, esencialismo, etcétera. En éste me gustaría enumerar algunos de los rasgos de la mirada del iluminador:

TERNURA. Si deseas ver un ejemplo estelar de cómo iluminar a las personas, mira hacia atrás y observa cómo solía interactuar el señor Rogers con los niños. Observa cómo Ted Lasso mira a sus jugadores en ese programa de televisión. Mira cómo representó los rostros Rembrandt. Cuando uno está frente a un retrato de Rembrandt, ve las verrugas y heridas del sujeto, pero también mira en sus profundidades, ve su dignidad interior, la inconmensurable complejidad de su vida interior. El novelista Frederick Buechner observó que no todos los rostros que pintó Rembrandt eran notables. A veces el sujeto es simplemente un anciano o una señora mayor a quien no miraríamos dos veces si nos cruzáramos con ellos por la calle. Pero incluso los rostros más sencillos "son vistos por Rembrandt en forma tan sorprendente que nos vemos empujados a verlos de manera sorprendente".[2]

"La ternura es una profunda preocupación emocional por otro ser —declaró la novelista Olga Tokarczuk en su discurso de aceptación del Premio Nobel—. La ternura percibe los vínculos que nos unen, las similitudes y las igualdades entre nosotros." La literatura, argumentó, "se basa en la ternura hacia cualquier ser que no sea nosotros mismos". Y también lo hace el acto de ver.

RECEPTIVIDAD. Ser receptivo significa superar las inseguridades y la preocupación por uno mismo y abrirse a la experiencia del otro. Significa que resistes la tentación de proyectar tu propio punto de vista; no preguntas: "¿Cómo *me* sentiría si *yo estuviera* en tu lugar?". En cambio, estás pacientemente abierto a lo que la otra persona ofrece. Como dijo el teólogo Rowan Williams, queremos que nuestra mente esté relajada y atenta al mismo tiempo, que los sentidos estén relajados, abiertos y vivos, y que los ojos estén tiernamente serenos.

CURIOSIDAD ACTIVA. Debes tener un corazón de explorador. La novelista Zadie Smith escribió una vez que cuando era niña imaginaba constantemente cómo sería crecer en las casas de sus amigos. "Rara vez entraba a la casa de un amigo sin preguntarme cómo sería no irse nunca —escribió—. Es decir, cómo sería ser polaco, ghanés, irlandés o bengalí, ser más rico o más pobre, rezar esas plegarias, o adoptar esas políticas. Yo era un *voyeur* de la igualdad de oportunidades. Quería saber cómo era ser todo el mundo. Sobre todo, me preguntaba cómo sería creer el tipo de cosas que no creía."[3] Qué manera tan fantástica de entrenar tu imaginación en el arte de ver a los demás.

AFECTO. Nosotros, los hijos de la Ilustración, vivimos en una cultura que separa la razón de la emoción. Saber, para nosotros, es un ejercicio intelectual. Cuando queremos "saber" algo, lo estudiamos, recopilamos datos sobre ello, lo analizamos.

Pero muchas culturas y tradiciones nunca cayeron en esta tontería sobre la separación entre razón y emoción, y por eso nunca concibieron el conocimiento como una actividad incorpórea exclusiva del cerebro. En el mundo bíblico, por ejemplo, "saber" es también una experiencia que abarca todo el cuerpo.[4] En la Biblia, "conocer" puede implicar estudiar, tener relaciones sexuales con, mostrar preocupación por, hacer un pacto con, estar familiarizado con, comprender la reputación de. A Dios se le describe como el conocedor perfecto, el que ve todas las cosas, el que ve no sólo con el ojo objetivo de un científico sino con el ojo lleno de gracia del amor perfecto.

Los personajes humanos de la Biblia se miden por lo bien que pueden imitar esta manera afectuosa de conocer. A menudo fracasan durante estos dramas de reconocimiento. En la parábola del buen samaritano, un judío herido yace golpeado y abandonado al costado del camino. Al menos otros dos judíos, uno de ellos sacerdote, pasan junto a él y cruzan al otro lado de la calle sin hacer nada para ayudarlo. Lo ven de manera estrictamente intelectual. Sólo el samaritano, un hombre de un pueblo extraño y odiado, realmente lo ve. Sólo el samaritano entra en la experiencia del herido y de verdad hace algo para ayudarlo. En estos casos bíblicos, donde alguien ve a otro sin verlo realmente, estas fallas de conocimiento no son fallas intelectuales; son fracasos del corazón.

GENEROSIDAD. El doctor Ludwig Guttmann era un judío alemán que escapó de la Alemania nazi en 1939 y encontró trabajo en un hospital en Gran Bretaña que atendía a parapléjicos, en su mayoría hombres heridos en la guerra. Cuando empezó a trabajar ahí, el hospital sedaba fuertemente a estos hombres y los mantenía confinados en sus camas. Guttmann, sin embargo, no veía a los pacientes como los veían los demás médicos. Redujo el consumo de sedantes, los obligó a levantarse de la cama y comenzó a lanzarles pelotas y a hacer otras cosas para mantenerlos activos. Como resultado, fue citado ante un tribunal de sus pares, donde sus métodos fueron cuestionados.

—Éstos son lisiados moribundos —afirmó un médico—. ¿Quiénes crees que son?

—*Son los mejores hombres* —respondió Guttmann.

Fue su generosidad de espíritu lo que cambió su forma de definirlos. Continuó organizando juegos, primero en el hospital y luego para parapléjicos en todo el país. En 1960 esto condujo a los Juegos Paralímpicos.

UNA ACTITUD HOLÍSTICA. Una excelente manera de ver mal a las personas es ver sólo una parte de ellas. Algunos médicos ven mal a sus pacientes cuando sólo ven su cuerpo. Algunos empleadores ven mal a los trabajadores cuando sólo ven su productividad. Debemos resistir toda tentación de simplificar de esta manera. Alguna vez le preguntaron al historiador de arte John Richardson, biógrafo de Pablo Picasso, si Picasso era misógino y un tipo malo. No permitía que se simplificara su tema demasiado ni que se le despojara de sus contradicciones. "Eso es un montón de tonterías —respondió—. Digas lo que digas sobre él (dices que es un malvado bastardo), también era un hombre angelical, compasivo, tierno y dulce. Lo contrario siempre es cierto. Dices que era tacaño. También fue increíblemente generoso. Dices que era muy bohemio, pero también tenía una especie de lado burgués tenso. Quiero decir, era una masa de antítesis."[5] Como lo somos todos.

Como escribió una vez el gran novelista ruso León Tolstói:

Uno de los engaños más comunes y generalmente aceptados es que cada hombre puede ser calificado de alguna manera particular: se dice que es amable, malvado, estúpido, enérgico, apático, etcétera. La gente no es así. Podemos decir de un hombre que es más a menudo amable que cruel, más a menudo sabio que estúpido, más a menudo enérgico que apático o viceversa; pero nunca podría ser cierto decir de un hombre que es bondadoso o sabio, y de otro que es malvado o estúpido. Sin embargo, siempre clasificamos a la humanidad de esta manera. Y está mal. Los seres humanos son como ríos; el agua es la misma en todos ellos, pero cada río es estrecho en algunos lugares, corre más rápido en otros; aquí es amplio, ahí quieto, o claro, o frío, o fangoso o cálido. Lo mismo ocurre con los hombres. Cada hombre lleva en sí los gérmenes de cada cualidad humana, y unas veces manifiesta unas, en ocasiones otras, y con frecuencia es por completo distinto de sí mismo, sin dejar de ser el mismo hombre.[6]

Ser un iluminador es un ideal, y la mayoría de nosotros no lo alcanzaremos la mayor parte de las veces. Pero si hacemos todo lo posible por iluminar a las personas con una mirada resplandeciente, tierna, generosa y receptiva, al menos estaremos en el camino correcto. Veremos más allá de los tipos de personajes cliché que a menudo imponemos con pereza a la gente: la abuela cariñosa, el entrenador duro, el empresario agresivo. Estaremos en camino de mejorar nuestra forma de aparecer en el mundo.

"Toda epistemología se convierte en una ética —observó una vez el educador Parker J. Palmer—. La forma de nuestro conocimiento se convierte en la forma de nuestra vida; la relación del conocedor con lo conocido se convierte en la relación del yo vivo con el mundo en general."[7] Palmer está diciendo con ello que la forma en que prestamos atención a los demás determina el tipo de persona en que nos convertimos. Si vemos a las personas con generosidad, nos volveremos generosos, o si las miramos con frialdad, nos volveremos fríos. La observación de Palmer es esencial, porque señala una respuesta moderna a una pregunta antigua: ¿Cómo puedo llegar a ser una mejor persona?

A lo largo de los siglos, los escritores y filósofos masculinos (pensemos en Immanuel Kant) han construido estos vastos sistemas morales que retratan la vida moral como algo que los individuos racionales y desinteresados hacen al adherirse a principios universales abstractos: tratar siempre a los seres humanos como un fin en sí mismos y no como un medio para otra cosa. Ese énfasis en los principios universales abstractos está bien, supongo, pero es impersonal y descontextualizado. No se trata de saber cómo debería encontrarse esta persona única con otra persona única. Es como si estos filósofos estuvieran tan interesados en idear principios abstractos coherentes y sistemas filosóficamente inexpugnables que les temieran a determinadas personas —a las criaturas confusas que somos y a las situaciones confusas en las que nos metemos— y a los encuentros personales, que son la suma y sustancia de nuestra existencia diaria.

Llega la filósofa y novelista Iris Murdoch en la segunda mitad del siglo xx, ofreciéndonos algo más. Sostiene que la moralidad no se trata principalmente de principios universales abstractos, ni siquiera de tomar grandes decisiones morales durante momentos críticos: ¿Denuncio el fraude cuando lo veo en acción? La moralidad es en primer lugar una cuestión de cómo se presta atención a los demás. El comportamiento moral ocurre de manera continua durante todo el día, incluso durante los momentos en apariencia tranquilos y cotidianos.[8]

Para Murdoch, el acto inmoral esencial es la incapacidad de ver de modo correcto a los demás.[9] Descubre que los seres humanos son seres egocéntricos, llenos de ansiedad y resentidos. Constantemente representamos a las personas de maneras egoístas, de maneras que gratifican nuestros egos y sirven a nuestros fines. Estereotipamos y condescendemos, ignoramos y deshumanizamos. Y como no vemos a las personas con precisión, las tratamos mal. El mal ocurre cuando las personas no ven, cuando no reconocen la personalidad de otros seres humanos.

Por el contrario, el acto moral esencial para Murdoch es poder prestar una "atención justa y amorosa" a otra persona.[10] "El amor es conocimiento del individuo", escribe. Eso no significa que tengas

que desmayarte románticamente por todas las personas que conozcas. Significa que una buena persona trata de mirar a todos con una
mirada paciente y discerniente, intenta resistir el egocentrismo y
superar los prejuicios, para ver a otra persona con más profundidad
y con mayor discernimiento. La buena persona intenta prestar una
atención desinteresada y ver lo que ve la otra persona. Este tipo
de atención conduce a la grandeza de los pequeños actos: dar la
bienvenida a un recién llegado a tu trabajo, detectar ansiedad en
la voz de alguien y preguntar qué pasa, saber organizar una fiesta
para que todos se sientan incluidos. La mayoría de las veces, la moralidad consiste en la habilidad de ser considerado con los demás en
las situaciones complejas de la vida. Se trata de ser un genio para lo
inmediato.

Pero este tipo de atención también logra algo más profundo.
Para usar un lenguaje grandilocuente y anticuado, prestar este tipo
de atención te convierte en una mejor persona. En su célebre conferencia "La soberanía del bien sobre otros conceptos", Murdoch describe a una suegra, a quien llama M, que desprecia a su nuera, D. La
suegra es siempre perfectamente cortés con D, pero en su interior,
la menosprecia.

Sin embargo, M es consciente de que puede ser un poco superior, convencional y anticuada. M también es consciente de que tal
vez alberga algún sentimiento de rivalidad hacia D; después de todo,
están compitiendo por el tiempo y el afecto de su hijo. Se da cuenta
de que tal vez está viendo a D de una manera injusta. Entonces, un
día, como un acto de caridad intelectual y superación moral, decide
que va a cambiar la forma en que ve a D. Antes veía a D como "grose-
ra", pero ahora decide verla como "espontánea". Antes pensaba que
D era "común", pero ahora la verá como "fresca". M está tratando
de purgar su esnobismo y convertirse en una mejor persona. Esto
no tiene nada que ver con su comportamiento exterior, que sigue
siendo ejemplar. Tiene que ver con la purificación de quién es ella

por dentro. Murdoch cree que el bien y el mal comienzan en la vida interior, y M quiere que su vida interior sea un poco más agradable y un poco menos mezquina.

El énfasis de Murdoch en la manera en que prestamos atención a las personas es personal, concreto y muy práctico. "Nada en la vida tiene valor, excepto el intento de ser virtuoso", afirma Murdoch.[11] Podemos, escribe Murdoch, "crecer gracias a mirar".[12] Encuentro esta filosofía del desarrollo moral tremendamente atractiva y convincente.

~

Permítanme darles un ejemplo de alguien que encarna la "atención justa y amorosa" sobre la que escribe Murdoch. He entrevistado a una terapeuta y autora llamada Mary Pipher un par de veces en los últimos años para tener una mejor idea de cómo se ocupa de conocer a la gente. Pipher ha tenido una formación profesional, por supuesto, pero me dijo que su truco cuando hace terapia es no tener trucos, simplemente entablar una conversación con el paciente. Ser terapeuta, sostiene, consiste menos en brindar soluciones y más en "una forma de prestar atención, que es la forma más pura de amor".[13]

Creció en un pueblo de la pradera de Nebraska, en medio de puntos de vista opuestos. Tenía una tía rica que era liberal y un tío granjero que era conservador. Los miembros de su familia abarcaban toda la gama, desde los emocionales hasta los reservados, desde los viajeros hasta los que se quedaban en casa, desde los sofisticados hasta los provincianos. Una educación respecto a la variedad humana te prepara para dar la bienvenida a nuevas personas en tu vida.

"En terapia, como en la vida, el punto de vista lo es todo", escribe Pipher en su libro *Letters to a Young Therapist* (*Cartas a un joven terapeuta*).[14] En su práctica proyecta un realismo feliz. Los viejos grandes maestros de su campo, como Freud, veían personas incitadas por impulsos oscuros, represiones e instintos competitivos, pero Pipher, que se inició profesionalmente como camarera, ve personas vulnerables y amantes del amor que a veces se ven atrapadas en malas situaciones. Trata de habitar el punto de vista de cada persona y verlas a todas, con simpatía, como aquellas que están haciendo lo mejor que pueden. Su punto de vista básico es caritativo con todos los que se le presentan.

Algunos terapeutas intentan separar a los pacientes de sus familias. Pipher dice que rápidamente ven los problemas en una familia, a sus integrantes les ponen una etiqueta (disfuncionales) y luego culpan a la familia por cualquier cosa que aflija al paciente. Y, por supuesto, en muchos casos, las familias de verdad abusan y las víctimas necesitan liberarse. Pero Pipher, característicamente, busca lo bueno. "Si bien las familias son instituciones imperfectas, también son nuestra mayor fuente de significado, conexión y alegría —escribe—. Todas las familias están un poco locas, pero eso se debe a que todos los humanos estamos un poco locos."[15] Después de una sesión familiar difícil, escuchó a un padre que se ofrecía a llevar a su familia a tomar un helado. Pipher los hizo volver a su oficina para felicitarlo a él por ser tan generoso y amable y vio cómo se le llenaban los ojos de lágrimas.

Ella no siente la necesidad de llenar el aire con un flujo constante de palabras. "La inspiración es muy educada escribe—. Llama con suavidad y luego se va si no abrimos la puerta."[16] Las preguntas que hace tienen la finalidad de orientar a las personas hacia lo positivo: ¿No es hora de que te perdones por eso? Cuando tú y tus padres vuelvan a ser cercanos, ¿qué querrás que entiendan sobre este momento de tu vida? Al principio de su carrera, trató de comprender a las personas preguntándoles cómo las trataban o maltrataban los demás. A medida que maduró, le resultó más útil preguntar: ¿Cómo tratas a los demás? ¿Cómo los haces sentir?

Ofrece el tipo de atención que puede cambiar a las personas.

Pipher cuenta la historia de otro terapeuta que trabajaba con una madre y una hija que estaban crónicamente furiosas entre sí. Durante una sesión, volvieron a atacarse entre sí, con comentarios llenos de resentimiento, críticas y culpas. Luego hubo un breve silencio. La madre lo rompió diciendo: "Estoy pensando en la frase 'quedar atrapada en un rincón'".[17] La hija se sorprendió. Ésa era la frase exacta que había estado dando vueltas en su mente mientras intentaba pensar en cómo habían llegado ella y su madre a esta situación. En ese momento, después de toda la contienda, ambas tiraron las armas y se vieron de otra manera. El terapeuta felicitó a la madre y dijo: "Las dejaré solas para que hablen más sobre esto". Ése es un momento de iluminación.

Acompañamiento

Loren Eiseley, un naturalista estadunidense, estaba realizando un trabajo de campo en el río Platte, que atraviesa el Nebraska de Mary Pipher, luego desemboca en el Missouri y finalmente desemboca en el golfo de México. Estaba caminando entre una espesa maleza cuando de repente atravesó un matorral de sauces y se encontró sumergido en el río hasta los tobillos y con los pies empapados. Tenía calor y sed después de kilómetros de caminar y no había nadie alrededor, así que se quitó la ropa y se sentó en el agua.

En ese momento experimentó lo que llamó una "extensión de los sentidos", la conciencia de que este río en el que estaba inmerso era parte de toda la cuenca de América del Norte, comenzando con los pequeños arroyos fríos en los glaciares cubiertos de nieve y fluyendo hacia el sur en caudalosos ríos y luego en océanos, y que él también era parte de este vasto flujo. Se le ocurrió un pensamiento: "Iba a ponerme a flotar".[1]

Si sabes algo sobre el río Platte, conocerás el dicho que dice que el Platte tiene una milla de ancho y una pulgada de profundidad. Es un río poco profundo, que llega hasta las rodillas ahí donde estaba Eiseley. Pero para él esto no era una profundidad trivial. Porque no sabía nadar. Una experiencia infantil cercana a la muerte le había dado un miedo permanente al agua, y el Platte, aunque poco profundo, tiene sus remolinos, agujeros y bancos de arenas movedizas, por lo que la idea de flotar en él le llegó envuelta en miedo, nerviosismo y euforia.

Aun así, se tumbó boca arriba sobre el agua y comenzó a flotar, saboreando la sensación, preguntándose: ¿Qué se siente ser un río? Estaba borrando los límites entre él y el río del que ahora formaba parte. "El cielo giró sobre mí. Por un instante, mientras me deslizaba hacia el canal principal, tuve la sensación de deslizarme por la vasta cara inclinada del continente. Fue entonces cuando sentí las frías agujas de los manantiales alpinos en la punta de mis dedos y el calor del golfo empujándome hacia el sur —escribió más tarde—. Estaba fluyendo sobre antiguos fondos marinos elevados donde una vez habían retozado reptiles gigantes; estaba desgastando la faz del tiempo y avanzando hacia el olvido por montañas cubiertas de nubes. Toqué mis márgenes con la delicadeza de las antenas de un cangrejo de río y sentí grandes peces deslizándose en su afán cotidiano."

El ensayo de Eiseley sobre esta experiencia se llama "The Flow of the River" [El flujo del río]. En él no sólo describe el Platte; está describiendo cómo sintió que se estaba fusionando con el río. Relata una especie de conciencia abierta de las conexiones entre todas las criaturas, toda la naturaleza. No estaba nadando en el río. No estaba investigando el río. Estaba acompañando al río.

Después de la mirada iluminadora, el acompañamiento es el siguiente paso para conocer a una persona.

∾

El 90 por ciento de la vida consiste sólo en ocuparse de tus asuntos. Una reunión en el trabajo, un viaje al supermercado o una pequeña charla con otro padre mientras dejas a los niños en la escuela. Y por lo común hay otras personas alrededor. En estos momentos normales de la vida no estás mirando de manera profunda a los ojos de otra persona ni revelando intimidades profundas. Simplemente están haciendo cosas juntos, no cara a cara sino lado a lado. Se están acompañando unos a otros.

Cuando conoces a alguien por primera vez, no querrás intentar mirar dentro de su alma de inmediato. Lo mejor es mirar algo juntos. ¿Qué opinas del clima, de Taylor Swift, de la jardinería o de la serie de televisión *The Crown*? No estás estudiando a una persona, sólo estás acostumbrándote a ella. A través de pequeñas conversaciones y haciendo cosas mundanas juntos, tu mente inconsciente se mueve con la mía y estamos percibiendo la energía, el temperamento y los modales de cada quien. Nos estamos sintonizando con los ritmos y estados de ánimo de los demás y adquiriendo una especie de conocimiento sutil y tácito de los demás que se requiere antes de que se puedan abordar otros tipos de conocimiento. Nos estamos sintiendo cómodos unos con otros, y la comodidad no es poca cosa. No se puede oír nada en la mente hasta que la situación se siente segura y familiar para el cuerpo.

Una pequeña charla y estar casualmente con alguien es una etapa muy subestimada en el proceso de conocer a alguien. A veces se puede aprender más sobre una persona observando cómo habla con un camarero que haciéndole alguna pregunta profunda sobre su filosofía de vida. Incluso cuando conoces bien a alguien, me parece que si no hablas con regularidad de las cosas triviales es difícil hablar de cosas importantes.

Este capítulo trata sobre cómo conocer un poco mejor a las personas durante las rutinas diarias de la vida cotidiana. Hay formas de presentarse que profundizan la conexión y la confianza, y otras que no. Si vas por la vida con una mentalidad de eficiencia/optimización, dejarás a tus hijos en la guardería en el menor tiempo posible y tú y los demás padres serán barcos que pasan de noche. Pero creo que la flotación de Eiseley río abajo nos da un modelo diferente de cómo estar presentes con otras personas.

Es evidente que no es lo mismo flotar río abajo que estar en una reunión con alguien o tomando un café con un conocido. Sin embargo, hay algo en la actitud de Eiseley que es instructivo e inspirador.

El acompañamiento, en este sentido, es una forma de avanzar por la vida centrada en el otro. Cuando acompañas a alguien estás en un estado de conciencia relajada: atento, sensible y sin prisas. No estás liderando ni dirigiendo a la otra persona. Tan sólo viajas a su lado mientras ella experimenta los flujos y reflujos de la vida diaria. Estás ahí para ser de ayuda, una presencia fiel, abierta a lo que pueda venir. Tus movimientos no están marcados por la obstinación sino por la voluntad: estás dispuesto a dejar que la relación se profundice o no, sin forzarla en ningún sentido. Estás actuando de una manera que permite que otras personas sean perfectamente ellas mismas.

⌒

La primera cualidad que asocio con el acompañamiento es la *paciencia*. La confianza se construye poco a poco. La persona que sabe acompañar ejerce lo que la filósofa Simone Weil llamó "esfuerzo negativo". Es la capacidad de retenerse y ser consciente del horario de la otra persona. "No obtenemos los regalos más preciados entrando a buscarlos sino esperándolos", escribió Weil. La persona que sabe acompañar está desacelerando el ritmo de la vida social. Conozco una pareja que valora a los amigos que son lo que ellos llaman "permanentes". Son el tipo de personas con las que quieres quedarte en la mesa después de una comida o en las sillas junto a la piscina, para dejar que las cosas fluyan, para que la relación surja. Es un gran talento: ser alguien que otros consideran duradero.

Conocer a alguien más siempre será una propuesta vulnerable. Las verdades personales resienten los enfoques que son demasiado agresivos, demasiado intensos y demasiado impacientes. La gente protege con razón su propio espacio psicológico y erige puertas por las que sólo se puede pasar cuando convenga. Antes de que una persona esté dispuesta a compartir cosas personales, tiene que saber que tú respetas sus cosas personales. Tienen que saber que ves su reserva como una forma de dignidad, su reserva como una señal de que se respetan a sí mismos.

El acompañamiento es una etapa necesaria para conocer a una persona precisamente porque es una etapa muy amable y mesurada. Como dijo D. H. Lawrence:

> Quien quiera la vida debe ir con suavidad hacia la vida, como se iría hacia un ciervo y su cervatillo que anidan bajo un árbol. Un gesto de violencia, una afirmación violenta de voluntad propia y la vida desaparece... Pero con tranquilidad, con abandono de la autoafirmación y con la plenitud del verdadero y profundo yo, uno puede acercarse a otro ser humano y conocer lo mejor y delicado de la vida: el contacto.[2]

La siguiente cualidad del acompañamiento es *ser juguetón*. Cuando Eiseley flotaba río abajo no llevaba puesto su traje de científico. Estaba actuando en forma impremeditada. Jugaba, disfrutando de una actividad que le parecía espontánea y divertida. Cuando los anfitriones de retiros y talleres quieren que los participantes se conozcan con rapidez los animan a jugar juntos, ya sea mediante croquet, cartas, música, charadas, paseos, manualidades o incluso flotando en un río.

Hacemos esto porque las personas son más plenamente humanas cuando juegan. Como señala la ensayista Diane Ackerman en su libro *Deep Play*, el juego no es una actividad; es un estado de ánimo.

Para algunos el tenis es un trabajo. Están atrapados en esa mentalidad de logro, tratando de avanzar hacia alguna meta de competencia. Pero para otros el tenis es un juego, un movimiento que resulta divertido y absorbente en sí mismo. Toda su actitud es relajada; celebran felices cuando hacen una buena volea y vitorean cuando lo hace su oponente. Para algunos la ciencia es trabajo: ganar estatus y obtener subvenciones. Pero conozco a un astrónomo para quien la ciencia es un juego. Cuando habla de agujeros negros o galaxias distantes suena como una niña de once años rebosante de emoción: ¡tiene telescopios geniales y puede mirar cosas interesantes!

Cuando juego basquetbol con mis amigos la calidad de nuestro juego puede ser deficiente, pero estamos jugando y eso nos une. Estamos coordinando nuestros movimientos. Nos pasamos el balón unos a otros y entramos y salimos, tratando de abrirnos. Hay una especie de comunicación espontánea: los aplausos, los choques de manos, las estrategias, las expresiones vulgares. Conozco a algunos chicos que se han reunido para un partido de basquetbol mensual durante años. Puede que nunca hayan tenido una conversación profunda, pero darían su vida el uno por el otro, tan profundos son los vínculos entre ellos, vínculos que se formaron mediante el juego.

En medio del juego las personas se relajan, se convierten en ellas mismas y se conectan sin siquiera intentarlo. La risa no es sólo lo que viene después de los chistes. La risa surge cuando nuestras mentes se unen y sucede algo inesperado: sentimos el sonido del reconocimiento común.[3] Nos reímos para celebrar nuestro entendimiento compartido. Nos vemos.

En sus memorias *Let's Take the Long Way Home* [Tomemos el camino largo a casa], la escritora Gail Caldwell describe cómo se formó su profunda amistad con una mujer llamada Caroline. Sucedió mientras jugaban, ya sea remando en el río Charles en Boston o saliendo al bosque para entrenar a sus perros juntas. Gail y Caroline pasaban horas trabajando con sus perros, analizando los diferentes significados que la palabra "no" puede tener cuando se le dice a un canino. "Aunque nuestra confianza había sido dañada en relaciones pésimas, aquí se estaba reconstruyendo, con herramientas que no sabíamos que poseíamos —escribe—. Para nosotras, el adiestramiento canino fue una experiencia compartida tan gratificante que la educación se infundió en toda la amistad. Gran parte

del entrenamiento de un perro es instintiva; también es un esfuerzo complejo de paciencia, observación y respeto mutuo."[4] A través
de los ritmos de este tipo de juego, Gail y Caroline atravesaron una
serie de gradientes de intimidad. Pasaron de la "precaución mutua
a la tranquilidad inseparable, y gran parte de ello ahora parece un
intercambio cuidadoso, incluso silencioso".[5]

Es increíble lo mucho que puedes llegar a conocer a alguien, incluso antes de que se produzcan conversaciones profundas. Cuando
mi hijo mayor era pequeño, se despertaba todas las madrugadas alrededor de las cuatro. En aquella época vivíamos en Bruselas, donde
en invierno no hay luz hasta casi las nueve. Así que cada mañana
tenía cuatro o cinco horas en la oscuridad para jugar: hacerlo saltar
sobre mi pecho, hacer correr sus trenes de madera, hacerle cosquillas y reír. Un día, mientras estaba tumbado en el sofá, tomándolo
de las manos mientras él saltaba sobre mi estómago con sus piernas temblorosas, se me ocurrió que yo era quien mejor lo conocía
en todo el planeta, y que de todas las personas del planeta tal vez
él me conocía mejor, porque mientras jugaba con inocencia con él
yo había sido emocionalmente abierto y espontáneo. También se
me ocurrió que aunque nos conocíamos tan bien, nunca habíamos
tenido una conversación porque él todavía no podía hablar. Toda
nuestra comunicación se realizaba a través del juego, el tacto y la
mirada.

La tercera cualidad del acompañamiento que debo mencionar
es su *carácter centrado en el otro*. Eiseley no estaba pensando en sí
mismo ni en su ego en ese río. Estaba perdiendo en parte su ser y
trascendiendo su ego. Estaba dejando que el río marcara el rumbo.

En la vida normal, cuando acompañas a alguien te suscribes al
plan de otra persona. Estamos más familiarizados con el concepto
de acompañamiento en el mundo de la música. El pianista acompaña a la cantante. Son socios, hacen algo juntos, pero el acompañante
desempeña un papel de apoyo, trabajando con sutileza para realzar

la belleza de la canción y ayudar a la cantante a brillar. El acompañante es sensible a lo que la cantante está haciendo, comienza a sentir la experiencia que ella está tratando de crear. El acompañamiento es una forma humilde de ser una parte útil en el viaje de otra persona, mientras ésta se dedica a crear su propio tipo de música.

El acompañante no controla el viaje, pero tampoco es un espectador pasivo. Permítanme intentar ilustrar este delicado equilibrio describiendo un momento en el que cometí un error, tomado de las circunstancias mundanas de la vida cotidiana. Mis dos hijos jugaban beisbol de alto nivel. Un niño es ocho años mayor que el otro, así que cuando el menor tenía 12 años, yo ya había pasado alrededor de una década involucrado con el beisbol juvenil, observando a los entrenadores profesionales que la liga había contratado para administrar los equipos de los chicos mayores. Ese año el entrenador de mi hijo menor era otro padre, no un profesional, y yo me ofrecí como voluntario para ayudarlo. Rápidamente quedó claro, al menos para mí, que yo sabía mucho más sobre cómo entrenar beisbol juvenil que el entrenador, tan sólo porque tenía mucha más experiencia en este deporte.

Así que comencé a acribillarlo con mis geniales ideas sobre cómo organizar entrenamientos, realizar prácticas de bateo y hacer ajustes a medio juego. Obviamente, esto fue sólo un caso de servicio desinteresado al equipo. Era obvio que no se trataba de ningún deseo latente de demostrar cuánto sabía, ni de llamar la atención, ni de tener el control. Evidentemente, mi comportamiento no podía haber tenido *nada* que ver con el ego masculino en presencia de deportes competitivos.

El entrenador de inmediato sintió que me estaba metiendo en su zona y amenazando su autoridad. Así que, por supuesto, se erigieron sus muros defensivos. Lo que podría haber sido un mutuo juego nuestro con los chicos se convirtió en una sutil rivalidad por el poder. Nuestra relación, que podría haber sido cálida, porque él era un buen tipo, se enfrió. Rara vez aceptó los brillantes consejos que le ofrecía.

Si en aquel entonces hubiera estado mejor instruido en el arte del acompañamiento, habría comprendido lo importante que es honrar la capacidad de otra persona para tomar decisiones. Espero haber comprendido, como hacen los buenos acompañantes, que cada uno está en su propio lugar, en su propio peregrinaje, y que el trabajo de uno es encontrarse con ellos donde están, ayudarlos a trazar su propio rumbo. Ojalá hubiera seguido un consejo que rápido se está convirtiendo en un refrán: dejar que los demás evolucionen de manera voluntaria. Ojalá hubiera entendido entonces que la confianza se construye cuando se aprecian las diferencias individuales, cuando se corrigen los errores, y cuando una persona dice, más con expresiones faciales que con cualquier otra cosa: "Estaré ahí cuando me necesites. Estaré ahí cuando sea el momento adecuado".[6]

El acompañamiento a menudo implica una entrega de poder que es hermosa de contemplar. Un maestro podría ofrecer las respuestas, pero quiere acompañar a sus alumnos mientras descubren cómo resolver un problema. Un directivo podría dar órdenes, pero a veces el liderazgo significa ayudar a los empleados a convertirse en dueños de su propia tarea. Un escritor podría expresar sus opiniones, pero los mejores escritores no son los que le dicen a la gente qué pensar, sino los que proporcionan un contexto dentro del cual otros pueden pensar. El papa Paulo VI lo dijo maravillosamente: "El hombre moderno escucha con más gusto a los testigos que a los maestros, y si escucha a los maestros, es porque son testigos".

Finalmente, una persona que sabe acompañar entiende el arte de la *presencia*. La presencia consiste en aparecer. Asistir a bodas y funerales, y en especial presentarse cuando alguien está de luto o ha sido despedido o ha sufrido algún revés o humillación. Cuando alguien está pasando por un momento difícil no es necesario decir nada sabio; sólo tienes que estar ahí, con una conciencia elevada de lo que está experimentando en ese momento.

Hace poco leí sobre una profesora llamada Nancy Abernathy que enseñaba a estudiantes de primer año de medicina, y dirigía un seminario sobre habilidades para tomar decisiones, cuando su marido, a los 50 años, murió de un ataque cardiaco mientras practicaba esquí de fondo cerca de su casa en Vermont. Con algunas dificultades logró pasar el semestre y continuó con su enseñanza. Un día mencionó a la clase que temía impartir el mismo curso el año siguiente, porque cada año, durante una de las primeras sesiones del curso, les pedía a todos que trajeran fotos familiares para poder conocerse. No estaba segura de poder compartir una foto de su difunto esposo durante esa sesión sin llorar.

El curso terminó. El verano llegó y se fue, y llegó el otoño y, con él, el día que ella temía. La profesora entró en la sala de conferencias, temerosa, y sintió algo extraño: la sala estaba demasiado llena. Sentados ahí, junto con su clase actual, estaban los estudiantes de segundo año, los que habían tomado su clase el año anterior. Habían venido simplemente para estar presentes durante esta dura sesión. Sabían con exactitud lo que ella necesitaba y no necesitaban ofrecerle nada más. "Esto es compasión —comentó más tarde Abernathy—. Una simple conexión humana entre el que sufre y el que quiere sanar."[7]

Cuando yo enseñaba en Yale tenía una alumna, Gillian Sawyer, cuyo padre había muerto de cáncer de páncreas. Antes de morir, ella y su padre hablaron del hecho de que él se perdería los acontecimientos más importantes de su vida: una boda que podría celebrar algún día y la crianza de sus hijos. Después de su muerte, ella fue la dama de honor en la boda de un amigo. El padre de la novia pronunció un hermoso discurso sobre la curiosidad y el espíritu de su hija. Cuando llegó el momento del baile entre padre e hija, Gillian se excusó para ir al baño y llorar. Al salir vio que todas las personas de su mesa, muchos de ellos amigos de la universidad, estaban parados junto a la puerta. Me dio permiso para citar un texto que describe este momento: "Lo que recordaré para siempre es que nadie dijo una palabra. Todavía me sorprende la profundidad que puede resonar en el silencio. Cada persona, incluidos los nuevos novios a quienes conocía menos bien, me dieron un abrazo reconfortante y se dirigieron de vuelta a sus lugares. Nadie se demoró ni intentó con torpeza validar mi dolor. Estuvieron ahí para mí, sólo por un momento, y era exactamente lo que necesitaba".

~

En su libro *Consolations* [Consolaciones], el ensayista y poeta David Whyte observó que la piedra angular última de la amistad "no es la mejora, ni del otro ni de uno mismo, la piedra angular última es el testimonio, el privilegio de haber sido visto por alguien y el correspondiente privilegio de poder ver la esencia de otros, de haber caminado con ellos y de haber creído en ellos, a veces simplemente de haberlos acompañado por un breve lapso, en un viaje imposible de realizar solo".

Loren Eiseley, mientras flotaba en el río Platte, nos modela una forma de acompañamiento en el entorno natural. He tratado de capturar su actitud durante esa flotación y mostrar cómo eso puede inspirar una forma de estar en el entorno social. El punto central de Eiseley en su ensayo en el que describe ese evento es que todo en la naturaleza está conectado con todo lo demás, y que puedes entender esto si tan sólo te recuestas y dejas que esa conciencia te invada. También en la vida social todos estamos conectados unos con otros por nuestra humanidad común y compartida. A veces necesitamos montarnos en el viaje de otra persona y acompañarla por una parte del camino.

¿Qué es una persona?

El 26 de diciembre de 2004 el escritor francés Emmanuel Carrère, su novia, Hélène, y sus respectivos hijos estaban de vacaciones en un hotel en lo alto de un acantilado en Sri Lanka. Para ser franco, el viaje estaba resultando un poco fallido. Carrère había pensado que Hélène podría ser el amor de su vida, con quien envejecería. Sin embargo, se le ocurrió que estaba impresionado por ella, pero que nunca la había amado de verdad. Estaba claro que se estaban distanciando. Justo la noche anterior, en Navidad, habían hablado con seriedad de separarse. "Tan sólo nos veíamos distanciarnos, sin hostilidad, pero con pesar", escribió Carrère. "Era una lástima. Por enésima vez hablé de mi incapacidad de amar, tanto más notable cuanto que Hélène es verdaderamente digna de ser amada."[1]

Al despertarse a la mañana siguiente, Carrère se encontraba en un estado mental pesimista y desilusionado. Era culpa suya que la relación estuviera terminando. Estaba ensimismado, incapaz de abrir su corazón. Repasó su historia de relaciones fallidas y se dio cuenta, con una punzada de autocompasión, de que estaba destinado a convertirse en un anciano solitario. Un pasaje de la novela que estaba leyendo le llamó la atención: "Me hubiera gustado, esta mañana, que la mano de un extraño me cerrara los ojos; estaba solo, así que los cerré yo mismo".

Como era de esperarse, una especie de mortaja se extendió sobre Carrère, Hélène y sus hijos. La belleza de Sri Lanka no lograba cautivarlos. Tres días después de iniciado el viaje estaban listos para regresar a casa. Sintiéndose apáticos, decidieron cancelar la lección de buceo que habían programado para esa mañana.

Resultó ser una decisión trascendental, porque ésa fue la mañana en que golpeó el tsunami.

Dos días antes Carrère había conocido a otra familia francesa en el restaurante del hotel: Jérôme, Delphine y su encantadora hija de cuatro años, Juliette. La mañana del tsunami Jérôme y Delphine habían ido a la ciudad a buscar provisiones, dejando a Juliette jugando en la playa con su abuelo. Juliette chapoteaba en las olas mientras su abuelo leía el periódico en una silla de playa. De repente el anciano se sintió arrastrado por una pared de remolinos de agua negra, bastante seguro de que moriría y de que su nieta ya lo había hecho.

La ola lo llevó tierra adentro. Pasó por encima de casas, árboles, una carretera. Entonces la ola se invirtió y la enorme fuerza del agua que retrocedía amenazó con arrastrarlo al océano abierto. Se agarró a una palmera y aguantó. Un trozo de valla, arrastrado por el agua, lo inmovilizó contra el tronco. Muebles, personas, animales, vigas de madera y trozos de hormigón pasaban a gran velocidad.

Cuando el agua bajó, abrió los ojos y se dio cuenta de que estaba vivo y que la verdadera pesadilla apenas había comenzado. Bajó por el tronco del árbol y se detuvo en lo que ahora era agua poco profunda. El cuerpo de una mujer pasó flotando. Entendió que su misión era llegar a la ciudad y encontrar a los padres de Juliette. Cuando por fin los vio, se dio cuenta de que estaban viviendo sus últimos momentos de pura felicidad. Les dijo que Juliette estaba muerta.

"Delphine gritó; Jérôme no lo hizo —escribe Carrère en sus memorias—. Tomó a Delphine en sus brazos y la abrazó tan fuerte como pudo mientras ella gritaba y gritaba, y de ahí en adelante sólo tenía un objetivo: *ya no puedo hacer nada por mi hija, así que salvaré a mi esposa*."[2]

La tarea ahora era hacer frente a la devastación: encontrar el cuerpo de Juliette y traerla a casa para enterrarla. Carrère y su grupo cenaron con Delphine y Jérôme esa noche, la noche de la muerte de Juliette, luego desayunaron al día siguiente, luego almorzaron y luego cenaron de nuevo, y una y otra vez. Las dos familias se abrazaron durante los siguientes días, comieron juntas, buscaron a Juliette en los hospitales y consolaron a las otras víctimas del tsunami. Carrère observó cómo Delphine absorbía el golpe durante aquellas comidas. Ya no lloraba ni gritaba. Miraba al vacío. Comía muy poco. Le temblaba la mano cuando se llevaba un bocado de arroz a la boca. Todo su modelo del mundo se había organizado en torno a su relación con su hija. Ese modelo acababa de estallar en pedazos. Jérôme la observaba constantemente, deseando que se mantuviera entera.

Hélène, la novia de Carrère, entró en acción, estuvo en todas partes a la vez, ofreciendo ayuda práctica y emocional a los supervivientes destrozados y devastados que se habían arrastrado de regreso al hotel. Hélène era una mujer con una misión. Llamó a las compañías de seguros y líneas aéreas, hizo arreglos de viaje y estuvo junto a los dolientes. Sentía que ella y Carrère estaban unidos por la misma misión: ayudar a los supervivientes. Él, sin embargo, estaba teniendo una experiencia diferente. Todavía estaba encerrado en sí mismo y se consideraba un inútil. "Me veo más bien como el marido insípido", escribió. Aquella primera noche, la noche del tsunami, en la cama, buscó las yemas de los dedos de Hélène, pero no logró establecer contacto. "Es como si ya no existiera", pensó en un momento.

Más tarde Carrère fue al hospital cercano para ayudar a buscar el cuerpo de Juliette, arrastrándose por habitaciones que apestaban por el hedor de los cadáveres dispuestos en filas, hinchados y grises. Él y Delphine conocieron a una mujer escocesa de 25 años, Ruth, que estaba de luna de miel y se encontraba a tres metros de su marido, cerca de la playa, cuando la ola los levantó y los separó. Esperó día tras día en el hospital, convencida de que si se dormía no lo vería y él nunca volvería vivo a ella. No había comido ni dormido en días. "Su determinación es aterradora —escribió Carrère—. Se puede sentir que está muy cerca de pasar al otro lado, a la catatonia, a la muerte en vida, y Delphine y yo entendemos que nuestro papel es evitar esto."[3]

Había detalles prácticos que cuidar, pero también mucha espera, momentos en los que sólo estaban sentados juntos y hablando. De manera instintiva, se contaron sus historias de vida. Delphine le contó a Carrère la vida de su familia en Francia, cómo Jérôme regresaba todos los días del trabajo para almorzar con su mujer y su hija, el amor de Juliette por los animales y su insistencia en alimentar a los conejos. Delphine la describía como si esa vida hubiera ocurrido siglos atrás.

Jérôme todavía estaba en su misión de salvar a su esposa. Durante las comidas intentaba cargar a todos, contando historias, hablando en voz alta, fumando, sirviendo bebidas, negándose a dejar que el silencio los envolviera. Al mismo tiempo, Carrère observaba a Jérôme mirando a Delphine: "Por el rabillo del ojo vigilaba a Delphine, y recuerdo haber pensado: ahí está, el amor verdadero, un hombre que ama de verdad a su esposa. No hay nada más hermoso. Pero Delphine permaneció en silencio, ausente, terriblemente tranquila".

Todos giraban alrededor de Delphine, suplicando implícitamente: No te vayas. Quédate con nosotros. Una noche, durante una cena en un restaurante, Delphine vio a un niño pequeño arrebujarse en el regazo de su madre y se quedó mirando mientras ella lo acariciaba. Carrère se puso en la mente de Delphine mientras esto sucedía e imaginó lo que ella debía estar viendo y pensando: que nunca más se sentaría en la cama de su hija y le leería un cuento hasta que se durmiera. Delphine vio al niño y a su madre irse a su habitación. Se encontró con los ojos de Carrère y con una leve sonrisa murmuró: "Es tan pequeño".

Ruth al fin pudo utilizar el teléfono de Hélène para llamar a sus padres en Escocia y decirles que estaba viva. Carrère y Hélène la observaban mientras hablaba por teléfono. Ella comenzó a llorar. Sus lágrimas se convirtieron en sollozos convulsivos. Sus padres acababan de decirle que su marido estaba vivo y sus lágrimas se transformaron en risas. Delphine, llorando, se apresuró a abrazar a Ruth.

Los miembros de esta pequeña comunidad, escribe Carrère, estaban entonces íntimamente conectados y radicalmente separados: conectados por el dolor y separados por el golpe que había sufrido una pareja y salvado a las demás. Es verdad, Carrère ya no estaba ensimismado. Miraba a los demás al otro lado de la mesa. "Sé que los amábamos y creo que ellos nos amaban", recuerda más tarde.[4] Él había penetrado en la mente de cada una de las personas que lo rodeaban, sintiendo sus sentimientos, viendo un poco a través de sus ojos, entendiendo las cosas que hacían para sobrevivir. Sus intensas memorias se titulan *Lives Other Than My Own* [Vidas distintas a la mía], porque eso es lo que aprendió a ver en esta crisis: otras personas, otras perspectivas.

Mientras se embarcaban en su largo viaje de regreso a Francia, Carrère empezó a ver a Hélène de otra manera. Antes la había visto un poco triste. Ahora la imaginaba "como la heroína de una novela o una película de aventuras, la valiente y hermosa periodista que en el fragor de la acción no se guarda nada". Los llevaron en una furgoneta a un colegio donde pudieron ducharse y reunir sus pertenencias. Carrère reflexionó sobre lo frágiles que eran sus cuerpos. "Miré el de Hélène, tan hermosa, tan agobiada por el horror y el cansancio. No sentí deseo sino una compasión abrasadora, una necesidad de cuidar, apreciar y proteger para siempre. Pensé: Podría haber muerto. Ella es preciosa para mí. Tan preciosa. Me gustaría que algún día fuera vieja. Me gustaría que su carne fuera vieja y fofa, y me gustaría amarla todavía... Se abrió un dique, liberando una avalancha de tristeza, alivio y amor, todo mezclado. Abracé a Hélène y le dije:

No quiero romper más, nunca más. Ella dijo: Yo tampoco quiero romper más."[5] Carrère había tomado una resolución: debía pasar su vida con ella. "Me digo a mí mismo que esta larga vida juntos *debe* ser —escribe—. Si necesito tener éxito en algo antes de morir, es en esto." Lo que Carrère recuerda de los días siguientes es su miedo a que Hélène lo abandonara. Lo que Hélène recuerda es que aquéllos fueron los días en los que de verdad se unieron. Terminaron casándose y teniendo su propia hija.

Les cuento esta historia para resaltar dos puntos. El primero es que muestra, de manera concreta, cómo diferentes personas pueden experimentar el mismo acontecimiento de maneras profundamente distintas. Cada una de las personas de la anécdota de Carrère ha recibido un golpe terrible, pero cada una lo siente de manera diferente, según cómo les ha afectado el acontecimiento, según su historia de vida y según la tarea que la situación les impuso.

Para Jérôme todo es sencillo: el tsunami lo lanza a una misión desesperada para salvar a su esposa. No tiene que deliberar sobre eso. En el momento en que se entera de la muerte de su hija sabe que su única tarea es salvar a Delphine. Para Delphine, la tarea es simplemente resistir el golpe. Para Hélène, el tsunami significa integrarse a sí misma, ser la persona que sirve a los demás en una crisis. Para Ruth, la tarea es hacer guardia y determinar que su marido vuelva a la vida. Al principio, Carrère vive el tsunami a través del prisma de su propia desventura. Es el solitario encerrado en sí mismo que no ha estado a la altura de las circunstancias.

En nuestra vida suceden acontecimientos, pero cada persona procesa y experimenta cada acontecimiento a su manera. Aldous Huxley capturó la realidad central: "La experiencia no es lo que te sucede, es lo que haces con lo que te sucede".

∽

En otras palabras, hay dos capas de realidad. Existe la realidad objetiva de lo que sucede y la realidad subjetiva de cómo se ve, se interpreta y se le da significado a lo sucedido. Esa segunda capa subjetiva a veces puede ser la más importante. Como lo expresa Marc Brackett, psicólogo de Yale, "el bienestar depende menos de eventos objetivos que de cómo esos eventos son percibidos, tratados y compartidos con los demás".[6] Esta capa subjetiva es en la que queremos centrarnos en nuestra búsqueda de conocer a otras personas. La pregunta fundamental no es: "¿Qué le pasó a esta persona?" o "¿Cuáles son los elementos de su currículum?". En lugar de ello, deberíamos preguntarnos: "¿Cómo interpreta esta persona lo que pasó? ¿Cómo ve esta persona las cosas? ¿Cómo construye su realidad?". Esto es lo que realmente queremos saber si anhelamos comprender a otra persona.

Un extrovertido entra a una fiesta y ve una sala diferente a la que ve un introvertido. Una persona formada como diseñador de interiores ve una habitación diferente de alguien formado como especialista en seguridad. El terapeuta Irvin Yalom pidió una vez a una de sus pacientes que escribiera un resumen de cada sesión de terapia grupal que realizaban juntos. Cuando leyó sus reportes, Yalom se dio cuenta de que ella experimentaba cada sesión de manera por completo diferente a él. Ni siquiera escuchaba las ideas supuestamente brillantes que Yalom creía que estaba compartiendo con el grupo. En cambio, notaba los pequeños actos personales: la forma en que una persona elogiaba la ropa de otra, la manera en que alguien se disculpaba por llegar tarde.[7] En otras palabras, podemos estar juntos en el mismo evento, pero cada uno tiene su propia experiencia. O, como dijo la escritora Anaïs Nin, "no vemos las cosas como son, vemos las cosas como somos".

La segunda razón por la que les he contado esta historia es que muestra cómo se puede transformar toda la perspectiva de una persona, su manera de ver, interpretar y experimentar el mundo. En tiempos normales, nuestra conciencia subjetiva cambia poco a poco, pero a raíz de acontecimientos impactantes puede cambiar de repente.

Al comienzo de la historia, Carrère se cree un hombre malhumorado, ensimismado y desventurado. Considera a Hélène una mujer impresionante a la que no ama. Pero el tsunami lo desgarra y revoluciona cómo se ve a sí mismo, cómo ve a Hélène y cómo experimenta el mundo. Una perspectiva ensimismada es reemplazada por otra perspectiva más concentrada en los demás. Él se ve a sí mismo como un hombre con una nueva tarea: comprometerse con este amor que ha brotado en su interior, para que él y Hélène pasen juntos el resto de sus vidas. No se trata tanto de que tome una decisión racional para cambiar su forma de ver a Hélène y a sí mismo. Algo brota desde lo más profundo de él, una transformación de todo su punto de vista.

La transformación de Delphine es aún más dramática. Como cualquier padre puede decirnos, cuando nace un niño uno descubre que su perspectiva de la vida se transforma. Se transforma de nuevo si arrancan a un niño de la vida de uno. Delphine se había acostumbrado a vivir de cierta manera: abrazar a Juliette, darle de comer, jugar con ella. Tenía modelos en su cabeza construidos en torno a esas experiencias comunes. Ahora Juliette se ha ido y los modelos que tiene en mente no concuerdan con su nueva realidad. La historia de su vida ahora se organizará en torno a Antes y Después. Antes del tsunami, ella tenía una perspectiva de la vida. Después, tendrá que desarrollar otra perspectiva. Tendrá que pasar por un proceso de duelo, con sus momentos de dolor impactante, momentos en los que viejos recuerdos irrumpan en su mente. Tal vez sufrirá ataques recurrentes de agonía y angustia mientras contempla el terror que debió descender sobre Juliette en sus últimos segundos. Pero poco a poco se volverán a formar modelos en su mente. Su punto de vista se ajustará a su nueva realidad externa. Delphine construirá una perspectiva que incorpore a Juliette como una presencia en sus recuerdos y en su corazón, parte para siempre de cómo Delphine ve el mundo después del tsunami. Este proceso de duelo y reforma mental tampoco es algo que pueda controlarse de manera consciente. Fluye siguiendo su propio curso sorprendente e idiosincrásico, de nuevo desde algún lugar profundo de nuestro interior. Cada mente se está rehaciendo implacablemente.

∼

Si quieres ver y comprender bien a las personas, tienes que saber lo que estás mirando. Tienes que saber qué *es una persona*. Y esta historia traumática resalta una verdad central sobre lo que son los seres humanos: una persona es un punto de vista. Cada persona que conoces es un artista creativo que toma los acontecimientos de la vida y, con el tiempo, crea una forma muy personal de ver el mundo. Como cualquier artista, cada persona toma las experiencias de su vida y las integra en una representación compleja del mundo. Esa representación, la conciencia subjetiva que te hace ser tú, integra tus recuerdos, actitudes, creencias, convicciones, traumas, amores, miedos, deseos y metas en tu propia forma distintiva de ver. Esa representación te ayuda a interpretar todos los datos ambiguos que captan tus sentidos, te ayuda a predecir lo que va a suceder, te ayuda a discernir lo que realmente importa en una situación, te ayuda a decidir cómo sentirte ante cualquier situación, te ayuda a dar forma a lo que quieres, a quién amas, qué admiras, quién eres y qué deberías estar haciendo en un momento dado. Tu mente crea un mundo lleno de belleza y fealdad, emoción, tedio, amigos y enemigos, y vives dentro de esa construcción. La gente no ve el mundo con sus ojos; lo ve con toda su vida.

Los científicos cognitivos llaman a esta visión de la persona humana "construccionismo". El construccionismo es el reconocimiento, respaldado por el último medio siglo de investigaciones sobre el cerebro, de que las personas no perciben de modo pasivo la realidad. Cada persona construye de manera activa su propia percepción de la realidad. Eso no quiere decir que no exista una realidad objetiva ahí afuera. Quiere decir que sólo tenemos acceso subjetivo a ella. "La mente es su propio lugar —escribió el poeta John Milton—, y en sí misma/puede hacer un cielo del infierno, un infierno del cielo".

Cuando intentamos comprender a otras personas, debemos preguntarnos todo el tiempo: ¿Cómo perciben esta situación? ¿Cómo están viviendo este momento? ¿Cómo están construyendo su realidad?

Permítanme sumergirme un poco en la ciencia del cerebro para intentar mostrarles cuán radical es este proceso de construcción. Tomemos un ejemplo tan simple como el acto de mirar el entorno de una habitación. No parece que estés creando nada. Se siente como si estuvieras asimilando lo que objetivamente hay ahí. Abres los ojos. Las ondas de luz te inundan. Tu cerebro registra lo que ves: una silla, un cuadro, una pelusa en el suelo. Se siente como una de esas cámaras antiguas: el obturador se abre y la luz entra a raudales y queda grabada en la película.

Pero no es así como funciona en realidad la percepción. Tu cerebro está encerrado en la bóveda oscura y ósea de tu cráneo. Su trabajo es tratar de darle sentido al mundo, dada la cantidad muy limitada de información que llega a las retinas, a través de los nervios ópticos y a la capa integradora de la corteza visual. Tus sentidos te proporcionan una instantánea del mundo de mala calidad y baja resolución, y tu cerebro se ve obligado a tomarla y construir una película de larga duración en alta definición.

Para ello, tu sistema visual construye el mundo tomando lo que ya sabes y aplicándolo a la escena que tienes delante. Tu mente una y otra vez se hace preguntas como: "¿A qué se parece esto?" y "La última vez que estuve en esta situación, ¿qué vi entonces?". Tu mente proyecta una serie de modelos de lo que espera ver. Luego, los ojos revisan para informar si estás viendo lo que la mente esperaba. En otras palabras, ver no es un proceso pasivo de recibir datos; es un proceso activo de predicción y corrección.

La percepción, escribe el neurocientífico Anil Seth, es "un acto generativo y creativo".[8] Es "una construcción orientada a la acción, más que un registro pasivo de una realidad externa objetiva".[9] O como señala la neurocientífica Lisa Feldman Barrett: "La evidencia científica muestra que lo que vemos, oímos, tocamos, saboreamos y olemos son en gran medida simulaciones del mundo, no reacciones a él".[10] La mayoría de nosotros, los que no somos neurocientíficos, no somos conscientes de toda esta actividad constructiva, porque ocurre de forma inconsciente. Es como si el cerebro estuviera componiendo vastas y complejas novelas proustianas, y para la mente consciente no parece ser ningún trabajo.

Los psicólogos sociales se deleitan perversamente al exponer los defectos de esta corrección-predicción de la forma de ver. Lo hacen introduciendo cosas en una escena que no predecimos que estarán ahí y, por lo tanto, no vemos. Tal vez conozcas el experimento del gorila invisible. Los investigadores presentan a los sujetos un video de un grupo de personas moviéndose, pasando una pelota de baloncesto y les piden que cuenten el número de pases del equipo vestido de blanco. Después del video, los investigadores preguntan: "¿Viste al gorila?".[11] Aproximadamente la mitad de los sujetos de la investigación no tienen idea de qué están hablando los investigadores. Pero cuando ven el video por segunda vez, con el concepto "gorila" ahora en sus cabezas, se quedan atónitos al ver que un hombre vestido con un traje de gorila entró directamente en el círculo, se quedó ahí durante unos segundos y luego caminó hacia fuera. No lo vieron antes porque no predijeron "gorila".

En mi experimento favorito de este tipo, un investigador le pregunta a un estudiante cómo llegar a un lugar particular en un campus.[12] El estudiante comienza a dar instrucciones. Luego, un par de "trabajadores" (en realidad, otros dos investigadores) ponen con malos modales una puerta entre quien pide las instrucciones y quien las da. Cuando la puerta pasa entre ellos, el que pregunta la dirección cambia a hurtadillas de lugar con uno de los trabajadores. Una vez pasada la puerta, el que da las instrucciones se encuentra dando instrucciones a un ser humano por completo diferente. Y la mayoría de quienes dan las instrucciones no se dan cuenta. Simplemente siguen dando instrucciones. No esperamos que un ser humano se convierta por arte de magia en otro y, por lo tanto, no vemos cuando sucede.

En 1951 hubo un partido de futbol particularmente brutal entre Dartmouth y Princeton. Después, los fanáticos de ambos equipos se enfurecieron porque, en su opinión, el equipo contrario había sido muy cruel. Cuando los psicólogos hicieron que los estudiantes volvieran a ver una película del juego en un ambiente más tranquilo, los estudiantes todavía creían con fervor que el otro lado había cometido el doble de penales que su propio equipo. Cuando se les cuestionó sus parcialidades, ambas partes señalaron la película del juego como prueba objetiva de que su bando tenía razón. Como lo expresaron los psicólogos que investigan este fenómeno, Albert Hastorf y Hadley Cantril: "Los datos aquí indican que no existe 'tal cosa' como un 'juego' que exista 'ahí afuera' por derecho propio y que la gente tan sólo 'observe'. El 'juego' 'existe' para una persona y sólo lo experimenta en la medida en que determinadas cosas tienen significado en relación con su finalidad".[13] Los alumnos de los diferentes colegios construyeron dos juegos diferentes en función de lo que querían ver. O como dice el psiquiatra Iain McGilchrist: "El modelo que elegimos utilizar para comprender algo determina lo que encontramos".[14]

A los investigadores les gusta exponer las deficiencias de nuestra forma de ver, pero a mí me sorprende una y otra vez lo brillante que es la mente humana a la hora de construir un mundo rico y hermoso. Por ejemplo, en una conversación normal, las personas suelen arrastrar y pronunciar mal las palabras.[15] Si escucharas cada palabra que alguien dice de forma aislada, no serías capaz de entender el 50 por ciento de ellas. Pero como tu mente es tan buena para predecir qué palabras probablemente deberían estar en cada oración, puedes crear con facilidad un flujo coherente de significado a partir del discurso de otras personas.

El universo es un lugar monótono, silencioso e incoloro. Lo digo literalmente. No existen el color ni el sonido en el universo; son sólo un montón de ondas y partículas. Pero como tenemos mentes creativas, percibimos sonidos y música, sabores y olores, colores y belleza, sorpresa y asombro. Todo eso está aquí en tu mente, no ahí afuera en el universo.

$\sim$

Me he sumergido en la neurociencia para dar una breve idea de cuánto arte creativo realiza cada persona en cada segundo del día. Y si tu mente tiene que hacer mucho trabajo constructivo para que puedas ver los objetos físicos que tienes delante, imagina cuánto trabajo tiene que realizar para construir tu identidad, la historia de tu vida, tu sistema de creencias, tus ideales. Hay aproximadamente ocho mil millones de personas en la Tierra, y cada una de ellas ve el mundo a su manera, única e irrepetible.

Si quiero verte, también quiero ver, al menos un poquito, cómo ves el mundo. Quiero ver cómo construyes tu realidad, cómo le das significado. Quiero alejarme, al menos un poco, de mi punto de vista y acercarme al tuyo.

¿Cómo se hace esto? El construccionismo sugiere un camino a seguir, un método para relacionarse con los demás. En este enfoque, lo último que quiero es inmovilizarte e inspeccionarte como si fueras una muestra de laboratorio. No te reduciré a un tipo ni te restringiré a una etiqueta, como lo hacen muchos de esos sistemas de tipología humana: Myers-Briggs, el eneagrama, el zodiaco, etcétera.

En cambio, quiero tomarte como un creador activo. Quiero entender cómo construyes tu punto de vista. Quiero preguntarte cómo ves las cosas. Quiero que me enseñes sobre las energías duraderas de viejos acontecimientos que dan forma a tu manera de ver el mundo actual.

Voy a comprometerme *contigo*. Mirar a una persona es diferente de mirar una cosa porque una persona te está mirando. Voy a llegar a conocerte al mismo tiempo que vas a llegar a conocerme. La conversación de calidad es la esencia de esta manera de ver.

Si vamos a convertirnos en iluminadores, primero debemos hacer preguntas y buscar respuestas. Necesitamos preguntar: ¿Qué te parece esto? ¿Ves la misma situación que yo veo? Entonces debemos preguntarnos: ¿Cuáles son las experiencias y creencias que te hacen verlo de esa manera? Por ejemplo, podría preguntar: ¿Qué te pasó en la infancia que te hace seguir viendo el mundo desde el punto de vista de un extraño? ¿Qué tiene tu vida hogareña que hace que celebrar fiestas y organizar cenas sea tan importante para ti? Odias pedir favores. ¿Por qué es un problema para ti? Pareces tenerlo todo y, sin embargo, eres inseguro. ¿Por qué?

A medida que mantenemos estas conversaciones, nos volvemos más conscientes de los modelos que utilizamos para construir la realidad. Nos estamos conociendo mejor los unos a los otros. También nos estamos conociendo mejor a nosotros mismos.

∼

Antes del tsunami, Emmanuel Carrère se veía a sí mismo como un hombre aislado y sin amor. Veía la vida a través del prisma de su ambición: "Yo que vivo en la insatisfacción, en la tensión constante, corriendo detrás de sueños de gloria y arrasando con mis amores porque siempre imagino que algún día, en otro lugar, encontraré algo mejor". Estaba aprisionado por una serie de modelos que lo hacían sentirse perpetuamente insatisfecho con su propia vida, perpetuamente incapaz de ver la belleza de las personas que lo rodeaban.

El trauma del tsunami reordenó sus modelos. Fue empujado a entrar en contacto íntimo con la mente de otros que sufrieron una gran pérdida y soportaron un gran dolor. Se sentó con esas personas, habló con ellas, penetró en sus experiencias. Llegó a conocer a los demás en formas nuevas y poderosas y se convirtió en una especie de iluminador.

Al adentrarse en vidas distintas a la suya, sus perspectivas se ampliaron y profundizaron. Vio a los demás de manera diferente y a sí mismo de modo distinto. Se humanizó. Sentía con más cariño y veía el mundo con más sabiduría. Éste es el efecto que suele tener en las personas ver a los demás profundamente. Como ha observado el psicólogo de Harvard Robert Kegan, cuando el ojo ve con más profundidad, el corazón tiende a amar con más ternura.

Lo mejor que hace una persona es tomar las lecciones de la vida, los duros golpes de la vida, las sorpresas de la vida y las realidades mundanas de la vida y refinar su propia conciencia para que gradualmente pueda llegar a ver el mundo con mayor comprensión, más sabiduría, más humanidad y más gracia. George Bernard Shaw tenía razón: "La vida no consiste en encontrarse a sí mismo. La vida es crearse a sí mismo".

Buenas conversaciones

Ahora sí estamos entrando en materia. Hasta ahora hemos estado explorando cómo prestar atención a una persona, cómo acompañar a una persona y lo que es una persona. Ahora vamos a entrar en lo que es involucrarse de verdad, sondear los rincones más profundos de la mente de otra persona. Ésta es una de las cosas más cruciales y difíciles que pueda hacer una persona. Si triunfas en esta tarea, podrás comprender a las personas que te rodean, y si fallas, las malinterpretarás constantemente y las harás sentir malinterpretadas. Entonces, ¿dónde puedes ir para realizar este gran, portentoso y transformador esfuerzo?

Bueno, una banca en el parque está bien.

La actividad épica que estoy describiendo se llama... tener una conversación. Si una persona es un punto de vista, entonces para conocerla bien hay que preguntarle cómo ve las cosas. Y no funciona intentar imaginarse lo que le está pasando por la cabeza. Tienes que preguntarle. Debes tener una conversación.

El subtítulo de este libro es "El arte de ver profundamente a los demás y de ser visto con profundidad". Elegí eso en específico porque quería que entendieras de inmediato lo que estaba escribiendo. Pero no es del todo exacto, si soy honesto. Si lo que estamos haciendo aquí es estudiar cómo conocer de verdad a otra persona, tal vez debería ser "El arte de escuchar a los demás profundamente y ser escuchado con profundidad". Porque conocer a otra persona suele ser más hablar y escuchar, que ver.

Ser un conversador mediocre es fácil. Ser un buen conversador es difícil. Mientras intentaba comprender cómo convertirme en un mejor conversador descubrí que tenía que superar ideas extrañas sobre cómo es un buen conversador. Mucha gente piensa que un buen conversador es alguien que puede contar historias divertidas. Es un narrador, pero no un conversador. Mucha gente piensa que un buen conversador es alguien que puede ofrecer conocimientos penetrantes sobre una variedad de temas. Eso es un conferencista, pero no un conversador. Un buen conversador es un maestro en fomentar el intercambio bidireccional. Un buen conversador es capaz de guiar a las personas en una expedición mutua hacia la comprensión.

Arthur Balfour fue un estadista británico conocido, entre otras cosas, por la Declaración Balfour de 1917, que anunció el apoyo británico a un "hogar nacional judío" en Palestina. "Sin vacilar, debería catalogarlo como el mejor conversador que he conocido",[1] observó una vez su amigo John Buchan. La habilidad particular de Balfour no era que fuera capaz de desencadenar monólogos brillantes o arrojar cadenas de epigramas. En cambio, creó "un esfuerzo comunitario que aceleraba y elevaba toda la discusión y sacaba lo mejor de las demás personas".

Balfour, continuaba diciendo Buchan,

> tomaba el comentario vacilante de un hombre tímido y descubría en él posibilidades inesperadas, lo sondeaba y lo ampliaba hasta que su autor sintiera que de verdad había hecho alguna contribución a la sabiduría humana. En el último año de la guerra me permitió llevar de vez en cuando a visitantes estadunidenses a almorzar con él en Carlton Gardens, y recuerdo con qué admiración lo vi indagar a los invitados, aprovechar alguna palabra casual y convertirla en el eje de las especulaciones, hasta que el hablante no sólo se animaba

a dar lo mejor de sí mismo, sino que ese mejor resultado era infinitamente ampliado por la contribución de su anfitrión. Los invitados salían caminando en el aire.

Una buena conversación no es un grupo de personas que se hacen una serie de declaraciones entre sí. (De hecho, ésa es una mala conversación.) Una buena conversación es un acto de exploración conjunta. Alguien plantea una idea a medio formar. Alguien más capta el meollo de la idea, juega con ella, ofrece su propia perspectiva basada en sus propios recuerdos y la propone para que la otra persona pueda responder. Una buena conversación te incita a tener pensamientos que nunca antes habías tenido. Una buena conversación empieza en un lugar y termina en otro.

¿Todos saben cómo tener una buena conversación? Ni por asomo. Una vez estaba en una llamada con un funcionario del gobierno que me estaba sermoneando sobre una cosa u otra cuando se cortó nuestra llamada. Esperaba que me llamara enseguida. Pasaron cinco minutos. Siete. Finalmente, llamé a su oficina. Su asistente me informó que no podía contestar porque estaba hablando por teléfono. Le dije: "No lo entiendes. ¡Está hablando por teléfono conmigo! No se da cuenta de que nuestra llamada se cortó hace 10 minutos. ¡Sigue diciendo tonterías!". Es posible que yo provoque esto en la gente, pero a menudo me encuentro en el lado receptor de lo que el periodista Calvin Trillin llama bombas perforadoras: personas que piensan que la conversación es darte un sermón. He tenido que tomar una resolución: si me llamas o me invitas a tomar un café y luego me hablas sin siquiera una sola molécula de interés en lo que yo podría estar pensando, no volveremos a disfrutar de la compañía del otro.

Y en lo que respecta a mis propias habilidades conversacionales, tal vez soy como todos los demás: creo que soy mejor de lo que soy. En mi defensa, no todo es culpa mía. Deberíamos enseñar explícitamente a las personas, desde una edad temprana, a ser buenos conversadores. Pero no lo hacemos. En un intento de compensar esta carencia, pasé algún tiempo hablando con expertos en conversación y leyendo sus libros. He elaborado una lista de algunas de las formas no obvias de convertirse en un mejor conversador:

TRATA LA ATENCIÓN COMO UN INTERRUPTOR DE ENCENDIDO/ APAGADO, NO UN ATENUADOR. Todos hemos tenido la experiencia de decirle algo a alguien y darnos cuenta de que en realidad no está escuchando. Se siente como si le estuvieras enviando un mensaje y él sólo lo dejara pasar. Te vuelves consciente de ti mismo, empiezas a tropezar y al final te desvías.

El problema es que la persona promedio habla a un ritmo de alrededor de 120 a 150 palabras por minuto,[2] lo cual no es suficiente información para ocupar el cerebro de la persona con la que se habla. Si estás socialmente ansioso, tal vez tengas tantos pensamientos sobre ti mismo dando vueltas en tu cabeza que amenazan con desviar tu atención de lo que sea que diga la persona frente a ti. La solución como oyente es tratar la atención como todo o nada. Si estás aquí en esta conversación, dejarás de hacer cualquier otra cosa y sólo prestarás atención a *esto*. Vas a aplicar lo que algunos expertos llaman el método SLANT (por sus siglas en inglés): siéntate, inclínate hacia delante, haz preguntas, asiente con la cabeza, sigue al hablante. Escucha con tus ojos. Eso es prestar atención al cien por ciento.

SÉ UN OYENTE GRANDILOCUENTE. Cuando otra persona habla, quieres escuchar de manera tan activa que casi estás quemando calorías. Mira a Oprah Winfrey, una verdadera maestra de la conversación, cuando entrevista a alguien. Puedes verla sentir, en su forma altamente reactiva, las emociones que la otra persona está describiendo. Su boca se abre con sorpresa, sus ojos se iluminan de deleite. Cuando la conversación toma un giro feliz, ella responde con afirmaciones verbales musicales: "Aaah... oooh... eee", un sutil coro de estímulos. Cuando la conversación toma un giro triste o serio, ella muestra una expresión de preocupación en su rostro y se sienta en atento silencio, permitiendo una pausa lenta que invita a una reflexión más profunda.

O pensemos en mi amigo Andy Crouch, que escucha a otras personas como si fuera el feligrés de una iglesia carismática. Mientras hablas, él llena el aire con gruñidos y *ajá, amén, aleluya* y gritos de "¡Predica!". Me encanta hablar con ese hombre.

Todos los que participan en una conversación se enfrentan a un conflicto interno entre la autoexpresión y la autoinhibición. Si escuchas pasivamente, es probable que la otra persona se inhiba. La escucha *activa*, por otro lado, es una invitación a expresar. Una forma de pensarlo es a través de la metáfora de la hospitalidad. Cuando escuchas, eres como el anfitrión de una cena. Has preparado el escenario. Estás irradiando calidez hacia tus invitados, mostrando lo feliz que eres de estar con ellos, acercándolos a donde quieren ir. Cuando hablas, eres como un invitado a una cena. Estás trayendo regalos.

FAVORECE LA FAMILIARIDAD. Se podría pensar que a la gente le encanta escuchar y hablar sobre cosas nuevas y desconocidas. De hecho, a la gente le encanta hablar sobre la película o el juego que ya vio. El psicólogo social Gus Cooney y otros han descubierto que existe una "penalización por novedad" cuando hablamos. A las personas les cuesta imaginarse y entusiasmarse con lo desconocido, pero les encanta hablar de lo que saben. Para iniciar una conversación, encuentra aquello a lo que la otra persona está más apegada. Si llevan una camiseta del equipo deportivo de sus hijos, pregúntales. Si tienen una buena motocicleta, comienza con una pregunta al respecto.

HAZLOS AUTORES, NO TESTIGOS. La gente no es lo suficientemente específica cuando cuenta historias. Suele omitir los detalles concretos. Pero si se le hacen preguntas específicas: "¿Dónde estaba sentado tu jefe cuando dijo eso? ¿Y qué dijiste en respuesta?", es probable que revisiten el momento de una manera más vívida.

Los buenos conversadores piden historias sobre eventos o experiencias específicas y luego van aún más lejos. No sólo quieren hablar sobre lo que pasó, sino que quieren saber cómo uno experimentó lo que pasó. Quieren entender lo que uno sintió cuando su jefe le dijo que lo iban a despedir. ¿Su primer pensamiento fue: "Cómo se lo diré a mi familia"? ¿Su emoción dominante fue el temor, la humillación o quizás el alivio?

Entonces un buen conversador te preguntará cómo estás experimentando ahora lo que experimentaste entonces. En retrospectiva, ¿el despido fue un completo desastre o te lanzó hacia un nuevo camino por el que ahora estás agradecido? A veces las cosas que son difíciles de vivir son muy satisfactorias de recordar. Es tu trabajo extraer las lecciones que aprendieron y la forma en que cambiaron como resultado de lo sucedido.

NO TEMAS A LA PAUSA. En algunas conversaciones es divertido cuando todo va rápido. Las personas cuentan historias divertidas o completan las oraciones de los demás. No obstante, otras veces alguien dice algo importante que requiere reflexión. Para su libro *You're Not Listening* [No estás escuchando], Kate Murphy pasó algún tiempo con el club de improvisación de Second City para aprender cómo los comediantes de improvisación se escuchan unos a otros. Cuando estuvo ahí, conoció al director artístico Matt Hovde. Mientras imparte sus clases sobre cómo improvisar, Hovde extiende el brazo y pregunta: "Si una historia que alguien te cuenta comienza en el hombro y termina en la punta de los dedos, ¿dónde dejamos de escuchar?".[3] Para la mayoría de las personas, alrededor del codo es donde dejan de escuchar realmente y comienzan a formular su respuesta.[4] Esto es un problema, porque hablar y escuchar involucran muchas de las mismas áreas del cerebro, por lo que una vez que entras en modo de respuesta tu capacidad de escuchar se deteriora. Como un buen comediante de improvisación, un buen conversador controla su impaciencia y escucha para aprender, en lugar de responder. Eso significa que esperará el final del comentario de la otra persona y luego hará una pausa durante unos segundos para considerar cómo responder a lo que se ha dicho, levantando la mano para que la otra persona no siga hablando. Tomar ese respiro adicional crea un espacio para la reflexión.

En su libro, Murphy señala que la cultura japonesa invita a la gente a hacer una pausa y reflexionar antes de responder.[5] Un estudio entre empresarios japoneses encontró que normalmente se sienten cómodos con pausas de ocho segundos entre un comentario y otro, alrededor del doble de lo que por lo común toleran los estadunidenses. Hacen bien en hacer esa pausa.

SÉ REPETITIVO. Los psicólogos tienen un concepto que llaman bucle. Es cuando repites lo que alguien acaba de decir para asegurarte de haber captado con precisión lo que intentaba proyectar. Los expertos en conversación recomiendan esta práctica un tanto torpe porque las personas tienden a creer que son mucho más transparentes de lo que realmente son y que están siendo más claros de lo que en realidad son. Alguien podría decir: "Mi madre puede ser un verdadero personaje" y asumir que la otra persona sabe con exactitud de lo que está hablando.

Los expertos sugieren que cuando alguien expresa algo importante respondas a su historia con una pregunta como: "Lo que te oigo decir es que estabas muy enojado con tu madre". Si pruebas este método de bucle te darás cuenta de con qué tanta frecuencia interpretas incorrectamente a las personas; ese hablante podría responder: "No, no estaba enojado con mi madre. Sólo me sentía menospreciado por ella. Hay una diferencia".

El bucle te obliga a escuchar con más atención. Otras personas sentirán el cambio en ti. Ser repetitivo es también una buena manera de mantener a la otra persona enfocada en su punto central, y no desviarse por alguna tangente. El problema es que algunas personas, incluyéndome a mí, nos sentimos un poco falsas cuando hacemos bucles. Si digo: "Entonces lo que te oigo decir es…" seis veces en una conversación de 20 minutos, terminaré sonando más como un psiquiatra realizando un análisis que un amigo sosteniendo una conversación. Entonces trato de hacerlo, pero de una manera menos formal. Me parece más natural parafrasear lo que acaban de decir ("Entonces ¿estás realmente enojado con tu mamá?") y hacer una pausa para ver si están de acuerdo con mi paráfrasis.

EL MODELO DE LA PARTERA. Muchas buenas conversaciones son recíprocas. Ambas personas hablan más o menos la mitad del tiempo. Pero algunas buenas conversaciones son necesariamente desequilibradas. Una persona está pasando por un momento difícil o se enfrenta a una gran decisión en la vida, y la otra persona la acompaña en su proceso de deliberación.

Cuando atienden a otros en tales circunstancias, los buenos conversadores adoptan la postura de una partera. Una partera no está ahí para dar a luz sino sólo para ayudar a la otra persona en su propio alumbramiento. En la conversación, una partera no está ahí para marcar el rumbo con ideas sino para recibir y desarrollar las ideas que la otra persona está elaborando. La partera está ahí para hacer que la persona se sienta segura, pero también para incitarla. Siempre hay formas en las que no somos del todo honestos con nosotros mismos. La partera está ahí para fomentar una honestidad más profunda.

Parker J. Palmer es un destacado educador cuáquero y autor de *To Know as We Are Known* [Conocer igual que nos conocen], a quien

cité en el capítulo 3. En la década de 1970 le ofrecieron la oportunidad de convertirse en rector de una universidad.[6] Para reflexionar
sobre la decisión, participó en una práctica cuáquera que involucra
a un organismo llamado comité de claridad. El comité es un grupo de pares que simplemente plantean preguntas y permiten que
la persona llegue a sus propias conclusiones. Alguien le preguntó
a Palmer por qué quería ser director de una universidad. Continuó
enumerando todas las cosas que no le gustaban del papel del director: la recaudación de fondos, la política, no poder enseñar. Otra
persona dijo: "Veo lo que *no* te gusta, pero ¿qué *sí* te gusta?".

Palmer dijo que lo que le gustaría de ser director de una universidad era tener un escritorio con una placa que dijera "Director".
Finalmente, alguien del comité de claridad le preguntó: "¿Se te ocurre
una manera más fácil de publicar tu fotografía en el periódico?".
Palmer se rio y se dio cuenta de que en realidad no quería el trabajo.
Estaba agradecido con el comité de claridad por darle la oportunidad de escucharse a sí mismo. A veces no podemos entender las
verdades personales hasta que nos escuchamos a nosotros mismos
decirlas.

MANTÉN LA JOYA DEL DISCURSO EN EL CENTRO. En medio de muchas conversaciones difíciles existe lo que el mediador Adar Cohen
llama "la joya del discurso". Ésta es la verdad que subyace al desacuerdo, algo en lo que ambos están de acuerdo: "Incluso cuando no podemos ponernos de acuerdo sobre la atención médica de papá, nunca
he dudado de tus buenas intenciones. Sé que ambos queremos lo
mejor para él". Si ambos pueden volver a la joya del discurso durante
un conflicto, podrán mantener fuerte la relación entre sí.

ENCUENTRA EL DESACUERDO DETRÁS DEL DESACUERDO. Al discutir, lo natural es reafirmar el propio punto de vista hasta que la
otra persona vea el problema de la misma manera que uno. Lo más

interesante es preguntar: "¿Por qué, en el fondo, no estamos de acuerdo? ¿Cuál es el desacuerdo de valores que subyace a nuestro desacuerdo práctico?". Tal vez no estén de acuerdo con las regulaciones sobre armas porque en el fondo tienen nociones radicalmente diferentes sobre la seguridad pública o el papel del gobierno, o tal vez uno de ustedes sea de un pueblo rural y el otro de una ciudad.

Cuando buscas el desacuerdo detrás del desacuerdo, estás buscando las raíces morales y filosóficas de por qué cada uno de ustedes cree en lo que hace. Están comprometidos en una exploración mutua. De repente, en lugar de sólo repetir nuestros argumentos, nos contamos historias unos a otros. Como dice la neurocientífica Lisa Feldman Barrett: "Sentir curiosidad por la experiencia de tu amigo es más importante que tener razón".

NO SEAS EL MÁS IMPORTANTE. Si alguien te dice que está teniendo problemas con su hijo adolescente, no te des vuelta y digas: "Sé exactamente lo que quieres decir. Estoy teniendo problemas increíbles con mi Steven". Puedes pensar que estás intentando construir una conexión compartida, pero lo que en realidad estás haciendo es desviar la atención hacia ti. En efecto, estás diciendo: "Tus problemas no son tan interesantes para mí; déjame contarte los míos, mucho más fascinantes". Si deseas construir una conexión compartida, intenta sentarte con la experiencia de ellos antes de comenzar a compartir la tuya propia.

Mónica Guzmán, una periodista que escribió un libro llamado *I Never Thought of It That Way* [Nunca pensé en eso de esa manera], en la actualidad trabaja para Braver Angels, un grupo que reúne a republicanos y demócratas para hablar entre sí. La lección que ella extrajo de su experiencia es la misma que yo he aprendido: "La experiencia de ser *escuchada* hasta el final sobre algo, hasta que el significado queda completamente claro para otro ser humano, es extremadamente rara en la vida".[7]

Nuestro objetivo es hacer que eso sea menos raro. Los tipos de habilidades sociales que he intentado describir aquí pueden ayudarnos en parte del camino. Pero aprender a hacer las preguntas correctas también es una aptitud vital en el repertorio de un buen conversador. A eso nos referiremos a continuación.

Las preguntas correctas

Tengo un amigo llamado David Bradley que hace esto con fichas. Acudes a él con un problema. Tal vez estés considerando una oportunidad laboral o te estés preguntando si deberías casarte o divorciarte. Cuando acudí a él hace alrededor de una década me sentía abrumado. Estaba respondiendo a los requerimientos de mi tiempo para otras personas y no podía concentrar mis energías en las cosas que consideraba más importantes. Le presenté mi problema a David y él comenzó haciendo preguntas. En mi caso, me preguntó sobre tres temas: mis objetivos finales (¿Qué quieres ofrecer al mundo?), mis habilidades (¿Qué haces cuando te sientes más vivo?) y mi agenda (¿Exactamente cómo llenas tus días?). Éstas fueron preguntas que me sacaron de las complejidades diarias de mi agenda y me obligaron a mirar el panorama general.

Después de las preguntas, David me entregó un periódico y me pidió que lo leyera mientras él digería mis respuestas. Luego, unos minutos más tarde, empezó a escribir notas en fichas. Me encontré mirando el periódico pero realmente tratando de echar un vistazo a lo que fuera que estuviera escribiendo en esas tarjetas. Unos 10 o 15 minutos más tarde me puso las tarjetas enfrente. No tenían la respuesta a mi problema; en cambio me ofrecían un marco analítico para ayudarme a pensar en mi problema. En mi caso, había clasificado las cosas que realmente yo quería hacer en una tarjeta y las cosas que en realidad estaba haciendo en otra. En una tercera tarjeta había escrito una estrategia sobre cómo hacer que la tarjeta B se pareciera más a la tarjeta A.

Han pasado años desde que David me hizo el último tratamiento con fichas, pero todavía conservo las tarjetas que me dio ese día en un estante de mi oficina, como recordatorio del marco conceptual que me ofreció. Las preguntas de David me ayudaron a distanciarme de un problema en el que estaba demasiado inmerso para verlo. David ha realizado este ejercicio con cientos de personas a lo largo de los años. Conozco a otras personas que tienen las tarjetas de David escondidas dentro del marco del espejo en el que se miran cada mañana. La gente se acerca a David 20 años después de haber recibido el tratamiento de fichas para contarle lo transformadora que fue la experiencia. Le pregunté a David por qué cree que es así. "A menudo nadie les ha hablado de ellos mismos", respondió.

David adquirió su habilidad cuando contrataba gente. En su vida profesional, fundó dos exitosas empresas de consultoría y luego compró y revivió la revista *The Atlantic*. Tuvo éxito porque es fantástico para ver y elegir a las personas adecuadas.

Las entrevistas de trabajo son notoriamente poco confiables, en parte porque muchas personas no son buenas para ver a los demás y en parte porque los solicitantes de empleo a menudo mienten durante las entrevistas. David contrata bien porque está muy concentrado. Lo primero que busca cuando contrata a alguien es, dice, el "talento extremo". Él define esto de manera estricta. No quiere a alguien que diga que le encanta enseñar en general; quiere escuchar a alguien identificar la tarea docente específica en la que se destaca: *Me encanta escribir un plan de lección*; o *Me encanta trabajar con estudiantes de apoyo*; o *Me encanta la tutoría individual*. "A la gente le encanta hacer aquello para lo que está programada", dice. Una persona puede recorrer un largo camino con un conjunto limitado de habilidades.

En segundo lugar, David busca un "espíritu de generosidad". ¿Será esta persona amable con los demás? Una forma en la que intenta discernir el carácter de una persona es con lo que él llama la técnica de "llévame al pasado". David descubre que cuando se pregunta a las personas sobre su vida, tienden a comenzar en el medio: con su carrera. Entonces él preguntará: "Llévame al momento en que naciste". De esta manera puede conseguir que la gente deje de hablar de su vida profesional y empiece a hablar de su vida personal. Puede empezar a tener una idea de cómo tratan a los demás, a quién aman, qué hacen para hacer del mundo un lugar mejor.

"La gente responde mejor con narrativa. Cuando están en el hilo de una narración, se sienten cómodos y hablan con más plenitud", dice David. En una entrevista de trabajo, se centra especialmente en la experiencia de alguien en la escuela secundaria. ¿Se sintió la persona como un paria en la secundaria? ¿Sentían empatía con los pobres y los impopulares? "Lo único que puedes estar seguro acerca de cada persona es que nadie escapa de la secundaria. Cualesquiera que fueran tus temores en la secundaria, todavía están ahí." David está abordando las vulnerabilidades de una persona, tratando de verla en su totalidad.

Personas como David Bradley son interrogadores. Se sienten cómodos haciendo preguntas a otras personas sobre ellas mismas, en reuniones o durante una comida. ¿No es todo el mundo así? Bueno, no, aunque la mayoría de nosotros empezamos así. El niño promedio hace alrededor de 40 mil preguntas entre las edades de dos y cinco años.[1] Y la mayoría de los niños son fantásticos haciendo preguntas. Niobe Way es una educadora que un día enseñaba a niños de octavo grado cómo realizar entrevistas. Ella se convirtió en su primer sujeto de entrevista y les dijo que podían preguntarle cualquier cosa. Así fue una de esas entrevistas:

Estudiante A: ¿Estás casada?
Way: No.
Estudiante B: ¿Estás divorciada?

WAY: Sí.

ESTUDIANTE C: ¿Aún lo amas?

WAY: (Profundo suspiro.)

ESTUDIANTE D: ¿Sabe él que todavía lo amas? ¿Lo sabe?

WAY: (Lágrimas en sus ojos.)

ESTUDIANTE E: ¿Lo saben tus hijos?

Los niños no tienen miedo de hacer preguntas directas. Pero en algún momento durante la niñez o la adolescencia muchos de nosotros comenzamos a retirarnos de la intimidad. Yo diría que es porque la sociedad envía el mensaje de que no debemos mostrar emociones, no debemos ser personales, o envía el mensaje de que si le mostramos al mundo quiénes somos en realidad, no le agradaremos a la gente. Hacer buenas preguntas puede ser una actividad extrañamente vulnerable. Estás admitiendo que no sabes. Un mundo inseguro y autoprotector es un mundo con menos preguntas.

El tiempo que he estado en este viaje de descubrimiento he comenzado a prestar mucha atención a qué personas hacen preguntas y cuáles no. Mi estimación es que alrededor del 30 por ciento de las personas con las que interactúo hacen preguntas por naturaleza. Estás en el almuerzo o en una llamada de Zoom y dirigen su curiosidad hacia ti con una serie de preguntas. Las personas del otro 70 por ciento pueden ser encantadoras; simplemente no son interrogadoras. Pasan su tiempo de conversación presentándose. A veces salgo de una fiesta y me doy cuenta: "En todo ese tiempo nadie me hizo una sola pregunta".

$\backsim$

No sé si soy un interrogador innato o no, porque no tengo otra opción. Llevo 40 años en el periodismo. Hacer preguntas a otras personas es el meollo de mi profesión. En mi primer trabajo real, fui reportero policial para la Oficina de Noticias de la ciudad de Chicago. Tuve dos tareas el primer día. Un adolescente se había suicidado y tuve que llamar a los vecinos para preguntarles si sabían por qué. Un funcionario de la ciudad había muerto en un accidente automovilístico y tuve que pedirle una respuesta a su viuda. Odiaba esas asignaciones. Desde ese día me ha resultado más difícil tomarme enteramente en serio la frase "ética periodística". Pero durante mi breve tiempo en ese trabajo también tuve que romper cierta barrera de reticencia. Me entrené para acercarme a extraños y hacerles preguntas en momentos incómodos.

He aprendido que a veces las preguntas sencillas son las mejores. Una de las entrevistas más importantes de mi vida ocurrió en Moscú. Era 1991. Había tanques en las calles. Toda la ciudad estaba alborotada y el Movimiento de Reforma Democrática rivalizaba con la vieja guardia soviética. Conocí a una mujer de 94 años llamada Valentina Kosieva. Le pregunté sobre la historia de su vida. Me habló de los pogromos de 1905, cuando los cosacos fusilaron a miembros de su familia; de los acontecimientos ocurridos en torno a la revolución de 1917, cuando estuvo a punto de ser ejecutada por un pelotón de fusilamiento; del momento de 1937 en que la policía allanó su departamento, se apoderó de su marido y lo envió a Siberia, y nunca fue visto de nuevo; del momento de 1944 en que los nazis mataron a golpes a su hijo, y así sucesivamente. Todos los traumas que le habían infligido al pueblo ruso le habían sido infligidos a ella. Tan sólo le hice la misma pregunta una y otra vez: ¿Y luego qué pasó?

Aprendí otra valiosa lección de Condoleezza Rice sobre cómo hacer buenas preguntas. Cuando era secretaria de Estado, me invitaba a su oficina más o menos cada dos meses para mantener una conversación extraoficial. No cubrí mucho la política exterior ni sabía mucho sobre sus actividades cotidianas, por lo que mis preguntas estaban mal informadas y eran un poco tontas. Finalmente le pregunté por qué seguía invitándome a volver. Dijo que era porque mis preguntas eran tan amplias y generales que la ayudaban a alejarse de las minucias de su trabajo y ver el panorama general. A veces una pregunta amplia y tonta es mejor que una pregunta inteligente, en especial una que pretende mostrar lo bien informado que estás.

He llegado a pensar en el cuestionamiento como una práctica moral. Cuando haces una buena pregunta estás adoptando una postura de humildad. Estás confesando que no sabes y quieres aprender. También estás honrando a una persona. A todos nos gusta pensar que somos tan inteligentes que podemos imaginar lo que pasa por la mente de otra persona. Pero la evidencia muestra que esto no funciona. Las personas son demasiado diferentes unas de otras, demasiado complicadas, demasiado idiosincrásicas.

Como observa el psicólogo Nicholas Epley, la *toma* de perspectiva no es confiable, pero la *recepción* de perspectiva funciona bastante bien. Si voy a llegar a conocerte, no es porque tenga la habilidad mágica de asomarme a tu alma; es porque tengo la habilidad de hacer el tipo de preguntas que te darán la oportunidad de contarme quién eres. El peor tipo de preguntas son aquellas que no implican una cesión de poder, que evalúan: ¿Dónde fuiste a la universidad? ¿En qué vecindario vives? ¿A qué te dedicas? Implican: "Estoy a punto de juzgarte".

Las preguntas cerradas también son malas preguntas. En lugar de ceder poder, quien pregunta está imponiendo un límite a cómo se puede responder la pregunta. Por ejemplo, si mencionas a tu madre y te pregunto: "¿Eras cercano?", entonces he limitado la descripción de tu relación con tu madre al marco cercano/distante. Es mejor preguntar: "¿Cómo está tu madre?". Eso le da a quien responde la libertad de ir tan profundo o tan superficial como quiera.

Una tercera forma segura de cerrar conversaciones es hacer preguntas vagas, como: "¿Cómo te va?" o "¿Qué pasa?". Estas preguntas son imposibles de responder. Son otra forma de decir: "Te recibo, pero en realidad no quiero que respondas".

Las preguntas humildes son abiertas. Están animando a la otra persona a tomar el control y llevar la conversación a donde quiere que vaya. Son preguntas que comienzan con frases como "¿Cómo hiciste...?", "¿Cómo es...?", "Háblame de..." y "De qué manera...". En su libro *You're Not Listening* [No estás escuchando], Kate Murphy describe a un moderador de un grupo focal que intentaba comprender por qué la gente va al supermercado a altas horas de la noche. En lugar de preguntar directamente: "¿Por qué vas tarde al supermercado?", lo que puede sonar acusatorio, preguntó: "Cuéntame sobre la última vez que fuiste al supermercado después de las 11:00 p.m.".[2] Una mujer tímida y sencilla que había dicho poco hasta ese momento levantó la mano y respondió: "Acababa de fumarme un porro y estaba buscando un *ménage à trois*: yo, Ben y Jerry". Debido a que el moderador hizo una pregunta abierta, la modesta mujer se sintió empoderada para ir mucho más allá del estrecho tema de las tiendas de comestibles y contarnos algo sobre sus placeres y su vida en general.

A veces estás en un asado del vecindario o en el trabajo con personas que no conoces o que apenas conoces. Cuando un iluminador se encuentra en esas situaciones hará preguntas que busquen puntos en común. He aprendido a preguntar en ciertas ocasiones: "¿Dónde creciste?", lo que hace que la gente hable de su ciudad natal. Viajo mucho por trabajo, así que es muy probable que sepa algo sobre su lugar. Otras preguntas introductorias sencillas son cosas como: "Ése es un nombre encantador. ¿Cómo lo eligieron tus padres?". Eso genera conversaciones sobre antecedentes culturales e historia familiar. Esas conversaciones a menudo van en buena dirección.

En una fiesta hace años me encontré conversando con un extraño, pero rápidamente descubrimos lo que teníamos en común. Ambos éramos escritores, aunque él era novelista y yo escribo no ficción. Empezamos a hablar sobre las diferencias y similitudes entre nuestros procesos de escritura y él me preguntó: "¿Alguna vez tomas una copa de vino cuando escribes?". Le dije que no podía. Necesito mantener mi mente alerta mientras escribo. Luego me preguntó si alguna vez había tomado una copa *después* de terminar de escribir. Sí, dije, tal vez tomaba una copa de vino. Él también. Me preguntó por qué. Le dije que escribir no ficción es una actividad tan centrada y disciplinada que a menudo sentía la necesidad de relajarme después. Me dijo que escribir ficción es una actividad tan desinhibida y emocional que a menudo necesitaba recuperarse después. Teníamos la misma práctica pero por razones opuestas, y nuestro intercambio me hizo pensar en cómo los trabajos que realizamos configuran nuestra forma de ser en el mundo. Si me hubiera convertido en novelista, tal vez sería más intenso emocionalmente.

Una conversación como ésa, basada en una pregunta inesperada y en algo que teníamos en común, fue una exploración mutua. Estábamos usando las experiencias de los demás para llegar a saber algo sobre los demás y sobre nosotros mismos.

Otras veces estarás en una mesa para cenar o en un retiro con personas que conoces al menos bastante bien o que quieres conocer bastante bien. En esta situación, los iluminadores hacen *grandes preguntas*. Es fácil tener una velada agradable si sólo hay pequeñas preguntas sobre la mesa, pero es posible tener una cena de verdad memorable si alguien hace una pregunta importante. Hace poco estuve en una cena con un politólogo que dejó el tenedor y nos dijo a los cuatro: "Tengo 80 años. ¿Qué debo hacer con el resto de mi vida?". Ésa fue una pregunta de verdad humilde pero importante. Básicamente, preguntaba: "¿Cuál es la mejor manera de envejecer?". Empezamos a hablar de sus valores, las preguntas que quería plantear en su futura investigación, cómo debería pasar alguien los últimos años de su vida. Fue fantástico.

Las grandes preguntas interrumpen las rutinas diarias en las que cae la gente y la incitan a dar un paso atrás y ver su vida desde la distancia. Éstas son algunas de mis preguntas favoritas que hacen eso:

- "¿En qué encrucijada estás?". En cualquier momento, la mayoría de nosotros estamos en medio de alguna transición. La pregunta ayuda a las personas a concentrarse en las suyas.
- "¿Qué harías si no tuvieras miedo?". La mayoría de las personas saben que el miedo juega algún papel en su vida, pero no han definido claramente cómo las frena el miedo.
- "Si murieras esta noche, ¿qué te arrepentirías de no haber hecho?".
- "Si nos reunimos dentro de un año, ¿qué celebraremos?".
- "Si los próximos cinco años son un capítulo de tu vida, ¿de qué se trata ese capítulo?".
- "¿Puedes ser tú mismo donde estás y aun así encajar?".

Peter Block es un autor y consultor que escribe sobre desarrollo comunitario y compromiso cívico. Es un maestro a la hora de formular preguntas que saquen de la rutina e inviten a nuevas reevaluaciones. Éstas son algunas de las suyas: "¿Qué es el no o el rechazo que sigues posponiendo? [...] ¿A qué has dicho que sí y en lo que realmente ya no crees? [...] ¿Qué perdón estás reteniendo? [...] ¿Cómo has contribuido al problema que estás intentando resolver? [...] ¿Cuál es el don que mantienes en el exilio en la actualidad?".[3]

Mónica Guzmán, la periodista que cité en el anterior capítulo, pregunta a la gente: "¿Por qué tú?".[4] ¿Por qué fuiste *tú* quien empezó ese negocio? ¿Por qué fue *usted* quien sintió la responsabilidad de postularse para la junta escolar?

Hace unos años conocí a unos tipos que dirigían un programa para pandilleros en Chicago. Estos jóvenes han soportado mucha violencia y trauma, y a menudo reaccionan de forma exagerada. Una de las preguntas más comunes de los directores de programas es: "¿Por qué es un problema para ti?". En otras palabras, preguntan: "¿Qué evento de tu pasado produjo esa fuerte reacción en este momento?".

Con demasiada frecuencia pensamos que las conversaciones profundas tienen que ser conversaciones dolorosas o vulnerables. Intento compensar eso haciendo preguntas sobre los lados positivos de la vida:

"Cuéntame sobre algún momento en el que te adaptaste al cambio".
"¿Qué está funcionando realmente bien en tu vida?".
"¿En qué aspecto tienes más confianza en ti mismo?".
"¿Cuál de tus cinco sentidos es más fuerte?".
"¿Alguna vez has estado solo sin sentirte solo?" o
"¿Qué te ha quedado más claro a medida que has envejecido?".

En la sociedad moderna generalmente nos abstenemos de plantearnos el tipo de estas grandes preguntas que acabo de exponer. Supongo que tenemos miedo de invadir la privacidad de las personas, miedo de que la conversación se vuelva demasiado pesada. Es una preocupación legítima. Pero he descubierto que en casi todos los casos la gente es demasiado tímida a la hora de hacer preguntas, no demasiado agresiva. La gente está mucho más ansiosa por tener conversaciones profundas de lo que crees.

Mientras hacía la investigación para este libro entrevisté a muchas personas (líderes de seminarios, facilitadores de conversaciones, psicólogos y moderadores de grupos focales, biógrafos y periodistas) cuyo trabajo es preguntar a otras personas sobre su vida. Pregunté a estos expertos con qué frecuencia alguien los mira y dice: "No es asunto tuyo". Todos los expertos a los que consulté tuvieron básicamente la misma respuesta: "Casi nunca". Las personas anhelan que les hagan preguntas sobre quiénes son. "La necesidad humana de autopresentarse es poderosa", señala el psicólogo Ethan Kross.[5] Un estudio realizado en 2012[6] por neurocientíficos de Harvard descubrió que las personas a menudo disfrutaban más compartiendo información sobre sí mismas que recibiendo dinero.[7] El psicólogo belga Bernard Rimé descubrió que las personas se sienten especialmente obligadas a hablar de experiencias negativas. Cuanto más negativa fue la experiencia, más quieren hablar de ella.

A lo largo de mi carrera como periodista, yo también he descubierto que si preguntas con respeto a las personas sobre sí mismas te responderán con una franqueza que te dejará sin aliento. Studs Terkel fue un periodista que recopiló historias orales a través de su larga carrera en Chicago. Le hacía grandes preguntas a la gente y luego se sentaba y dejaba que sus respuestas se extendieran. "Escucha, escucha, escucha, escucha, y si lo haces, la gente hablará —observó una vez—. Siempre hablan. ¿Por qué? Porque nadie los había escuchado antes en toda su vida. Tal vez ni siquiera se hayan escuchado a sí mismos."

Cada persona es un misterio. Y cuando estás rodeado de misterios, como dice el refrán, lo mejor es vivir la vida en forma de pregunta.

Parte 2

TE
VEO
EN
TUS
LUCHAS

La epidemia de ceguera

Y entonces llegó la crisis de conexión.

Hasta ahora he estado describiendo un proceso de conocer a alguien como si viviéramos en tiempos normales. He estado escribiendo como si viviéramos en un ambiente cultural saludable, en una sociedad en la que las personas están implicadas en densas comunidades y redes de amistad, confianza y pertenencia. No vivimos en una sociedad así. Vivimos en un entorno en el que las animosidades políticas, la deshumanización tecnológica y el colapso social socavan las conexiones, tensan las amistades, borran la intimidad y fomentan la desconfianza. Vivimos en medio de una especie de gran crisis emocional, relacional y espiritual. Es como si las personas de toda la sociedad hubieran perdido la capacidad de verse y comprenderse unas a otras, produciendo así una cultura que puede ser brutal y aislante.

Las tasas de depresión han estado aumentando desde el comienzo del siglo XXI.[1] Entre 1999 y 2019 las tasas de suicidio en Estados Unidos aumentaron 33 por ciento. Entre 2009 y 2019 el porcentaje de adolescentes que reportaron tener "sentimientos persistentes de tristeza o desesperanza" aumentó de 26 a 37 por ciento.[2] Para 2021 se había disparado hasta 44 por ciento.[3] El porcentaje de estadunidenses que dijeron que no tienen amigos cercanos se cuadruplicó entre 1990 y 2020. En una encuesta, 54 por ciento de los estadunidenses reportó que nadie los conoce bien. El número de adultos estadunidenses sin pareja romántica aumentó en un tercio.[4] Más concretamente, 36 por ciento de los estadunidenses dijeron que se sentían solos con frecuencia o casi todo el tiempo, incluido el 61 por ciento de los adultos jóvenes y 51 por ciento de las madres jóvenes. La gente pasaba mucho más tiempo sola. En 2013 los estadunidenses pasaban una media de seis horas y media por semana con amigos.[5] En 2019 pasaban sólo cuatro horas a la semana con amigos, una caída de 38 por ciento. En 2021, a medida que la pandemia de covid-19 iba remitiendo, pasaban sólo dos horas y 45 minutos por semana con amigos, una disminución de 58 por ciento. La Encuesta Social General pide a los estadunidenses que califiquen sus niveles de felicidad. Entre 1990 y 2018 la proporción de estadunidenses que se ubicaron en la categoría de felicidad más baja aumentó en más de 50 por ciento.[6]

Éstas son estadísticas. Todos nos hemos encontrado con esta soledad, tristeza y ansiedad en el transcurso de nuestra vida diaria. Al parecer, casi todas las semanas hablo con algún padre de un hijo que está lidiando con una crisis de salud mental. En 2021 di una charla en Oklahoma y luego, durante el periodo de preguntas y respuestas, una mujer envió una pregunta en una tarjeta: "¿Qué haces cuando ya no quieres estar vivo?". La pregunta me atormentaba, sobre todo porque no sabía cómo responderle. Mencioné mi pena en una cena la noche siguiente, y uno de los invitados informó que su hermano se había suicidado unos meses antes. Luego le conté estos eventos a un grupo de amigos en una llamada de Zoom, y casi la mitad de las personas en la llamada dijeron que habían tenido algún contacto con el suicidio en su familia.

A partir de 2018, se han publicado una gran cantidad de libros que rastrean el catastrófico declive de las relaciones sociales en toda la sociedad. Tienen títulos como *Lost Connections* (*Conexiones perdidas*), *The Crisis of Connection* [La crisis de la conexión] y *The Lonely Century* [El siglo de la soledad]. De diferentes maneras, nos presentan el mismo misterio desconcertante: lo que más necesitamos son las relaciones. Lo que más parece que echamos a perder son las relaciones.

Los efectos de esto son ruinosos y se refuerzan a sí mismos. La desconexión social deforma la mente. Cuando las personas se sienten invisibles, tienden a cerrarse socialmente.[7] Quienes se sienten solos y no son vistos se vuelven suspicaces. Empiezan a ofenderse cuando no hay tal intención. Tienen miedo de lo que más necesitan, que es el contacto íntimo con otros seres humanos. Son azotados por oleadas de autodesprecio y dudas. Después de todo, resulta vergonzoso darse cuenta de que en apariencia uno no es digno de la atención de los demás. Mucha gente se endurece en su soledad. Crea mundos autoengañosos. "La soledad confunde", escribe el científico interdisciplinario Giovanni Frazzetto en su libro *Together, Close* (Juntos, más cercanos). "Se convierte en un filtro engañoso a través del cual nos vemos a nosotros mismos, a los demás y al mundo. Nos hace más vulnerables al rechazo y aumenta nuestro nivel general de vigilancia e inseguridad en situaciones sociales."[8] Nos vemos a nosotros mismos como nos ven los demás, y cuando nos sentimos invisibles, bueno, tenemos tendencia a desmoronarnos.

Hace poco le pregunté a un amigo editor qué tipo de libros se venden bien en estos días. Libros sobre sanación, dijo, y agregó que la gente quiere encontrar formas de sanarse. El libro del psiquiatra Bessel van der Kolk, *The Body Keeps the Score* (*El cuerpo lleva la cuenta*) es uno de los más vendidos de nuestra época. Trata sobre el trauma (y la curación del trauma) y ha vendido millones de copias. Como escribe Van der Kolk: "Saber que las personas importantes en nuestra vida nos ven y escuchan puede hacernos sentir tranquilos y seguros, y [...] ser ignorados o descalificados puede precipitar reacciones de ira o colapso mental".[9]

La tristeza, la falta de reconocimiento y la soledad se convierten en amargura. Cuando la gente cree que no se reconoce su identidad lo siente como una injusticia, porque lo es. Las personas que han sido tratadas de manera injusta a menudo arremeten y buscan formas de humillar a quienes sienten que las han humillado.

La soledad conduce así a la mezquindad. Como dice el refrán, el dolor que no se transforma se transmite. Los datos que acabo de citar sobre el aislamiento social y la tristeza van, como era de esperar, acompañados de otro tipo de datos sobre el aumento de la hostilidad y la insensibilidad. En 2021 las denuncias de delitos de odio alcanzaron sus niveles más altos en 12 años.[10] En 2000 alrededor de dos tercios de los estadunidenses donaron a organizaciones benéficas; para 2021 menos de la mitad lo hizo.[11] El dueño de un restaurante me dijo recientemente que tiene que expulsar a alguien de su restaurante por comportamiento grosero casi todas las semanas en estos días. Eso no solía suceder. Una amiga mía que es enfermera dice que su principal problema es retener al personal. Sus enfermeras quieren renunciar porque los pacientes se han vuelto muy abusivos, incluso violentos. Como dijo la columnista Peggy Noonan: "Ahora la gente está orgullosa de su amargura".

La ruptura social se manifiesta como una crisis de desconfianza. Hace dos generaciones, alrededor de 60 por ciento de los estadunidenses decía que "se puede confiar en la mayoría de las personas". En 2014, según la Encuesta Social General, sólo 30.3 por ciento lo decía, y sólo 19 por ciento de los *millennials*.[12] Las sociedades con un alto nivel de confianza tienen lo que Francis Fukuyama llama "sociabilidad espontánea", lo que significa que las personas se reúnen y trabajan juntas sin tardanza. Las sociedades con poca confianza no tienen esto. Las sociedades con poca confianza se desmoronan.

La desconfianza siembra desconfianza. Crea la sensación de que la única persona con la que puedes contar eres tú mismo. Las personas desconfiadas asumen que otros quieren atraparlas, exageran las amenazas, caen en teorías conspirativas que explican el peligro que sienten.

Toda sociedad posee lo que el filósofo Axel Honneth llama un "orden de reconocimiento". Éste es el criterio utilizado para conferir respeto y reconocimiento a unas personas y no a otras. En nuestra sociedad otorgamos un enorme reconocimiento a quienes tienen belleza, riqueza o afiliaciones educativas prestigiosas, y millones se sienten invisibles, no reconocidos y excluidos. La crisis de nuestra vida personal acaba por manifestarse en nuestra política. Según una investigación realizada por Ryan Streeter, del American Enterprise Institute, las personas solitarias tienen siete veces más probabilidades que las personas no solitarias de decir que participan de manera activa en política.[13] Para las personas que se sienten irrespetadas e invisibles, la política es una forma seductora de terapia social. La política parece ofrecer un panorama moral comprensible. *Nosotros, los hijos de la luz, nos enfrentamos a ellos, los hijos de las tinieblas.* La política parece ofrecer un sentido de pertenencia. *Estoy en las barricadas con los demás miembros de mi tribu.* La política parece ofrecer un ámbito de acción moral. *Para ser moral en este mundo no es necesario alimentar al hambriento ni sentarse con la viuda. Sólo hay que ser liberal o conservador, sólo hay que sentirse debidamente enojado con las personas que uno considera despreciables.*

Durante la última década todo se ha politizado. Las iglesias, las universidades, los deportes, la selección de comida, las entregas de premios de cine, las comedias nocturnas: todos se han convertido en escenarios políticos. Excepto que esto no era política como normalmente se entiende. Las sociedades saludables producen la política de la distribución. ¿Cómo deberían distribuirse los recursos de la sociedad? Las sociedades infelices producen la política del reconocimiento. Los movimientos políticos de hoy en día están impulsados en gran medida por el resentimiento, por los sentimientos de una persona o un grupo de que la sociedad no los respeta ni los reconoce. El objetivo de las personalidades políticas y mediáticas es producir episodios en los que su lado sea validado emocionalmente y el otro lado quede emocionalmente avergonzado. La persona que practica la política del reconocimiento no intenta formular políticas internas o abordar tal o cual mal social; está tratando de afirmar su identidad, de ganar estatus y visibilidad, de encontrar una manera de admirarse a sí misma.

Pero, por supuesto, la política del reconocimiento en realidad no brinda comunidad ni conexión. La gente se une a tribus partidistas, pero en realidad no se reúnen, no se sirven unos a otros ni se hacen amigos unos de otros. La política no te convierte en una mejor persona; se trata de agitación exterior, no de formación interior. La política no humaniza. Si intentas mitigar tu tristeza, tu soledad o tu anomia a través de la política, no conseguirás más que llevarte a un mundo marcado por una lucha sádica por la dominación. Puedes intentar escapar de un mundo de aislamiento y sin sentido moral, sólo para encontrarte en la pulverizadora destructividad de las guerras culturales.

En última instancia, la tristeza y la deshumanización que impregnan la sociedad conducen a la violencia, tanto emocional como física. Miren a muchos de los jóvenes que cometen los horribles tiroteos masivos. Son fantasmas. En la escuela nadie los conoce. Más tarde, cuando los periodistas entrevistan a sus profesores, muchas veces no los recuerdan. Estos jóvenes a menudo no tienen habilidades sociales. ¿Por qué no le agrado a nadie? Como dijo un investigador, no son solitarios; son seres convivientes fracasados.

El amor rechazado regresa como odio. Los factores estresantes se acumulan: mal en la escuela, mal en el trabajo, encuentros humillantes con otros. Estos jóvenes contemplan el suicidio. Y en su desesperación parecen experimentar algo que se siente como una crisis de identidad: ¿Es culpa mía o es culpa del mundo? ¿Soy un perdedor o ellos son perdedores?

Y aquí es donde el victimismo se convierte en villanía. Los que se convierten en tiradores masivos deciden que son superhombres y es el mundo el que está lleno de hormigas. Deciden suicidarse de una manera que les dará egoístamente lo que más anhelan: ser conocidos, reconocidos, famosos. Elaboran una narrativa en la que ellos son el héroe. Las armas también parecen tener algún tipo de efecto psicológico. Para las personas que se han sentido impotentes toda su vida, las armas pueden proporcionar una sensación narcótica de poder. Las armas son como serpientes en los árboles, susurrando a los solitarios.

En 2014, en la revista *Esquire*, el escritor Tom Junod interrogó a un joven que había recibido el apodo de Trunk (Baúl), porque cuando lo arrestaron se rumoreaba que la policía había encontrado que tenía un baúl lleno de armas. Se había propuesto cometer un tiroteo masivo, pero lo atraparon justo cuando estaba a punto de comenzar. Cuando Junod le preguntó más tarde sobre su motivo, respondió: "Quería atención. Si alguien se hubiera acercado a mí y me hubiera dicho: 'No tienes que hacer esto, no tienes que tener esta fuerza extraña, te aceptamos', me habría derrumbado y me habría rendido".[14] La esencia del mal es la tendencia a borrar la humanidad del otro.

Para su libro *Machete Season* (*Una temporada de machetes*), el periodista francés Jean Hatzfeld entrevistó a personas que habían participado en el genocidio de Ruanda. Habló con un hombre que había asesinado a su vecino de muchos años. "En aquel instante fatal no vi en él lo que él había sido antes", recordó el hombre.[15] El rostro de su vecino se volvió borroso en los segundos previos al golpe del machete. "Sus rasgos eran ciertamente similares a los de la persona que conocía, pero nada me recordaba con firmeza que había vivido a su lado durante mucho tiempo." Este hombre literalmente no vio.

⌒

¿Por qué, en las dos últimas décadas, hemos visto esta epidemia de soledad y mezquindad, esta ruptura del tejido social? Todos podemos señalar algunos factores contribuyentes: las redes sociales, el aumento de la desigualdad, la disminución de la participación en la vida comunitaria, la disminución de la asistencia a la iglesia, el aumento del populismo y la intolerancia, y la demagogia despiadada de nuestros medios de comunicación y élites políticas.

Estoy de acuerdo en que todos estos factores han contribuido a producir lo que estamos soportando. Pero a medida que han pasado los años me he fijado cada vez más en lo que veo como una causa más profunda de nuestra crisis social y relacional. Nuestro problema, creo, es fundamentalmente moral. Como sociedad, no hemos logrado enseñar las habilidades ni cultivar la inclinación a tratarnos unos a otros con amabilidad, generosidad y respeto.

Me doy cuenta de que la frase "formación moral" puede sonar sofocante y arcaica, pero la formación moral en realidad consiste en tres cosas simples y prácticas. En primer lugar, se trata de ayudar a las personas a aprender a controlar su egoísmo e inclinar su corazón a preocuparse más por los demás. En segundo lugar, se trata de ayudar a las personas a encontrar un propósito, para que su vida tenga estabilidad, dirección y significado. En tercer lugar, se trata de enseñar las habilidades sociales y emocionales básicas para que uno pueda ser amable y considerado con las personas que lo rodean.

A lo largo de los siglos nuestras escuelas han reflejado los fallos de nuestra sociedad: el racismo, el sexismo y todo lo demás. Pero durante esos siglos, a pesar de todos sus muchos fallos, las escuelas realmente se centraban en la formación moral. Pensaban que su trabajo principal era formar personas de carácter, personas que fueran honestas, amables y respetuosas con quienes las rodeaban. Pero justo después de la Segunda Guerra Mundial el énfasis en la formación moral fue desapareciendo poco a poco. En su historia *Moral Education in America* [Educación moral en Norteamérica], B. Edward McClellan sostiene que la mayoría de las escuelas primarias comenzaron a abandonar la formación moral en los años 1940 y 1950 y "en los años 1960 la educación moral deliberada estaba en retroceso total". Y continúa: "Los educadores que alguna vez se enorgullecían de su capacidad para remodelar el carácter ahora prestaban más atención a los puntajes del SAT* de sus estudiantes, y los padres de clase media se apresuraron a encontrar escuelas que brindaran a sus hijos las mejores oportunidades de calificar para bachilleratos y universidades de élite".

A medida que las escuelas se obsesionaron más con el éxito profesional, dejaron de preocuparse por producir estudiantes que fueran considerados con los demás. Como lo expresó James Davison Hunter, el principal estudioso del país en educación del carácter, "la cultura estadunidense se define cada vez más por una ausencia, y en esa ausencia no brindamos a los niños horizontes morales más allá de ellos mismos y su bienestar". Las instituciones religiosas, que solían hacer esto, comenzaron a desempeñar un papel menos destacado en la vida estadunidense. Los padres comenzaron a practicar la "crianza de aceptación". Estaban menos inclinados a moldear la vida moral de sus hijos y tal vez a simplemente animarlos por sus logros académicos y atléticos.

En cierto sentido, la cultura estadunidense se desmoralizó. El discurso moral y las categorías morales llegaron poco a poco a ocupar un papel menor en la vida estadunidense. Ngram Viewer, de Google, mide la frecuencia con la que se utiliza una palabra en los libros publicados. A lo largo del siglo xx el uso de palabras relacionadas con la moralidad se desplomó: "valentía" (baja de 66 por ciento); "gratitud" (baja de 49 por ciento); "humildad" (52 por ciento). Los investigadores de la UCLA llevan mucho tiempo encuestando a estudiantes que ingresan a la universidad sobre lo que quieren de la vida. En 1966 casi 90 por ciento dijo que estaba muy motivado

---

* Prueba de ingreso utilizada por la mayoría de las escuelas y universidades en Estados Unidos para tomar decisiones de admisión. (*N. del E.*)

para desarrollar una filosofía de vida significativa, el más popular de todos los objetivos de la vida. En 2000 sólo 42 por ciento dijo eso. En cambio, el objetivo de vida más importante era tener una buena situación económica. En 2015 el 82 por ciento de los estudiantes dijo que el éxito financiero era el objetivo principal de la escuela. En 2018 el Pew Research Center preguntó a los estadunidenses qué les da sentido en la vida. Sólo 7 por ciento dijo ayudar a otras personas.[16] El 11 por ciento dijo que aprender era una fuente de significado en su vida.

En resumen, a varias generaciones, incluida la mía, no se les enseñaron las habilidades que necesitarían para ver, comprender y respetar a otras personas en toda su profundidad y dignidad. El colapso de las aptitudes morales básicas produjo desconexión, alienación y una cultura en la que se permitía la crueldad. Nuestra incapacidad para tratarnos bien unos a otros en los pequeños encuentros de la vida cotidiana hizo metástasis y, creo, condujo al horrible colapso social que vemos a nuestro alrededor. Se trata de un enorme fracaso civilizatorio. Necesitamos redescubrir formas de enseñar las habilidades morales y sociales. Esta crisis me motivó a escribir este libro.

Conversaciones difíciles

Mientras la sociedad se dividía cada vez más, yo viajaba. Mi trabajo es viajar por todo el país e intentar familiarizarme con lo que está sucediendo. La mayoría de las conversaciones que he tenido en los últimos años han sido cálidas y maravillosas, pero, como corresponde a una época de gran amargura y desconfianza, muchas de ellas contenían momentos difíciles, tensos y de enojo. En Greenville, Carolina del Sur, cené con una anciana negra que estaba llena de furia latente porque las jóvenes negras del barrio donde ella creció lo tienen aún más difícil ahora que ella en los años cincuenta. En un partido de beisbol, un ferviente partidario de Trump, herido por mis posturas anti-Trump, me gritó en la cara: "¡Eres un maldito imbécil! ¡Eres un maldito imbécil!". Aproximadamente un año antes de eso, mi esposa y yo fuimos recibidos con gran hospitalidad por una familia nativa americana en Nuevo México, pero durante la comida la matriarca estaba hirviendo de rabia contra los Estados Unidos que representábamos, y luego, sentada en la sala de estar, finalmente expresó su ira por los ultrajes cometidos contra su pueblo. Pasé tiempo con un partidario de Trump de clase trabajadora de 70 años en Dakota del Sur, quien me contó sobre el mejor día de su vida. Sucedió cuando tenía 34 años y lo despidieron de la fábrica donde trabajaba como capataz porque habían mejorado el equipo y ya no tenía las habilidades suficientes para hacer el trabajo. Pensó que sólo iba a irse en silencio. Empacó sus cosas en una caja, abrió la puerta de su oficina y descubrió que toda la fuerza laboral (3 mil quinientas personas) había formado una doble fila desde la puerta de su oficina hasta la puerta de su auto en el estacionamiento. Caminó por la fila mientras ellos le aplaudían y lo animaban. Me dijo que todos los trabajos que ha tenido en los 36 años transcurridos desde entonces han sido peores, y que él y su esposa se han acercado cada vez más a la pobreza. Fue un triste relato de una vida en declive.

Porque trabajo en lugares como *The New York Times*, *The Atlantic* y pbs, algunas personas me ven como un representante de las élites costeras, de los sistemas que creen que las han estado aplastando, y lo entiendo. Cuando aquellos de nosotros que se encuentran en posiciones de poder en los medios de comunicación establecidos y en las instituciones culturales más grandes de la sociedad contamos historias que no te incluyen a ti, es algo desorientador y que socava tus derechos. Es como si te miraras en el espejo de la sociedad y descubrieras que no estás ahí. La gente, con razón, se pone furiosa cuando eso sucede.

En la primera parte de este libro intenté describir las habilidades necesarias para ver y ser visto a nivel personal, cuando dos personas se encuentran en circunstancias normales y "saludables". Pienso en esa sección como un curso de nivel universitario sobre cómo entendernos unos a otros.

Pero no nos conocemos simplemente como individuos únicos o en circunstancias sociales saludables. Nos conocemos en el ambiente actual de desconexión y desconfianza. Nos conocemos como miembros de grupos. Nos conocemos inmersos en sistemas de poder en los que algunos grupos tienen más y otros tienen menos. Nos conocemos en una sociedad en la que los miembros del equipo rojo y los miembros del equipo azul (republicanos y demócratas, respectivamente) a menudo se mantienen alejados y miran a través de paredes metafóricas con amargura e incomprensión. Nuestros encuentros están moldeados por nuestras herencias históricas: los legados de la esclavitud, el elitismo, el sexismo, los prejuicios, la intolerancia y la dominación económica y social. No se puede llegar a conocer a otra persona mientras se pretenda no ver ideología, clase, raza, fe, identidad o cualquiera de las demás tensas categorías sociales.

Hoy en día, si quieres conocer bien a alguien, tienes que ver a la persona que tienes delante como un individuo inconfundible y que nunca se repetirá. Pero también hay que ver a esa persona como miembro de su grupo. Y también hay que ver su ubicación social: la forma en que algunas personas son de adentro y otras son de afuera, cómo algunos se ubican en la cima de la sociedad y otros están marginados. El truco consiste en poder ver a cada persona en estos tres niveles al mismo tiempo. Eso requiere una educación de posgrado en el proceso de comprender al otro, y eso es en lo que nos vamos a embarcar ahora. Si el objetivo de la parte 1 era ayudarte a ver a las personas a nivel personal, el objetivo de la parte 2 es ayudarte a comprender y estar presente para las personas en tiempos difíciles, en medio de las luchas sociales y los amargos conflictos de nuestra época actual.

⌒

Hasta ahora he tenido mucha experiencia con cierto tipo de conversación: las conversaciones difíciles. Por conversaciones difíciles entiendo conversaciones a través de diferencias y de desigualdades de poder percibidas. Estas conversaciones difíciles incluyen las que se dan entre miembros de la familia que se encuentran en diferentes tribus partidistas, directivos cuya autoridad es cuestionada por empleados más jóvenes, estudiantes furiosos porque están heredando un mundo tan roto, marginados populistas que sienten que los pertenecientes a la élite costera los están traicionando cada vez. Estas conversaciones suelen comenzar con suspicacia, animosidad y resentimiento. Es posible que las personas quieran conectarse, pero sus comunicaciones comienzan siendo reservadas y cautelosas.

Una conversación difícil y específica persiste en mi mente. Sucedió en una mesa redonda en 2022. El tema fue la "guerra cultural". Cuando escucho esa frase pienso en una amplia variedad de peleas sobre todos los temas, desde cuestiones LGBTQ hasta el aborto, la religión en la plaza pública y lo que se enseña sobre sexo y raza en las aulas públicas. Pero una de mis compañeras panelistas de ese día en particular era una destacada intelectual negra (no voy a darles su nombre porque no quiero hacerlo personal) que escuchó la frase "guerra cultural" como un ataque a la enseñanza precisa de la historia negra en las escuelas. Para ella, la guerra cultural era la supremacía blanca asomando su fea cabeza una vez más.

Estuve de acuerdo en que el ataque a la enseñanza de la historia afroamericana era una parte importante de la guerra cultural de estos días, y estuve de acuerdo con el punto obvio de que esos ataques a menudo son utilizados como silbatos de alarma raciales por parte de los demagogos. Pero traté de retroceder en la larga historia de las guerras culturales para mostrar que eran un choque más amplio entre valores más progresistas, como la libertad de seguir cualquier estilo de vida que elijas, y valores más conservadores, como la necesidad de preservar comunidades moralmente coherentes. Intenté argumentar que, en el mejor de los casos, ambas partes defienden principios morales legítimos y expresan puntos de vista legítimos, aunque yo pudiera favorecer a un lado más que al otro. Ella respondió que el ataque a la historia negra actual es como el ataque reaccionario a las vidas negras en el periodo posterior a la Guerra Civil, el periodo que vio el aumento de los linchamientos, la restauración de la segregación y el establecimiento de las leyes Jim Crow. Cada vez que Estados Unidos da un paso adelante, argumentó, retrocede dos pasos, y eso es lo que estamos viendo ahora mismo. *Ésa es* la guerra cultural.

Para ser claros, no hubo una confrontación abierta entre nosotros. Todos se mantuvieron respetuosos. De hecho, después, varios miembros del público y algunos de los organizadores me dijeron que estaban decepcionados porque no había más desacuerdo entre nosotros. Pero lo que persiste, para mí, es que las corrientes emocionales subyacentes entre nosotros eran un completo desastre. Cada vez que hablaba del contexto más general de la guerra cultural, ella ponía una cara amarga que demostraba su desprecio por lo que yo decía, algo que varias personas me mencionaron más tarde. Creo que ella me vio como otro hombre blanco despistado que adopta esta visión neutral a kilómetros de distancia y no puede entender la feroz lucha en la que ella se encuentra cada día. Lo cual es al menos parcialmente cierto.

En toda conversación existe algún tipo de relación de poder entre los participantes. Es posible que ella pensara que yo tenía el poder en aquella conversación. Ella es una académica radical que lucha por la justicia, mientras que yo soy miembro del *establishment* de los medios de élite. Estoy implicado en sistemas y me he beneficiado de sistemas que mantienen a la gente abajo. Pero al mismo tiempo yo también me sentía impotente y asustado. Soy un hombre blanco que habla sobre raza con una mujer negra que ha pasado su ilustre carrera escribiendo y pensando sobre este tema. ¿Tengo siquiera derecho a una opinión? Empecé a diluir mis puntos de vista. Me sentí muy cohibido, aturdido, perdido en el mar. Fue una conversación difícil y no la superé bien. Salí con la sensación de que debería haber hecho más para comprender su punto de vista, pero también debería haber hecho más para afirmar el mío, aclarar y explorar cualquier desacuerdo que pudiéramos tener.

En los últimos años, pero especialmente después de ese panel de discusión, he tratado de aprender algunas cosas sobre cómo tener conversaciones difíciles. He hablado con expertos y leído libros sobre el tema, de los cuales mis favoritos incluyen *High Conflict* [Alto conflicto] de Amanda Ripley, *I Never Thought It That Way* de Mónica Guzmán y, en especial, *Crucial Conversations* [Conversaciones fundamentales] de Kerry Patterson, Joseph Grenny, Ron McMillan y Al Switzler.

Lo primero que aprendí es que antes de entablar una conversación difícil es importante pensar en las condiciones antes de pensar en el contenido. ¿Cuáles son las condiciones en las que se va a producir esta conversación? Si eres un profesional bien educado que asiste a una conferencia en un lindo hotel en algún lugar, puedes presentarte en una sala y simplemente ser tú mismo. Pero si eres un camionero de Virginia Occidental con educación secundaria tienes que ser mucho más consciente de la dinámica social, mucho más exigente sobre qué versión de ti mismo puedes presentar. Además, para los miembros de grupos dominantes o mayoritarios por lo común hay poca o ninguna brecha entre cómo te ven los demás y cómo te ves a ti mismo. Para las personas de grupos marginados o históricamente oprimidos suele haber un abismo entre quiénes son y cómo son percibidas. Todo el mundo tiene que entrar en una conversación difícil siendo consciente de esta dinámica. Si me encuentro con un camionero en una conferencia en un hotel de lujo, mostraré una curiosidad genuina por su trabajo. Voy a hacer lo que hago siempre que puedo (y puede que no sea mucho) para hacerle saber que puede ser él mismo conmigo.

Al entrar en esa mesa redonda sobre nuestra guerra cultural estaba entrando en 400 años de relaciones raciales en Estados Unidos. Debido al lugar donde trabajo y a todas las demás ventajas que se me han otorgado como hombre blanco en Estados Unidos, la sociedad conspira para hacerme visible. Debido a las coordenadas sociales de mi co-panelista, la sociedad conspira para hacerla invisible. El encuentro entre nosotros fue un encuentro entre visibilidad e invisibilidad. El hecho de que ella sea una intelectual destacada no cambiaba nada la situación.

Las palabras de Ralph Ellison al comienzo de *Invisible Man* (*El hombre invisible*) todavía se consideran una de las expresiones más profundas de lo que es no sentirse visto, escuchado o comprendido, en este caso por motivos de raza.[1] "Soy invisible, ¿entiendes?, simplemente porque la gente se niega a verme —declara el narrador anónimo—. Es como si estuviera rodeado de espejos de endurecido cristal deformante. Cuando se acercan a mí sólo ven lo que me rodea, se ven a sí mismos o ven productos de su imaginación; en definitiva, todo, cualquier cosa, menos a mí." Ellison escribe que una persona en esta posición se pregunta "si no es tan sólo un fantasma en la mente de otras personas". Cuando te ponen en esta posición, "te duele la necesidad de convencerte de que existes en el mundo real, que eres parte de todo el sonido y la angustia, y golpeas con los puños, maldices y juras que harás que te reconozcan. Y, lamentablemente, rara vez tienes éxito".

La segunda cosa crucial que aprendí, en especial de los autores de *Crucial Conversations*, es que toda conversación tiene lugar en dos niveles: la conversación oficial y la conversación real. La conversación oficial está representada por las palabras que decimos sobre cualquier tema del que estemos hablando nominalmente: política, economía, cuestiones laborales, lo que sea. La conversación real ocurre en el flujo y reflujo de emociones subyacentes que se transmiten mientras hablamos. Con cada comentario me haces sentir un poco más seguro o un poco más amenazado. Con cada comentario te estoy mostrando respeto o falta de respeto. Con cada comentario, cada uno de nosotros revela algo sobre sus intenciones: *He aquí por qué les digo esto. He aquí por qué esto es importante para mí.* Es el intercambio de estas emociones subyacentes lo que determinará el éxito o el fracaso de la conversación.

Los autores de *Crucial Conversations* también nos recuerdan que toda conversación existe dentro de un marco: ¿Cuál es el propósito aquí? ¿Cuáles son nuestros objetivos? Un marco es el escenario en el que se desarrolla la conversación. Durante ese panel de discusión, en realidad estábamos discutiendo sobre el marco de nuestra conversación. Yo veía la guerra cultural como una sola cosa y quería analizarla desde la perspectiva objetiva que un periodista está capacitado para adoptar. Ella veía la guerra cultural de manera por completo diferente: como un asalto a la justicia elemental. No quería analizarlo desde un punto de vista imparcial; ella quería comunicarlo como activista en medio de la lucha. En retrospectiva, debí haberme mantenido dentro de su marco un poco más de tiempo, en vez de intentar llevar la conversación a mi propio marco. Eso le habría mostrado el debido respeto. Podría haber suavizado las corrientes emocionales subyacentes.

Digamos que eres administrador de una universidad y unos estudiantes enojados han venido a tu oficina para exigir tiempo adicional para realizar sus exámenes finales debido al estrés que sienten. Digamos que eres un directivo de edad madura. Unos empleados enfadados están en tu oficina quejándose porque tu empresa no ha hecho una declaración sobre alguna ley de control de armas. En cualquier caso, existe la tentación de ponerse a la defensiva. Existe la tentación de intentar llevar la conversación a tu propio marco: *Así es como veo la situación. Esto es lo que estoy haciendo para resolver ese problema. Aquí están todos los demás problemas que tengo y que quizá no conozcas.* En otras palabras, existe la tentación de volver a los marcos en los que te sientes cómodo.

Lo mejor es evitar esta tentación. Tan pronto como alguien empiece a hablar de momentos en los que se sintió excluido, traicionado o agraviado, detente y escucha. Cuando alguien te habla sobre el dolor en su vida, incluso en aquellos casos en los que *puedas* pensar que su dolor es actuado o exagerado, es mejor no intentar volver las conversaciones a tu marco. Tu primera tarea es permanecer dentro del punto de vista de la otra persona para comprender mejor cómo ve el mundo. Tu siguiente tarea es animarla a profundizar más en lo que acaba de decir: "Quiero entender tu punto de vista tanto como sea posible. ¿De qué me estoy perdiendo aquí?". La curiosidad es la capacidad de explorar algo incluso en circunstancias estresantes y difíciles.

Recuerda que la persona que está por debajo de ti en cualquier estructura de poder tiene una mayor conciencia de la situación que tú. Un sirviente sabe más sobre su amo de lo que el amo sabe sobre su sirviente. Quien está sentado sabe muchas cosas sobre la persona que se va a sentar —por la forma en que desplaza su peso y se mueve—, mientras que esta última puede no ser consciente de que la persona sentada está ahí.

Los escoceses tienen una palabra que resulta útil en este contexto: *ken* (percepción, entendimiento, conocimiento); tal vez hayas escuchado la expresión "beyond your ken" ("más allá de tu percepción"). Proviene de los marineros que usaban esa palabra para describir la zona hasta donde podían ver en el horizonte.[2] Si quieres tener una buena conversación con alguien, debes entrar en su terreno. Si te pones en la perspectiva de alguien, eso demuestra que al menos quieres comprenderlo. Ésa es una manera poderosa de mostrar respeto. Los autores de *Crucial Conversations* observan que en cualquier conversación el respeto es como el aire.[3] Cuando está presente nadie lo nota, pero cuando está ausente es en lo único en lo que todos pueden pensar.

Cuando se adopta el punto de vista de otra persona (viendo el mundo desde la perspectiva del otro) todos los participantes en la conversación contribuyen a un conjunto compartido de conocimientos. Pero muy a menudo en las conversaciones difíciles no existe un conjunto compartido de conocimientos. Una persona describe su conjunto de males. La otra persona describe su propio conjunto diferente de males. A medida que avanza la conversación, cada uno entra en detalles más profundos sobre sus males particulares, pero no hay un conjunto compartido. Muy pronto nadie escucha. No hace falta mucho para crear una dinámica nosotros/ellos. Ésta es una forma segura de hacerlo.

Cuando las conversaciones difíciles salen mal, las motivaciones de todos se deterioran. Por ejemplo, dos colaboradores en una empresa pueden estar debatiendo una nueva estrategia de *marketing*. Al principio sus intenciones son claras: ambos quieren lo mejor para la empresa. Pero a medida que continúa la conversación, sus motivaciones cambian: cada uno quiere ganar la discusión. Cada uno de ellos quiere demostrar que es más inteligente y más poderoso. Ahí es cuando empiezan a sacar los trucos retóricos sucios. Entonces es cuando, por ejemplo, empiezan a etiquetarse unos a otros. Etiquetar es cuando intentas desacreditar a otra persona metiéndola en alguna categoría de mala reputación: *Eres un reaccionario. Eres el viejo* establishment. *Estás siendo extremista.* Ponerle una etiqueta a alguien es una excelente manera de hacerlo invisible y destruir una conversación difícil. Micah Goodman, que enseña en la Universidad Hebrea de Jerusalén, me dijo una vez: "Una gran conversación es la que se da entre dos personas que piensan que la otra está equivocada. Una mala conversación es entre aquellos que piensan que algo anda mal en el otro".

He aprendido que si te encuentras en una conversación difícil que va mal, hay maneras de rescatarla. Primero, se salen del conflicto y tratan de descubrir juntos qué salió mal. Rompen la situación preguntándole a la otra persona: "¿Cómo llegamos a este punto tenso?". Luego hacen algo que los expertos llaman "separación". La separación es cuando aclaras tus propios motivos diciendo primero lo que no son y luego lo que sí son. Dices algo como: "Ciertamente no estaba tratando de silenciar tu voz. Estaba tratando de incluir tu punto de vista con muchos otros puntos de vista sobre este tema. Pero fui demasiado rápido. Debería haber hecho una pausa para intentar escuchar tu voz plenamente, para que pudiéramos construir a partir de esa realidad. Eso no fue respetuoso contigo".

Luego intentas volver a identificar el propósito mutuo de la conversación. Esto se logra ampliando el propósito de modo que ambas personas queden incluidas en él. "Tú y yo tenemos ideas muy diferentes sobre qué plan de *marketing* debería seguir esta empresa. Pero ambos creemos en el producto que vendemos. Ambos queremos presentarlo ante la mayor cantidad de personas posible. Creo que ambos estamos intentando llevar esta empresa al siguiente nivel".

Finalmente, puedes aprovechar que una ruptura a veces es una oportunidad para forjar un vínculo más profundo. Podrías decir: "Tú y yo acabamos de expresar emociones fuertes. Por desgracia, el uno contra el otro. Pero al menos nuestros corazones están sobre la mesa y ambos hemos estado expuestos. Curiosamente, tenemos la oportunidad de entendernos mejor gracias a los errores que hemos cometido, a las emociones que hemos despertado".

A lo largo de estos años he aprendido que las conversaciones difíciles son así porque personas en circunstancias de vida diferentes construyen realidades muy distintas. No es sólo que tengan opiniones diferentes sobre el mismo mundo; literalmente, ven mundos diferentes.

Permítanme hacer una última y rápida incursión en las ciencias cognitivas para aclarar con fuerza este punto crucial. Dennis Proffitt, psicólogo de la Universidad de Virginia, estudia la percepción. Quiere saber cómo construye la gente sus realidades, a veces en el nivel más elemental. Por ejemplo, ha realizado una extensa investigación sobre un fenómeno curioso. La gente por lo común sobreestima demasiado lo empinadas que son las colinas,[4] incluso en lugares como San Francisco, donde las colinas son, de hecho, bastante empinadas. Proffitt estaba realizando experimentos en los que pedía a grupos de estudiantes que estimaran la pendiente de varias colinas en todo el campus de la Universidad de Virginia (UVA). Una colina en el campus podía en realidad tener una pendiente de 5 por ciento, pero un participante típico estimaría que tenía una pendiente de 20 por ciento. Un día, Proffitt echó un vistazo al lote más reciente de datos experimentales y se sorprendió al descubrir que de repente los estudiantes habían mejorado mucho en la estimación de la pendiente de una colina en particular. Proffitt y su equipo profundizaron en el misterio y descubrieron que el último lote de cuestionarios había sido completado por miembros del equipo universitario de futbol femenino de la UVA. Las colinas no parecían tan empinadas porque se trataba de atletas de la División 1 en muy buena forma que tenían relativamente poca dificultad para subirlas. La forma en que ves una situación depende de lo que eres capaz de hacer en esa situación.

Desde que Proffitt descubrió este fenómeno por primera vez,[5] él y otros investigadores lo han encontrado una y otra vez. Las personas con mochilas pesadas ven colinas más empinadas que las personas sin mochilas, porque a las personas con mochilas les resulta más difícil subirlas. Los que acaban de consumir bebidas energéticas ven colinas menos empinadas que las personas que no lo han hecho. Las personas que han escuchado música triste (*Adagietto* de Mahler) ven colinas más empinadas que las personas que han escuchado música alegre. Las personas con sobrepeso ven distancias más largas que las personas que no tienen sobrepeso. Los jugadores de beisbol que están en una buena racha ven acercarse pelotas más grandes que cuando están en una mala racha. Cuando los tenistas juegan bien, los saques de sus oponentes parecen mucho más lentos.

"Proyectamos nuestra experiencia mental individual en el mundo y, por lo tanto, confundimos nuestra experiencia mental con el mundo físico, ajenos a la configuración de la percepción por parte de nuestros sistemas sensoriales, historias personales, metas y expectativas",[6] escribieron más tarde Proffitt y Drake Baer en su libro *Perception* [Percepción].

El trabajo de Proffitt se fundamenta en una teoría anterior desarrollada por un psicólogo llamado James J. Gibson.[7] En 1942 Gibson, que también estudiaba la percepción visual, fue convocado por los comandantes de las Fuerzas Aéreas del Ejército de Estados Unidos.

Le hicieron preguntas básicas: ¿Cómo aterrizan los aviones los pilotos? ¿Cómo podemos ayudarlos a hacerlo mejor? La idea de Gibson fue que cuando entramos en una escena buscamos oportunidades para la acción. ¿Cómo encajo en esta situación? ¿Qué puedo hacer aquí? ¿Qué posibilidades ofrece esta situación? En el lenguaje de Gibson, vemos "posibilidades". Un cazador con un arma verá un campo mucho más grande que un cazador con una lanza porque tiene un rango de acción mucho más amplio. Un oficial de policía que empuña un arma tiene más probabilidades de "ver" a otras personas empuñando armas que si estuviera empuñando un zapato, lo que explica en parte por qué 25 por ciento de los tiroteos policiales involucran a sospechosos desarmados. Proffitt y Baer insisten en este punto: "Percibimos el mundo no como es, sino como es para nosotros".[8]

La primera vez que leí sobre esta idea de las posibilidades no me pareció algo muy poderoso. Pero luego, a medida que avanzaba en mi vida, hora tras hora me fui dando cuenta de que dondequiera que fuera estaba contemplando cada escena a través de alguna tolerancia. Inconscientemente, tú y yo siempre nos preguntamos: ¿Qué me permiten hacer mis capacidades físicas, intelectuales, sociales y económicas en esta situación? Si tú y yo salimos con un grupo que contempla una caminata a una montaña, los diferentes miembros del grupo literalmente verán montañas diferentes, dependiendo de cuán aptos o no aptos estemos. Los ricos entran en Neiman Marcus y ven una tienda diferente a la que ven los pobres, porque los ricos en realidad tienen la capacidad de comprar cosas en esa tienda. Cuando enseñaba en Yale, mis alumnos veían un campus diferente al de las personas menos privilegiadas que vivían en los barrios cercanos de New Haven. Mis alumnos tenían la capacidad de tomar clases y usar sus tarjetas de identificación para ingresar a los edificios, por lo que el campus les parecía una colección de edificios diversos, cada uno con su propio propósito y posibilidades. Mientras tanto, la gente del pueblo no tenía la capacidad de tomar clases ni de entrar a la mayoría de los edificios, por lo que el lugar parecía más bien una fortaleza imponente y monolítica. A menudo veía a la gente del vecindario paseando por New Haven Green, pero casi nunca la veía paseando por el campus, a pesar de que está justo al otro lado de la calle.

Una de las razones por las que las conversaciones difíciles son necesarias es que tenemos que hacerles a otras personas las preguntas obvias (¿Cómo ves esto?) si queremos tener alguna esperanza de entrar, aunque sea un poco, en su punto de vista. Nuestras diferencias de percepción están profundamente arraigadas en el reino oculto de la mente inconsciente y en general no tomamos conciencia de cuán profundas son esas diferencias hasta que preguntamos.

No hay manera de hacer que las conversaciones difíciles no sean difíciles. Nunca podrás comprender por completo a una persona cuya experiencia de vida es muy diferente a la tuya. Nunca sabré lo que es ser negro, ser mujer, ser de la Generación Z, nacer con una discapacidad, ser un hombre de clase trabajadora, ser un nuevo inmigrante o una persona de entre muchos miles de otras experiencias de vida. Hay profundidades misteriosas para cada persona. Existen enormes diferencias entre las distintas culturas, ante las cuales debemos presentarnos con respeto y asombro. Sin embargo, he descubierto que si trabajas en tus habilidades (tu capacidad de ver y escuchar a los demás) de verdad puedes tener una idea de la perspectiva de otra persona. Y he descubierto que es muy posible convertir la desconfianza en confianza y generar respeto mutuo.

Como todo escritor, a menudo recibo correos electrónicos furiosos e insultantes. Como todo escritor, he descubierto que si respondes a este tipo de correos electrónicos de manera respetuosa y curiosa, el tono de la otra persona casi siempre cambia, de forma inmediata y radical. De repente se vuelven civilizados, más amables, más humanos. Todo el mundo quiere ser escuchado. La mayoría de las personas están dispuestas a hacer un esfuerzo extra para ser amables, consideradas e indulgentes cuando les das la oportunidad. La mayoría de la gente anhela sanar las divisiones que aquejan a nuestra sociedad. En la base de toda conversación se encuentra una realidad elemental: todos compartimos una amplia gama de luchas, experiencias y alegrías comunes. Incluso en medio de conflictos civiles y conversaciones difíciles, trato de volver a la gran declaración humanista hecha por el dramaturgo romano Terencio: "Soy humano, y nada de lo humano me es ajeno".

DIEZ

¿Cómo servir a un amigo que está desesperado?

En la medida en que la vida pública se ha vuelto más amarga, la vida privada se ha vuelto más triste. Cada vez más, me encuentro teniendo conversaciones con personas que sufren de depresión, con personas que están luchando, con personas en medio del dolor. Estas conversaciones representan un tipo diferente de conversaciones difíciles que las situaciones de conflicto intenso que describí en el capítulo anterior. En los próximos tres capítulos intentaré compartir lo que he aprendido sobre cómo acompañar a alguien a través de cada una de estas pruebas: depresión, lucha y sufrimiento. A menudo es poco lo que podemos hacer para sanar a quienes están afectados, pero hay formas en las que podemos hacer que se sientan profundamente reconocidos.

Mi encuentro más doloroso con la depresión se produjo cuando la enfermedad afectó a mi más viejo amigo, Peter Marks. Desde los 11 años, Pete y yo forjamos nuestra amistad en torno al juego. Jugábamos basquetbol, softbol, captura de la bandera, rugby. Nos reíamos el uno del otro, hacíamos bromas, nos burlábamos de nuestros movimientos de baile, de nuestras relaciones románticas y de casi todo lo demás. Podíamos convertir el comer una hamburguesa en una forma de juego, con elaborados chasquidos de labios y exclamaciones operísticas sobre la excelencia del queso. Lo mantuvimos así durante cinco décadas.

Mi esposa tiene una frase que definió a la perfección a Pete: era una rara combinación entre normal y extraordinario. Era masculino en el sentido en que se supone que eres masculino, con gran fuerza y gran gentileza. Un padre como se supone que debe ser un padre, con una devoción infinita, un sentido de diversión y orgullo. Un esposo tal como se supone que debe ser un esposo, que regresa a casa por la noche agradecido de que la única persona en el mundo con la que más desea hablar estará sentada ahí, frente a él, en la mesa del comedor.

A lo largo de los años, Pete y yo hablábamos con frecuencia sobre el estrés que tenía con un par de colegas en el trabajo, pero no entendí todo lo que estaba soportando hasta que pasamos un fin de semana con él en la primavera de 2019. Mi esposa notó un cambio enseguida. Se había apagado una luz. Había un tono monótono en su voz, una quietud en sus ojos. Una brillante tarde de junio nos llevó aparte y nos dijo lo que ya sabíamos: él no era él mismo. Estaba haciendo lo que más amaba: jugar basquetbol, nadar en el lago, pero no podía disfrutar de nada. Estaba preocupado por su familia y por él mismo y pidió nuestra amistad y apoyo continuos. Era la primera vez que veía tanto dolor en él, lo que resultó ser una depresión severa. Me enfrenté a una pregunta que no estaba preparado para responder: ¿Cómo se puede servir a un amigo cuando padece esta enfermedad?

Intenté hacerlo lo mejor que pude, pero Pete se suicidó en abril de 2022. Este capítulo, basado en un ensayo que escribí para el *Times*, intenta capturar lo que aprendí de esos tres años angustiantes y de esa tragedia sin sentido. Refleja una educación dura y sin panaceas.

$\sim$

Primero, necesito contar más sobre Pete. Nos conocimos cuando éramos niños en el campamento Incarnation en Connecticut, los dos fuimos campistas y consejeros durante una década y permanecimos unidos de por vida. En el campamento, Pete era guapo, fuerte, atlético y amable. Había en él una exuberante bobaliconería. Una vez, en un ataque de gran hilaridad, empezó a saltar por el comedor, cantando y saltando más y más alto con cada salto. Intentó salir de la habitación, pero había un marco de puerta, más o menos de unos dos metros de alto, y Pete se golpeó la frente contra la parte superior del marco y cayó de espaldas. El resto de nosotros, que éramos consejeros jóvenes de 16 años, encontramos esto absolutamente hilarante. Pete, que igualmente tenía 16 años, también lo encontró por completo gracioso. Lo recuerdo ahí tirado en un ataque de risa, con un moretón en forma de marco de puerta formándose en su frente.

Un verano, Pete y yo dirigimos un equipo de niños de 12 y 13 años en un juego de softbol contra un equipo de niños de 14 y 15 años. De forma milagrosa, nuestro equipo ganó. En la celebración posterior, los chicos, Pete y yo nos amontonamos unos sobre otros en el montículo del pícher en una gran bola desproporcionadamente extasiada. Nos abrazamos, gritamos y entrechocamos palmas. Creo que nuestra celebración duró más que el juego: un volcán de autoaprobación masculina que está alojado en mi memoria como uno de los momentos de pura alegría de la vida.

Con el paso de los años, a Pete le fue bien en la universidad, se unió a la marina, fue a la escuela de medicina y se convirtió en cirujano ocular. Las noches previas a una cirugía, Pete se cuidaba mucho, no se quedaba fuera de casa, se aseguraba de dormir lo suficiente para hacer el trabajo que amaba. Las noches después de la cirugía llamaba a sus pacientes para ver cómo se sentían. Su esposa, Jen, una querida amiga que también estaba en el campamento con nosotros, solía quedarse ahí sólo para escuchar la gentileza de su tono en esas llamadas, la tranquilizadora amabilidad de sus modales.

Parecía, exteriormente, la persona de mi círculo con menos probabilidades de verse afectada por una depresión devastadora, con un carácter alegre, un matrimonio feliz, una carrera gratificante y dos hijos en verdad maravillosos, Owen y James. Pero él cargaba con más dolor infantil del que yo sabía y, al final, el trauma lo superó.

Al principio no entendí la gravedad de la situación. Eso es en parte temperamental. Algunas personas ven en todo una catástrofe e imaginan lo peor. Tiendo a ver lo luminoso y asumir que todo saldrá bien. Pero también es en parte porque no me daba cuenta de que la depresión había creado otro Pete. Tenía ideas muy definidas en mi cabeza sobre quién era Pete y la depresión no figuraba en cómo veía a mi amigo.

Durante los meses siguientes la depresión severa se me reveló como un abismo inimaginable. Aprendí que aquellos de nosotros que tenemos la suerte de no haber experimentado nunca una depresión grave no podemos entender cómo es, simplemente extrapolando nuestros propios periodos de tristeza. Como han escrito los filósofos Cecily Whiteley y Jonathan Birch, no es sólo tristeza, es un estado de conciencia que distorsiona las percepciones del tiempo, del espacio y de uno mismo.

La periodista Sally Brampton llamó a la depresión un paisaje "frío, negro y vacío. Es más aterrador y más horrible que cualquier otro lugar en el que haya estado, incluso en mis pesadillas".

El novelista William Styron escribió de manera brillante sobre su propia depresión en *Darkness Visible* (*Esa visible oscuridad*). Describió cómo "la locura de la depresión es, en términos generales, la antítesis de la violencia. Es realmente una tormenta, pero una tormenta de oscuridad. Pronto son evidentes las respuestas más lentas, casi la parálisis, la energía psíquica reducida a casi cero [...] Experimentaba una curiosa convulsión interior que sólo puedo describir como desesperación más allá de la desesperación. Surgía de la fría noche; no pensé que tal angustia fuera posible".

Durante la pandemia de covid-19 Pete y yo hablamos por teléfono. Al principio cometí el error de intentar aconsejarle sobre cómo podría recuperarse de la enfermedad. Años antes había ido a Vietnam para realizar cirugías oculares a quienes eran demasiado pobres para pagarlas. Le dije que debería volver a hacerlo, ya que lo había encontrado muy gratificante. No me percaté de que lo que le faltaba era energía y deseo, no ideas sobre qué hacer. Sólo más tarde leí que cuando le das consejos a una persona deprimida sobre cómo puede mejorar, es muy probable que lo único que estés haciendo sea decirle a la persona que simplemente no la entiendes.

Intenté recordarle a Pete todas las maravillosas bendiciones de las que gozaba, lo que los psicólogos llaman "reencuadre positivo". Desde entonces he leído que esto podría hacer que quien sufre se sienta aún peor consigo mismo por no poder disfrutar de todas las cosas que son palpablemente placenteras.

Aprendí, de forma muy gradual, que el trabajo de un amigo en estas circunstancias no es animar a la persona. Es reconocer la realidad de la situación; es escucharlo, respetarlo y amarlo; es mostrarle que no te has rendido, que no te has alejado.

Una y otra vez Pete hablaba de su gran temor de que algún día su habilidad de cirujano lo abandonara, de dejar de ser un sanador, de perder su identidad y su yo. Mientras Pete hablaba de su enfermedad, a veces parecía como si hubiera dos él. Uno estaba envuelto en dolor y el otro observaba todo aquello y no podía entender lo que estaba pasando. Ese segundo él fue el Pete con el que hablé durante esos tres años. Estaba analizando la angustia. Estaba tratando de entenderla. Iba a los mejores médicos. Estaban probando un enfoque tras otro. La nube no se disipaba.

Me dicen que una de las brutalidades de la enfermedad es la imposibilidad de articular exactamente en qué consiste el dolor. Pete me decía la verdad general: "La depresión apesta". Pero trataba de no cargarme con todos los horrores de lo que estaba pasando. Hubo muchas cosas que no me dijo, al menos hasta el final, o no me dijo nada.

Hubo momentos durante ese duro año de epidemia de 2020 en los que temí que mi propia mente estuviera fallando. La alegría es mi estado normal por antonomasia, pero ese año mi estado de ánimo podía llegar a ser oscuro y problemático. Cuando tu viejo amigo está luchando contra sus demonios, es natural que te preguntes sobre los tuyos.

Si bien he dedicado mi vida a las palabras, me encontraba cada vez más con la inutilidad de ellas para ayudar a Pete de alguna manera significativa. El sentimiento de impotencia era existencial.

Después de un tiempo, intenté ser normal. Sólo traté de ser el amigo tranquilo que siempre había sido para él y él siempre había sido para mí. Esperaba que esto aliviara un poco su sensación de aislamiento. Intelectualmente, Pete sabía que su esposa y sus hijos lo amaban muchísimo, que sus amigos lo querían, pero a pesar de ello se sentía encerrado dentro de la lacerante obsesión por sí mismo que era parte de la enfermedad.

Desde la muerte de Pete he aprendido más sobre el poder de simplemente estar presente. "Si conoces a alguien que está deprimido, por favor decide no preguntarle nunca por qué", escribió una vez el actor Stephen Fry. "Mantente ahí para ellos cuando pasen al otro lado. Es difícil ser amigo de alguien que está deprimido, pero es una de las cosas más amables, nobles y mejores que puedas hacer jamás".

Quizá lo más útil que hice fue enviarle un video. Mi amigo Mike Gerson, columnista del *Washington Post*, había sido hospitalizado por depresión a principios de 2019. Pronunció un hermoso sermón en la Catedral Nacional sobre su experiencia antes de morir por complicaciones del cáncer en noviembre de 2022. La depresión, dijo, era un "mal funcionamiento del instrumento que utilizamos para determinar la realidad". Luego habló de las voces mentirosas que se habían instalado en su mente, escupiendo sus crueles clichés: Eres una carga para tus amigos, no tienes futuro, nadie te extrañará.

El video del sermón de Mike resonó en Pete y le dio una sensación de validación. Él también describió las voces obsesivo-compulsivas que lo atacaban desde el interior de su propia cabeza. Mike también habló de que la niebla finalmente se disipaba, de los destellos de belleza o de amor, y le recordó a Pete que "hay algo mejor al otro lado de la desesperación". Seguí intentando asegurarle a Peter que esto también le pasaría a él. Aun así, las nubes se negaron a disiparse.

Jen tuvo algunas sabias palabras cuando le pregunté qué había aprendido al estar cerca de él durante esos años. "Estaba muy consciente de que éste no era el verdadero Pete —dijo—. Traté de no tomarme las cosas como algo personal." Ojalá hubiera bombardeado a Pete con más pequeños detalles. Sólo pequeñas notas y correos electrónicos para hacerle saber cuánto estaba en mi pensamiento. Al escribir sobre su propia depresión en *The Atlantic*, Jeffrey Ruoff mencionó que su hermano le había enviado más de 700 postales a lo largo de los años, desde los 50 estados de Estados Unidos, de Centroamérica, Canadá y Asia. Ese tipo de detalles dicen: Estoy contigo. No es necesario responder.

"Hay momentos en nuestras vidas —escribió Honoré de Balzac— en los que lo único que podemos soportar es la sensación de que nuestro amigo está cerca. Nuestras heridas duelen ante las palabras consoladoras que sólo revelan la profundidad del dolor."

Pete desarrolló teorías para explicar por qué le había sucedido esto. Señaló una serie de traumas y abandonos que había sufrido en casa cuando era niño, acontecimientos a los que se había referido de manera vaga durante nuestra amistad, pero sobre los que nunca entró en detalles conmigo hasta sus últimos años.

Pensó que parte de su enfermedad era simplemente biológica. Piensa en ello como si fuera un cáncer de cerebro, solía decir. Una enfermedad física aleatoria. Estoy de acuerdo con algo de eso, pero también me atormenta la gran cantidad de medicamentos que le recetaban sus médicos. Siempre estaba tomando uno o saliendo de otro, según recorría diversos regímenes de tratamiento. Su camino a través del sistema de salud mental estuvo lleno de una variedad dispersa de tratamientos diferentes y decepciones aplastantes.

Pete y su familia se unieron a nosotros para el Día de Acción de Gracias en 2021. En ese momento yo sólo estaba tratando de ser como siempre había sido con él, con la esperanza de que él pudiera ser como siempre había sido conmigo. Todos jugamos basquetbol y juegos de mesa y disfrutamos del fin de semana. Sentí algo de esperanza. Pero en una de las fotografías tomadas ese fin de semana Pete está sentado en el sofá, con el rostro impasible, envuelto en sombras. Una tarde le pidió a mi esposa que orara por él en la cocina, lastimeramente, buscando esperanza.

Los expertos dicen que si conoces a alguien que está deprimido está bien preguntarle de modo explícito sobre el suicidio. Los expertos enfatizan que no les vas a meter ese pensamiento en la cabeza. Muchas veces ya lo tienen en mente.

Cuando Pete y yo intentamos abordar el tema del suicidio, tan sólo hablamos de la magnífica familia que tenía y de lo mucho que se amaban. Al igual que Jen, traté de decirle que esto mejoraría, aunque a medida que pasaron los años y las terapias fallaron, su fe en esta liberación disminuyó.

Pete siempre fue el más valiente de nosotros dos, el que se lanzaba desde acantilados o saltaba sobre las fogatas sin miedo. Y nunca fue más valiente que en sus últimos tres años. Luchó con sorprendente coraje y firmeza contra un enemigo que pondría a cualquiera de rodillas. Luchó minuto a minuto, día a día, durante mil días. Lo impulsaba su amor desinteresado por su familia, a la que adoraba más que nada en el mundo.

Cenamos unos días antes de que muriera. Jen y yo intentamos mantener la conversación. Pero, aparentemente, el viaje en auto a casa fue desgarrador. "¿Cómo es posible que no pueda hablar con mi más viejo amigo? —preguntó Pete—. Brooksie puede hablar con la gente. Yo no puedo."

No sé qué estaba pensando en su último día, pero he leído que la depresión hace que sea difícil imaginar un momento en el que las cosas puedan alguna vez ser mejores. No tengo evidencia de esto, pero conociendo a Pete como lo conozco, creo con firmeza que se convenció erróneamente de que se estaba suicidando para ayudar a su familia y aliviar las dificultades que su enfermedad le había causado. Viviendo ahora tras el naufragio, puedo decirles que si alguna vez tienen ese pensamiento, es por completo erróneo.

"Poco se ha escrito sobre el hecho de que la depresión es ridícula", escribió Andrew Solomon, autor de *The Noonday Demon* (*El demonio del mediodía*). "Recuerdo estar acostado congelado en la cama, llorando porque tenía demasiado miedo para ducharme y al mismo tiempo sabiendo que las duchas no dan miedo." Yo añadiría que la depresión es amargamente ridícula. Pete murió unas semanas antes de la graduación universitaria de su hijo menor, involucrado en relaciones amorosas y amistades, con mucho que dar.

Si alguna vez vuelvo a estar en una situación similar, entenderé que no es necesario intentar sacar a alguien de la depresión. Es suficiente demostrar que se tiene cierta comprensión de lo que está soportando. Basta con crear una atmósfera en la que pueda compartir su experiencia. Basta con ofrecerle el consuelo de ser visto.

Mi amigo Nat Eddy, que también acompañó a Pete durante esos últimos años, me escribió hace poco: "Haz todo lo que puedas para darles a tu esposa y a tus hijos un descanso, una o dos horas en que no tengan que preocuparse por que lo peor pueda suceder (y reza para que no suceda durante tu turno, porque eso no es una certeza). Haz lo que sea que esté en tus manos para poder mirarte en el espejo. La verdadera amistad ofrece profundas satisfacciones, pero también impone vulnerabilidades y obligaciones, y fingir que no es así es devaluar la amistad".

Siento pena por no haber sabido lo suficiente para hacer esto de manera más efectiva con Pete. Podría haberle hecho compañía de forma más tranquilizadora; podría haberle hecho entender mejor lo que significaba para mí. Pero no me siento culpable.

Pete tuvo a algunos de los grandes expertos del mundo acompañándolo en todo esto. Tenía a su maravillosa esposa e hijos, quienes lo acompañaron, amorosa e incondicionalmente, todos los días. Pete solía decir que le resultaba más útil hablar con Jen que hablar con cualquiera de los expertos. Así que no hay razón para que ninguno de nosotros nos sintamos fracasados porque no pudimos alterar lo que pasó. Cada caso de depresión es único y cada uno debe combatirse con tanto amor, resistencia y conocimiento como sea posible. Pero en este caso particular, la bestia era más grande que Pete; era más grande que nosotros.

He leído mucho sobre el proceso de duelo de los familiares, pero no tanto sobre cómo es el duelo cuando mueren tus amigos. La muerte y yo nos conocimos demasiado bien en 2022. Perdí a tres buenos amigos (Pete, Mike Gerson y mi antiguo socio de *NewsHour*, Mark Shields), y cada vez me sorprendía de nuevo lo profundo y duradero que era el dolor interior.

La muerte de Pete me desorientó. Había sido una presencia durante casi toda mi vida, y de golpe la amistad estable que daba por sentada desapareció. Es como si volviera a Montana y de repente las montañas hubieran desaparecido.

Una gran fuente de consuelo ha sido la oportunidad de vislumbrar, de vez en cuando, cuán heroicamente los hijos de Pete, Owen y James, han manejado esta pérdida. En su propio dolor, se han unido en torno a su madre. Dos meses después del fallecimiento de Pete, mi hijo mayor se casó. Para mi gran asombro y gratitud, Jen y los chicos pudieron hacer el viaje para asistir. En la recepción, los chicos convencieron gentilmente a su madre de que se uniera a nosotros en la pista de baile. Me pareció apropiado, ya que esto era lo que hacíamos en el campamento; el baile enhebrado a través de las décadas de nuestras vidas. Tengo un recuerdo nítido de aquellos dos excelentes jóvenes bailando esa noche, y un millón de recuerdos de los padres que los criaron tan bien.

Mirando ahora hacia atrás, veo el desafío esencial. Cada mente construye su propia realidad. En circunstancias normales, puedo hacerme una idea de la percepción de la realidad que tiene mi amigo porque se superpone en gran medida con mi percepción de la realidad. Pero la depresión cambia eso. En la depresión, Andrew Solomon estaba experimentando una realidad que era sencillamente extraña. El tipo pensaba que las duchas eran aterradoras. Pete también experimentó una realidad que era extraña. Veía un mundo sin placer.

Cuando intentamos ver en profundidad a una persona deprimida y hacerla sentir escuchada y comprendida, nos asomamos a un mundo de pesadilla de Salvador Dalí, uno que no sigue ninguna de nuestras lógicas, que no tiene ningún sentido, y que la persona deprimida tal vez tendrá dificultades para describirnos. No existe una manera fácil de adentrarse ni siquiera un poco en esta realidad alternativa; sólo podemos intentar perseverar mediante un acto de fe, mediante una flexibilidad infinita y mediante la voluntad de ser humildes ante el hecho de que nada de esto tiene sentido.

El arte de la empatía

"El reconocimiento es la primera búsqueda humana", escribe el periodista Andy Crouch en su libro *The Life We're Looking For* [La vida que buscamos].[1] Los bebés salen del útero buscando un rostro que los vea, una madre o una cuidadora que los conozca y atienda sus necesidades. Cuando no se les ve, quedan traumatizados. A veces los psicólogos llevan a cabo experimentos de "cara inexpresiva" en los que les dicen a las madres que no respondan a sus bebés. Cuando los bebés piden atención y amor, se supone que las madres se quedan ahí sentadas, inexpresivas: con el rostro impasible. Al principio los bebés se retuercen y se sienten incómodos, luego lloran de frustración y luego colapsan de tristeza. Es una crisis existencial. Si un bebé permanece largos periodos sin que sus cuidadores lo vean, eso puede dejar un daño emocional y espiritual duradero. "El desarrollo del alma en el niño —escribió el filósofo Martin Buber— está inextricablemente ligado al anhelo del Tú, a la satisfacción y la desilusión de este anhelo."[2]

Ésta es la primera educación. Cada niño, incluso desde que nace, busca respuestas a las preguntas básicas de la vida: ¿Estoy a salvo? ¿Cómo funciona el amor? ¿Valgo la pena? ¿Seré cuidado? Incluso en la infancia, interiorizamos las respuestas a esas preguntas en función de lo que vemos a nuestro alrededor y de cómo nos tratan. Esta educación ocurre, incluso aunque más tarde, como adultos, no tengamos ningún recuerdo consciente de este periodo. Cuando, en la

edad adulta, llegas a conocer muy bien a alguien, a menudo desarro-
llas una idea de cómo fue criado. En las inseguridades actuales de
algunos individuos se ve cómo debieron haber sido menospreciados
y criticados cuando eran infantes. Uno ve, en su terror por ser abandonados, cómo debieron haberse sentido abandonados cuando eran
pequeños. Por otro lado, cuando conoces a personas que asumen
que el mundo es seguro y digno de confianza, que los demás les son-
reirán con naturalidad, sientes cómo cuando eran infantes debieron
haberse sentido iluminadas por el amor. Debería ser así de simple.
Todos queremos que los niños se sientan seguros, que sepan que el
amor es constante e incondicional, que son apreciados. El problema
es que nosotros, como padres, todavía cargamos, a menudo inconscientemente, con las heridas y los terrores de nuestros *primeros*
años, que, a su vez, fueron causados por las heridas y los terrores de
los primeros años de nuestros padres, y así sucesivamente. Las heridas y los traumas se transmiten de generación a generación.

En su libro *Deep Human Connection* [Profunda conexión huma-
na], el psicoterapeuta Stephen Cope escribe que a su madre le gustaba más la idea de un bebé que los bebés reales y, como resultado, no
prodigaba mucha atención y amor incondicional hacia sus hijos:
"Mi hermana melliza y yo coincidimos, reflexionando sobre estas
cuestiones como lo hemos hecho durante las últimas décadas, en
que, lamentablemente, estábamos destinados a ser pequeños seres
apegados ansiosos y ambivalentes [...] Teníamos todas las características: inseguros, ansiosos, hambrientos de siempre algo más. Rápidamente seducidos por la promesa de amor. Nunca muy seguros
de poder contar con él".[3]

La actriz Demi Moore creció con padres histriónicos, inestables,
autosaboteadores y melodramáticos. Sus padres mudaban tanto a
la familia que ella y su hermano asistieron, en promedio, a dos escuelas al año. Su padre se suicidó a los 36 años. Cuando su madre
intentó suicidarse, la joven Moore tuvo que sacarle las pastillas de

la boca. "Me amaban como se amaban entre sí —escribió Moore—, de la única manera que sabían: de manera inconsistente y condicional. De ellos aprendí que el amor era algo que había que luchar para conservar. Podría ser revocado en cualquier momento por razones que no podías entender, que no podías controlar. El tipo de amor con el que crecí daba miedo necesitarlo y era doloroso sentirlo. Si no tenía ese dolor inquietante, esa ansiedad punzante respecto a alguien, ¿cómo sabría que es amor?"[4]

El famoso Estudio Grant siguió a 268 hombres de Harvard desde sus días como estudiantes universitarios en la década de 1940 hasta su muerte muchos decenios después, en un intento por descubrir los patrones de desarrollo y logros humanos.[5] El estudio reveló (y esto fue una sorpresa hace décadas) que la calidad de nuestras relaciones determina la calidad de nuestra vida. Pero las relaciones en la infancia tienen un poder especial. En un momento dado, los directores del estudio se preguntaron por qué algunos de los hombres del estudio fueron ascendidos a oficiales durante la Segunda Guerra Mundial y otros no. Descubrieron que el factor número uno que se correlacionaba con el éxito en tiempos de guerra no era el coeficiente intelectual, la resistencia física ni el entorno socioeconómico. El factor número uno era la calidez general en la casa familiar del hombre. Los hombres que habían sido muy amados y vistos en profundidad por sus padres podían ofrecer afecto y cuidado a los hombres bajo su mando.

Los hombres del estudio con relaciones cálidas con sus padres disfrutaban más de sus vacaciones durante toda su vida, eran más capaces de utilizar el humor como mecanismo de afrontamiento y estaban más contentos con su jubilación.[6] Un ambiente cálido en la infancia también era un mejor predictor de la movilidad social adulta que la inteligencia.[7]

Por otro lado, los hombres con una mala relación con sus madres tenían más probabilidades de sufrir demencia en la vejez.[8] Aquellos que habían crecido en hogares fríos tomaban más medicamentos recetados de todo tipo y pasaban cinco veces más tiempo en hospitales psiquiátricos. Como lo expresó el antiguo director del estudio, George Vaillant: "Mientras que una infancia cálida, como la de un padre rico, tiende a vacunar al hombre contra el dolor futuro, una infancia sombría es como la pobreza; no puede amortiguar las dificultades de la vida. Sí, las dificultades a veces pueden llevar a un crecimiento postraumático y la vida de algunos hombres mejoró con el tiempo. Pero siempre hay un alto costo en dolor y oportunidades perdidas, y para muchos hombres con una infancia sombría, el panorama siguió siendo sombrío hasta que murieron, a veces jóvenes y algunas veces por sus propias manos".[9]

Los niños responden a circunstancias difíciles de la única manera que saben. Construyen defensas para protegerse contra más heridas. Extraen lecciones (adaptativas o desadaptativas) sobre lo que pueden esperar de la vida y lo que necesitan hacer para sobrevivir. Estas defensas y lecciones suelen ser inconscientes. Si esperas conocer bien a alguien, tienes que saber algo sobre las luchas y las bendiciones de su infancia y la arquitectura defensiva que llevan a lo largo de la vida.

Éstas son algunas de las defensas que muchas personas llevan dentro, a veces por el resto de su vida:

EVASIÓN. La evasión suele tener que ver con el miedo. *Las emociones y las relaciones me han hecho daño, así que minimizaré las emociones y las relaciones.* Las personas evasivas se sienten más cómodas cuando la conversación se mantiene en lo superficial. A menudo intelectualizan demasiado la vida. Se retraen en el trabajo. Intentan ser autosuficientes y fingen no tener necesidades. Con frecuencia no han tenido relaciones cercanas en su infancia y han reducido sus expectativas sobre las relaciones futuras. Una persona que teme la intimidad de esta manera puede estar siempre en movimiento, prefiriendo no estar arraigada ni inmovilizada; a veces son implacablemente positivas para no mostrar vulnerabilidad; diseñan las cosas para ser ellas las fuertes a quienes los demás recurren, pero nunca las que recurren a los demás.

PRIVACIÓN. Algunos niños se crían rodeados de personas tan egocéntricas que las necesidades del niño quedan ignoradas.[10] El niño aprende naturalmente la lección: "Mis necesidades no serán satisfechas". De eso al "no soy digno" hay un pequeño paso. Una persona atormentada por un esquema de privación puede experimentar sentimientos de inutilidad a lo largo de su vida, sin importar cuántos éxitos sorprendentes consiga. A menudo lleva la idea de que hay algún defecto en lo más profundo de sí, que si otras personas lo conocieran, las haría huir. Cuando se les trata mal, es probable que se culpen a sí mismas. (*Por supuesto que tuvo una aventura; soy una esposa patética*). A veces luchan con un crítico interno feroz.

HIPERREACTIVIDAD. Los niños que sufren abusos y amenazas crecen en un mundo peligroso. La persona afligida de esta manera a menudo tiene, en lo profundo de su sistema nervioso, un sistema hiperactivo de detección de amenazas. Estas personas interpretan las situaciones ambivalentes como amenazadoras, los rostros neutrales como agresivos. Están atrapadas en un teatro mental hiperactivo en el que el mundo es peligroso. Reaccionan de forma exagerada ante las cosas y no comprenden por qué lo hicieron.

AGRESIÓN PASIVA. La agresión pasiva es la expresión indirecta de la ira. Es una forma de eludir la comunicación directa de una persona que teme el conflicto, que tiene problemas para lidiar con las emociones negativas. Es posible que una persona así haya crecido en un hogar donde la ira era aterradora, donde no se abordaban las emociones o donde el amor era condicional y la lección era que la comunicación directa llevaría a la privación del afecto. La agresión pasiva es, por tanto, una forma de manipulación emocional, un juego de poder sutil para obtener culpa y afecto. Un marido con tendencias pasivo-agresivas puede alentar a su esposa a salir de fin de semana con sus amigos, sintiéndose un mártir desinteresado, pero luego enojarse con ella en los días previos a la salida y durante el fin de semana. Le hará saber mediante varios actos de retraimiento y autocompasión que ella es una persona egoísta y él una víctima inocente.

∽

Estas defensas no son del todo malas. Una vez leí una gran frase en un libro del escritor británico Will Storr que capta la naturaleza dual de nuestras defensas. Proponía que la mayoría de los grandes personajes de ficción (y, por extensión, la mayoría de los grandes personajes) tienen un "defecto sagrado".[11] Su punto era que cada uno de nosotros anda por ahí con ciertos modelos en la cabeza que dan forma a nuestra manera de ver el mundo. Uno construye estos modelos desde una edad temprana y funcionan para cada quien. Nos ayudan a defendernos del abandono o el abuso. Ayudan a anticipar cómo se comportará la gente. Nos guían a actuar de manera que nos afirmen y nos amen. Lo más importante que hacen nuestros modelos es ayudarnos a ver la vida como una historia en la que uno es el héroe. Buscamos las personas, los artículos y los libros que confirman nuestros modelos.

Storr dice que puedes hacerte una idea de los modelos de alguien, en particular los defensivos, pidiéndole que complete oraciones como: "Lo más importante en la vida es..." o "Sólo estoy a salvo cuando...". Por ejemplo, conozco a mucha gente en política que ha construido modelos defensivos exageradamente reactivos. Para ellos lo más importante es luchar contra la injusticia. Sólo se sienten seguros cuando están al ataque, luchando con rectitud contra sus enemigos. Aprendieron desde pequeños que la vida es combate.

Durante un tiempo, estos modelos, estas defensas, les funcionaron. Los modelos los indujeron a ver el mundo dividido entre los hijos de la luz y los hijos de las tinieblas. A medida que libraban sus justas batallas contra sus enemigos políticos, aumentaban su estatus, poder y estima. Mientras tanto, se volvían duros y resistentes. Una vez visité un viñedo y el chico que hacía el recorrido me explicó que no plantan sus vides en el tipo de suelo que es más amable para las vides. Plantan sus vides en suelo arcilloso porque la arcilla opone resistencia a las vides y las vides crecen fuertes luchando contra su entorno. Siento que conozco a mucha gente así, en especial en política. Se han fortalecido resistiendo lo que está mal en su entorno.

Con frecuencia su enojo está por completo justificado. Pero un defecto sagrado sigue siendo un defecto. El primer problema con, digámoslo así, una arquitectura de defensa exagerada es que hace que la gente arremeta contra todo. Cuando alguien critica los modelos internos de una persona defensiva no lo siente como si estuviera atacando su simple opinión. Lo siente como si estuviera atacando su identidad. El psicólogo Jonathan Haidt dice que si encuentras lo que es sagrado para una persona, ahí encontrarás la "irracionalidad desenfrenada".[12] Una persona con una arquitectura de defensa exageradamente reactiva está pensando: *Mis críticos u oponentes no sólo están equivocados, sino que son malvados.* De repente, esa persona percibe amenazas apocalípticas que vienen de todas direcciones y recurre a teorías de conspiración que explican las fuerzas malévolas que ve a su alrededor. Esta persona siempre está en pie de guerra, desde el amanecer hasta el anochecer. Ella tiene que tomar represalias primero.

El segundo problema con tal arquitectura defensiva es que no la controlas, sino que te controla. Un problema con el enojo, por ejemplo, es que tiene que encontrar cosas a las cuales apegarse. Las personas enojadas siempre están buscando a otras personas con quienes puedan enojarse. La ira no es atractiva. La ira es estúpida. Una persona que está perpetuamente enojada siempre está escuchando e interpretando mal a los demás. Percibe mal lo que la otra persona dijo para tener un pretexto con el fin de lanzar el ataque cruel. Lo peor de todo es que la ira aumenta. La gente siempre habla de desahogar la ira, controlarla o dirigirla. De hecho, la ira siempre tiene el control, aumentando cada vez más, consumiendo al huésped.

En su libro de 1949, *Jesus and the Disinherited* [Jesús y los desheredados], el gran teólogo negro Howard Thurman, que tenía mucho por qué enojarse, escribió que "Jesús rechazó el odio porque vio que el odio significaba muerte para la mente, muerte para el espíritu y muerte para la comunión con su Padre. Afirmó la vida; y el odio fue la gran negación".[13]

El tercer problema de nuestros modelos defensivos —cualquier modelo defensivo— es que tienden a quedar obsoletos. Las lecciones que aprendimos sobre cómo sobrevivir a la niñez a menudo se vuelven obsoletas cuando llegamos a la edad adulta. Pero seguimos viendo el mundo a través de estos viejos modelos; nuestras acciones todavía están guiadas por nuestros viejos modelos. Esto se llama "ceguera conceptual"[14] y explica por qué las personas muy inteligentes a veces pueden hacer cosas tremendamente estúpidas. Pensemos, por ejemplo, en aquellos generales de la Primera Guerra Mundial. Fueron educados como cadetes en la era de las cargas de caballería y construyeron modelos de guerra que eran apropiados en la era de los caballos y los rifles. Pero décadas más tarde, después de convertirse en generales, se encontraron liderando tropas en la era de las ametralladoras. Sólo que no habían actualizado sus modelos. Año tras año enviaron a millones de hombres a cargar directamente contra los reductos de ametralladoras y morir porque no podían ver que sus modelos eran obsoletos. Fue una matanza masiva. La ceguera conceptual le puede pasar a cualquiera.

⌒

En algún momento de su vida la mayoría de las personas se dan cuenta de que algunos de sus modelos ya no funcionan. Las defensas que construyeron en la infancia los están limitando en la edad adulta. La persona evitativa quiere volverse más apegada. La persona con un esquema de no merecimiento quiere sentir todo su valor. La persona hiperreactiva se da cuenta de que una vida de lucha constante sólo le traerá la ruina a ella misma y a sus seres queridos. Este momento suele surgir como una crisis. Una persona, debido a su propio comportamiento estúpido, rompió un matrimonio, fue despedida de su trabajo, perdió a un amigo, lastimó a sus hijos, sufrió una humillación pública. Su mundo se ha derrumbado.

En teoría, debería ser posible repararlo por sí mismo. En teoría, debería ser posible comprenderse a uno mismo, en especial las partes profundas y rotas de uno mismo, a través de la introspección. Pero la investigación muestra con claridad que la introspección está sobrevalorada.

Esto se debe en parte a que lo que sucede en tu mente no sólo es más complicado de lo que entiendes, sino que es más complicado de lo que puedes entender. Tu mente oculta la mayor parte de tus pensamientos para que puedas seguir con tu vida. Además, estás demasiado cerca de ti mismo. No puedes ver los modelos que usas para percibir el mundo porque estás viendo con ellos. Finalmente, cuando las personas intentan verse a sí mismas por sí mismas, tienden a desviarse en una de dos direcciones inútiles. A veces se conforman con la visión fácil. Se dicen a sí mismas que acaban de tener una gran epifanía. En realidad no han hecho más que inventar una historia imaginaria que les ayudará a sentirse bien consigo mismas. O bien caen en una espiral de rumia. Vuelven a visitar los mismos defectos y experiencias traumáticas una y otra vez, reforzando sus malos hábitos mentales y sintiéndose miserables.

La introspección no es la mejor manera de reparar tus modelos; la comunicación sí lo es. Las personas adultas que intentan lidiar con los legados de sus heridas de infancia necesitan amigos que las impulsen a ver su situación con precisión. Necesitan amigos que puedan ofrecerles la visión exterior de ellas, la que no pueden ver desde dentro. Necesitan amigos que les recuerden: "La parte más importante de tu vida está delante de ti, no detrás de ti. Estoy orgulloso de conocerte y orgulloso de todo lo que has logrado y lograrás". Necesitan personas que practiquen la empatía.

Ahí es donde entramos tú y yo. La empatía está involucrada en cada etapa del proceso de conocer a una persona. Pero es especialmente necesaria cuando acompañamos a alguien que está luchando con sus heridas. El problema es que mucha gente no sabe qué es en realidad la empatía. Piensan que es una emoción fácil: abres tu corazón y experimentas una efusión de sentimiento de compañerismo con otra persona. Según esta definición, la empatía se antoja simple, natural y automática: yo la siento por ti.

Pero eso no es del todo correcto. La empatía es un conjunto de habilidades sociales y emocionales. Esas habilidades son un poco como las aptitudes atléticas: algunas personas tienen más talento natural para la empatía que otras; todo el mundo mejora con el entrenamiento.

La empatía consta de al menos tres habilidades relacionadas. Primero está la habilidad de *reflejar*. Éste es el acto de captar con precisión la emoción de la persona que tienes delante.

Cada segundo que estás despierto, las personas que te rodean experimentan emociones, que a veces son sutiles y otras abrumadoras. Nuestras emociones llegan en un flujo continuo, no como eventos discretos. Encontramos algo (tal vez el aroma de un *croissant* o el sonido de un portazo) y cubrimos ese encuentro con un sentimiento, alguna evaluación que es positiva o negativa de alguna manera. Cada experiencia se reviste de una emoción.

Este proceso de creación de emociones comienza en lo profundo del cuerpo. Mientras las personas que te rodean viven su vida, su corazón, sus pulmones, sus hormonas, sus glándulas endocrinas, su páncreas, su sistema inmunitario, sus músculos y sus intestinos están en constante movimiento, dependiendo de la situación en la que se encuentren. Aunque recientemente se ha prestado atención a las neuronas en el cráneo, las neuronas de nuestro cuerpo contribuyen a algunos de los pensamientos más importantes que tenemos. La información sobre estos estados corporales básicos se envía al cerebro a través del sistema nervioso autónomo, que recorre el cuerpo hasta la cabeza.

El cerebro, que está a cargo de regular el presupuesto corporal (cuánta energía necesitan las distintas partes del cuerpo en un momento dado), monitorea el cuerpo y reconoce diferentes estados físicos. Digamos que el cerebro percibe un ritmo cardiaco más rápido, que las pupilas se dilatan, los músculos se tensan, la respiración se acelera, la presión arterial aumenta y se liberan hormonas del estrés. Tu mente observa todo esto y trata de discernir qué concepto emocional aplicar a este estado corporal. "¿Es esto tristeza?" No. "¿Es esto ira?" No exactamente. "¡Oh, esto es miedo!"

Históricamente las emociones han tenido mala fama. Se ha pensado que son fuerzas primitivas que te arrastran y te llevan por mal camino. A lo largo de los siglos muchos filósofos han asumido que la razón está separada de las emociones: la razón es el auriga sereno y prudencial, y las emociones son los sementales difíciles de controlar.

Nada de eso es cierto. Las emociones contienen información.[15] A menos que estén fuera de control, las emociones son facultades mentales flexibles que te ayudan a dirigirte en la vida. Las emociones asignan valor a las cosas; te dicen lo que quieres y lo que no quieres. Siento amor por esta persona y quiero acercarme a ella; siento desprecio por esa persona y quiero evitarla. Las emociones te ayudan a adaptarte a diferentes situaciones. Te encuentras en una situación amenazante y sientes ansiedad. Este estado emocional altera tu forma de pensar, por lo que identificas rápido el peligro. Las emociones también te dicen si estás avanzando hacia tus metas o alejándote de ellas. Si quiero conocerte, es moderadamente importante que sepa lo que piensas, pero es muy importante que tenga alguna idea de cómo fluye lo que sientes.

El cuerpo es el punto de origen de las emociones, y el cuerpo comunica emociones. La cara tiene más de 40 músculos, en especial alrededor de la boca y los ojos. Los labios pueden producir la sonrisa cruel que usan los sádicos, la sonrisa de "te miro y no te veo" que la gente educada adopta cuando alguien da un paso en falso, la sonrisa de placer de verte que ilumina el día entero de otra persona. Cuando miras a alguien a los ojos, puedes ver ojos coquetos, ojos vidriosos, ojos enloquecidos, ojos frenéticos, ojos lejanos, ojos tristes y mucho más. El cuerpo también cuenta la historia del corazón: la postura caída de los sentimientos heridos, congelarse para mostrar miedo, retorcerse de ansiedad, enrojecer de ira.

Una persona que es buena reflejando es rápida para experimentar las emociones de la persona que tiene delante, es rápida para recrear en su propio cuerpo las emociones que la otra persona tiene en el de ella.[16] Una persona que es buena reflejando sonríe ante las sonrisas, bosteza frente a los bostezos y le frunce el ceño al ceño fruncido. Inconscientemente sintoniza sus patrones de respiración, frecuencia cardiaca, velocidad del habla, postura y gestos e incluso sus niveles de vocabulario. Lo hace porque una buena manera de comprender lo que otra persona siente en su cuerpo es vivirlo uno mismo en su propio cuerpo, al menos hasta cierto punto. Las personas que reciben inyecciones de Botox y no pueden fruncir el ceño son menos capaces de percibir la preocupación de otra persona porque no pueden recrearla físicamente.

Las personas que son buenas reflejando también tienen lo que Lisa Feldman Barrett, neurocientífica de la Universidad Northeastern, llama alta "percepción de detalle emocional",[17] la capacidad de distinguir con precisión entre diferentes estados emocionales.

Algunas personas no son buenas para reconocer emociones. Tienen baja percepción de detalle emocional. Estas personas tienen sólo unos pocos conceptos emocionales en la cabeza. Muchos niños pequeños usan las palabras *triste, enojado* y *asustado* indistintamente porque aún no han aprendido a distinguir entre estos estados. Les gritan "te odio" a sus madres porque no han aprendido a diferenciar la ira del odio. Muchos de los sujetos adultos de la investigación de Barrett son incapaces de distinguir entre "ansiosos" y "deprimidos".[18] Estar ansioso es estar nervioso, mientras que estar deprimido significa sentirse lento, pero estos sujetos carecían de la conciencia de detalle conceptual para poder distinguir entre estos dos estados tan diferentes.

Las personas que son buenas reflejando, por el contrario, tienen una gran conciencia de detalle emocional y experimentan el mundo de maneras ricas y flexibles. Pueden distinguir entre emociones similares, como ira, frustración, presión, estrés, ansiedad, angustia e irritación.[19] Estas personas han educado sus emociones leyendo literatura, escuchando música y reflexionando sobre sus relaciones. Están en sintonía con su cuerpo y se han vuelto expertas en leerlo, por lo que tienen un amplio repertorio emocional al que recurrir para describir el transcurso de la vida. Se han convertido en expertas en emociones. Es como ser un pintor con más colores en la paleta.

La segunda habilidad de la empatía no es reflejar sino *mentalizar*. La mayoría de los primates puede reflejar las emociones de otros primates, al menos hasta cierto punto. Sólo los humanos pueden entender *por qué* están experimentando lo que están experimentando.[20] Hacemos esto confiando en nuestra propia experiencia y memoria. Como ocurre con todos los modos de percepción, preguntamos: "¿A qué se parece esto?". Cuando veo lo que está experimentando un amigo, vuelvo a un momento de mi vida en el que experimenté algo así. Hago predicciones sobre lo que está pasando mi amigo en función de lo que yo tuve que pasar. Esto es lo que el filósofo y economista del siglo xviii Adam Smith llamó proféticamente empatía "proyectiva": el acto de proyectar mis recuerdos sobre tu situación. Al hacer esto, alcanzamos un nivel más alto de empatía. No vemos "mujer llorando". Vemos "una mujer que ha sufrido un revés profesional y una humillación pública". He pasado por una versión de eso y puedo proyectar algo de lo que sentí en ella.

Cuando se practica bien, esta habilidad de mentalización nos ayuda a ver los estados emocionales en toda su complejidad. Las personas por lo común tienen múltiples emociones a la vez. Si te veo en tu primer día de trabajo, puedo notar tu entusiasmo por comenzar este nuevo capítulo en tu vida, tu timidez frente a toda esta gente nueva, tu ansiedad de que tal vez aún no estés a la altura de las tareas que te esperan. Recuerdo mis primeros días en un nuevo trabajo, por lo que puedo predecir las emociones contradictorias que fluyen a través de ti.

Mentalizar también nos ayuda a simpatizar con una persona y, al mismo tiempo, a distanciarnos para emitir juicios sobre ella. Es posible que me sienta realmente mal porque te sientes miserable porque alguien rayó tu Mercedes. También puedo pensar que estás reaccionando de forma infantil porque gran parte de tu identidad está contenida en tu coche.

La tercera habilidad de la empatía es la *preocupación*. Los estafadores son muy buenos para leer las emociones de las personas, pero no los llamamos empáticos porque no tienen una preocupación genuina por las personas a las que leen. Los niños son muy buenos para la angustia empática (sentir lo que uno siente), pero no son tan buenos para la preocupación empática: saber qué hacer al respecto. Estás llorando porque tuviste un mal día en el trabajo, entonces te dan una bandita adhesiva, lo cual es dulce pero no lo que te gustaría que hiciera un adulto.

Si mentalizar es proyectar mis experiencias en ti, preocuparse implica salir de mis experiencias y comprender que lo que tú necesitas puede ser muy diferente de lo que yo necesitaría en esa situación. Esto es duro. El mundo está lleno de gente agradable; hay muchos menos que son efectivamente amables.

Digamos que estoy con alguien que está sufriendo un ataque de ansiedad. Preocuparme no es necesariamente ofrecer lo que yo querría en esa situación: una copa de vino. La preocupación comienza con la conciencia de que la otra persona tiene una conciencia diferente a la mía. Quizá quiera que le tome la mano mientras hace ejercicios de respiración. Eso me resultará por completo incómodo, pero lo haré porque quiero practicar la empatía efectiva.

De manera similar, cuando escribo una nota de agradecimiento, mi instinto egoísta es escribir una nota sobre todas las formas en que voy a utilizar el regalo que me acabas de dar. Pero si quiero ser una persona empática, necesito salir de mi perspectiva y entrar en la tuya. Voy a escribir sobre *tus intenciones*: los impulsos que *te llevaron* a pensar que este regalo es adecuado para mí y el proceso de pensamiento que *te impulsó* a comprarlo.

Cuando conoces a alguien con cáncer, sientes empatía al decirle cuánto lo sientes, pero mi amiga Kate Bowler, que en realidad tiene cáncer, dice que las personas que muestran mayor empatía son aquellas "que te abrazan y te hacen magníficos cumplidos que no sientes como una elegía. Personas que te hacen obsequios no temáticos sobre el cáncer. Personas que sólo quieren deleitarte, no intentar arreglarte las cosas, y que te hacen darte cuenta de que es sólo otro hermoso día y que normalmente hay algo divertido que hacer".[21] Así es como se ve la preocupación.

Las personas se diferencian mucho en su capacidad para proyectar empatía. El psicólogo Simon Baron-Cohen, uno de los principales estudiosos en este campo, sostiene que existe un espectro de empatía y que las personas tienden a caer dentro de una de siete categorías, dependiendo de su herencia genética, de la forma en que la vida las ha tratado y de lo duro que han trabajado para volverse empáticas. En el nivel cero, las personas pueden herir o incluso matar a otros sin sentir nada en absoluto. En el nivel uno, las personas pueden mostrar cierto grado de empatía, pero no lo suficiente como para frenar su cruel comportamiento. Explotan a los demás y causan daño emocional sin restringirse. En el nivel dos la gente simplemente no tiene ni idea. Dicen cosas groseras e hirientes sin darse cuenta. Invaden el espacio personal de otras personas y pasan por alto señales sociales en formas que hacen que los demás se sientan incómodos. En el nivel tres, las personas evitan los encuentros sociales cuando es posible porque les resulta muy difícil. Las conversaciones triviales son agotadoras e impredecibles. En el nivel cuatro, las personas pueden interactuar con facilidad con los demás, pero no les gusta cuando la conversación gira hacia temas emocionales o personales. Las personas en el nivel cinco tienen muchas amistades íntimas y se sienten cómodas expresando apoyo y compasión. En el nivel seis tenemos personas que saben escuchar de maravilla, son intuitivas acerca de las necesidades de los demás y se sienten cómodas y eficaces a la hora de ofrecer consuelo y apoyo.

He aprendido mucho del trabajo de Baron-Cohen, pero creo que su curva de empatía está fuera de lugar. Pone mucho énfasis en las personas con déficit de empatía, tal vez porque ésas son las personas que estudia. Pero encuentro que la gran mayoría de las personas con las que me encuentro son empáticas hasta cierto punto significativo y se ubicarían en cuatro, cinco o incluso seis en su escala. En la mayoría de los encuentros sociales, incluso con el cajero al salir del supermercado, la empatía está presente.

Uno puede medir su nivel de empatía disposicional observando qué tan de acuerdo o en desacuerdo está con las siguientes afirmaciones:

Me resulta difícil saber qué hacer en situaciones sociales.

No me molesta demasiado si llego tarde a encontrarme con un amigo.

La gente a menudo me dice que fui demasiado lejos al exponer mi punto de vista en una discusión.

El conflicto interpersonal, incluso cuando no me involucra, me resulta físicamente doloroso.

A menudo imito gestos, acentos y lenguaje corporal sin querer.

Cuando cometo una pifia social, me siento demasiado perturbado.

La coincidencia con las tres primeras de estas afirmaciones, tomadas de Baron-Cohen, es señal de que tienes poca capacidad de empatía. La coincidencia con las tres últimas, tomadas de *The Art of Empathy* [El arte de la empatía] de Karla McLaren, son signos de gran empatía.[22]

Los poco empáticos pueden ser criaturas crueles y lamentables.[23] Carol era una mujer de 39 años que Baron-Cohen conoció en su centro de diagnóstico. Carol tenía tanta arquitectura defensiva que era como una fortaleza medieval con forma humana. Albergaba una gran reserva de odio hacia sus padres, quienes sentía que la habían maltratado. También explotaba contra cualquiera que creyera que le estaba faltando al respeto. Si sus hijos no hacían enseguida lo que ella quería, estallaba de rabia: "¿Cómo se atreven a tratarme con tal falta de respeto? ¡Pueden irse a la mierda! ¡Los odio! No quiero volver a verlos. Son unos bastardos malvados y egoístas. ¡Los odio! ¡Me voy a suicidar! ¡Y espero que estén felices sabiendo que me obligaron a hacerlo!".

Después de este tipo de diatriba, ella salía furiosa de la casa, se sentía mejor al instante y pasaba una velada por completo agradable con sus amigos mientras dejaba a sus hijos lidiar con el desastre emocional en casa. Carol era simplemente incapaz de comprender el efecto que tenía en los demás. En su universo mental, observa Baron-Cohen, sus propias necesidades eran primordiales y las necesidades de otras personas tan sólo no estaban en su radar. También era mala interpretando las expresiones faciales o los gestos de otras personas. Si alguien en la misma habitación permanecía en silencio durante unos minutos, preocupado por algo, ella interpretaba ese silencio como agresión y se lanzaba al ataque con saña. Tenía pocos amigos, pero trataba a los que tenía de la misma manera fría/ caliente.

Carol tiene un trastorno límite de la personalidad. Los *borderlines* constituyen alrededor de 2 por ciento de la población general y 15 por ciento de los que están en terapia.[24] Los *borderlines* se enfurecen contra aquellos a quienes aman. Tienen un miedo constante al abandono y son impulsivos y autodestructivos.[25] Entre 40 y 70 por ciento de los *borderlines* tienen un historial de abuso sexual cuando eran niños. La propia Carol tuvo una madre fría que dejó de amamantarla después de una semana, se abstuvo de cualquier cosa que pudiera llamarse cuidados maternos y la golpeaba cuando se portaba mal. Carol empezó a tener relaciones sexuales a los 14 años, en un esfuerzo por encontrar el amor, y empezó a cortarse a los 18. Incluso como madre y adulta, dejó a su familia muchas noches para salir a discotecas. Como dice Baron-Cohen: "Ella no quiere oír hablar de los problemas de los demás. Lo único que le importa es ella misma".[26] Hay una avaricia triste y trágica en esas personas; están atrapadas en un desesperado vórtice de miseria.

Las personas muy empáticas, por otro lado, disfrutan de relaciones más profundas, exhiben un comportamiento más caritativo hacia quienes las rodean y, según algunos estudios, muestran mayores grados de inconformidad y confianza social en sí mismas.[27] Las personas muy empáticas pueden desarrollar habilidades sociales de primer nivel, como saber qué niño necesita amabilidad cuando se porta mal y cuál niño necesita severidad, comprender qué compañeros de trabajo necesitan que se les diga de manera directa lo que están haciendo mal y cuáles necesitan ayuda para llegar ellos mismos a esa conciencia.

Los muy empáticos son inusualmente conscientes de las sutilezas de cualquier situación: olores, sabores, temblores emocionales. La novelista Pearl Buck argumentó que los artistas son personas que tienden a ser en extremo sensibles a cualquier estímulo emocional:

La mente de verdad creativa en cualquier campo no es más que esto: una criatura humana nacida de manera anormal e inhumanamente sensible. Para ellos, un toque es un golpe, un sonido es un ruido, una desventura es una tragedia, una alegría es un éxtasis, un amigo es un amante, un amante es un dios y el fracaso es la muerte. Añádase a este organismo cruelmente delicado la abrumadora necesidad de crear, crear, crear [...] Por alguna extraña urgencia interior desconocida, no está realmente vivo a menos que esté creando.

Confieso que esto suena un poco agotador y también un poco inspirador. Tengo una amiga que es muy empática precisamente en este sentido. Lo siente todo. A menudo tiene que tomarse unos días alejada de la gente para poder descansar y recuperarse. Pero también es una de las personas que conozco que se preocupan con más eficacia. Puede sentir los sutiles temblores emocionales que reverberan en una habitación, puede localizar a la persona que se siente molesta y excluida. Se identifica con esa persona de una manera convincente y hermosa. Hace que la gente se sienta vista.

Como dije, todos nacemos con disposiciones empáticas innatas, de la misma manera que nacemos con talentos atléticos innatos. Pero también podemos mejorar con el entrenamiento. Aquí hay algunas prácticas que pueden ayudarte a desarrollar tus habilidades de empatía:

TEORÍA DEL CONTACTO. Hace décadas, el psicólogo Gordon Allport se basó en el punto obvio de que es difícil odiar a las personas de cerca. Descubrió que reunir a grupos hostiles de verdad aumenta la empatía en cada grupo. Pero la dinámica del grupo debe estructurarse de manera correcta. Ayuda, por ejemplo, poner a las personas en un círculo para demostrar que todos los miembros del grupo son iguales a los demás. Ayuda darle al grupo un enfoque compartido y una meta común, de modo que desde el principio estén trabajando para construir algo juntos. Una comunidad es un grupo de personas con un proyecto común.

DIBÚJALO CON LOS OJOS CERRADOS. Las personas se vuelven más empáticas cuando se toman el tiempo de observar de cerca a las personas que las rodean. Descubrí que los actores son particularmente buenos para esto. Viola Davis, entrevistada sobre cómo se prepara para un papel, respondió alguna vez:

> Los actores caminamos por la vida de manera tan diferente porque tenemos que ser observadores. Siempre digo que eres un observador y un ladrón, que estás constantemente viendo los detalles de todo. La forma en que alguien agacha la cabeza si dices una determinada palabra. Y piensas: "¿Por qué hizo eso?, ¿es algo que está en su pasado?, ¿padeció un trauma?, ¿no le gustó?". Tan sólo está sentado en la parada del autobús, pero miras lo que come y cómo lo come. ¿Ves cómo sonrió?, ¿viste cómo no lo hizo?[28]

El actor Paul Giamatti describió cómo llegó a interpretar el papel de John Adams para la miniserie de HBO de 2008.[29] Durante su investigación, encontró una lista de los problemas de salud de Adams. Se dio cuenta de que Adams estaba plagado de enfermedades reales e hipocondriacas. Comenzó a verlo como un hombre perpetuamente dispéptico debido a problemas digestivos, dolores de muelas, dolores de cabeza y más. Así fue como construyó el papel.

El actor Matthew McConaughey me dijo un día que él busca algún pequeño gesto en un personaje que pueda ofrecer una visión de toda su personalidad. Un personaje podría ser del tipo que "mantiene las manos en los bolsillos delanteros". Pasa por la vida encorvado, encerrado. Cuando saca las manos de los bolsillos y trata de afirmarse se muestra antinatural, inseguro y demasiado agresivo. McConaughey también intenta ver cómo se presenta cada situación para su personaje. Un asesino no piensa: "Soy un asesino". Está pensando: "Estoy aquí para restaurar el orden". Un buen actor, al igual que un buen empático, tiene que comprender las historias que el personaje se cuenta a sí mismo.

Si de verdad deseas que tus hijos sean más empáticos, acércalos al programa de teatro de su escuela. Interpretar a otro personaje es una manera poderosa de ampliar tu repertorio de perspectivas.

LITERATURA. Los investigadores han descubierto que las personas que leen son más empáticas.[30] Los libros de género basados en una trama (*thrillers* e historias de detectives) no parecen aumentar las habilidades de empatía. Pero leer biografías o novelas y obras de teatro complejas basadas en personajes como *Beloved** o *Macbeth*, en las que el lector queda atrapado en la cambiante vida emocional de los personajes, sí tiene ese efecto.

---

* *Beloved*, novela de Toni Morrison (1987), ganadora del premio Pulitzer. (*N. del E.*)

DETECCIÓN DE EMOCIONES. El estudioso de las emociones Marc Brackett ha desarrollado una herramienta para mejorar la conciencia de detalle emocional de una persona, algo que él llama el "medidor del estado de ánimo".[31] Se basa en la idea de que las emociones tienen dos dimensiones centrales: energía y capacidad de agrado. Así que construyó un gráfico con cuatro cuadrantes. El cuadrante superior derecho contiene emociones muy agradables y llenas de energía: felicidad, alegría, regocijo. El cuadrante inferior derecho contiene emociones que son muy agradables pero de poca energía: satisfacción, serenidad, tranquilidad. La parte superior izquierda contiene emociones poco agradables pero muy energéticas: ira, frustración, miedo. La parte inferior izquierda contiene emociones de poca energía y poco agradables: tristeza, apatía.

El medidor del estado de ánimo es un mapa de las emociones humanas. En cualquier momento puedes hacer una pausa, averiguar dónde está tu estado de ánimo en el mapa e intentar asignarle una etiqueta. Este ejercicio, señala Brackett, da a las personas "permiso para sentir", permiso para elegir no reprimir sus emociones sino reconocerlas e investigarlas. Brackett explica que cuando se pregunta a las personas en público dónde se encuentran en el medidor de estado de ánimo, casi todas dirán que tienen emociones positivas. Cuando se pregunta a las personas en encuestas confidenciales dónde están, entre 60 y 70 por ciento se ubicarán en el lado de las emociones negativas del medidor del estado de ánimo.[32] Ese resultado es inquietante, porque sugiere que muchas de las personas que uno conoce, que parecen estar bien en la superficie, en realidad están sufriendo por dentro.

Simplemente haciendo una pausa de vez en cuando para seguir su estado emocional con el medidor de estado de ánimo, uno puede aprender, por ejemplo, a discernir la diferencia entre ansiedad (preocuparse por la incertidumbre futura) y presión (preocuparse por su desempeño en alguna tarea). Brackett ha llevado su técnica a las escuelas y ha guiado a las personas a través de su plan de estudios RULER, en el que les enseña un conjunto de habilidades emocionales: cómo reconocer (Recognize), comprender (Understand), etiquetar (Label), expresar (Express) y regular (Regulate). La técnica de Brackett es una manera muy poderosa de mejorar la conciencia emocional y la regulación emocional, tanto de niños como de adultos. Hace poco tiempo, por ejemplo, Brackett y su equipo desarrollaron formas de medir la inteligencia emocional de los supervisores en varios lugares de trabajo.[33] Descubrieron que los empleados cuyos supervisores obtienen puntuaciones bajas en inteligencia emocional dicen que se sienten inspirados alrededor de 25 por ciento del tiempo, mientras que los empleados cuyos supervisores obtienen puntuaciones altas en inteligencia emocional se sienten inspirados alrededor de 75 por ciento de las veces. En otras palabras, las personas que son buenas reconociendo y expresando emociones tienen un efecto enorme en quienes las rodean.

SUFRIMIENTO. Como observó una vez Montaigne, se puede ser conocedor gracias al conocimiento de otros hombres, pero no se puede ser sabio con la sabiduría de otros hombres. Hay ciertas cosas que tan sólo se tienen que vivir para poder comprenderlas. Por eso, otra forma de volvernos más empáticos es simplemente vivir y soportar las adversidades que la vida por lo común trae consigo. Las personas que han sobrevivido a desastres naturales, por ejemplo, tienen más probabilidad de ayudar a las personas sin hogar. Las personas que han sobrevivido a las guerras civiles donan más a la caridad. Aquellos que sacan provecho de los episodios difíciles de la vida salen diferentes.

La mayoría de las personas de verdad empáticas que conozco han pasado por momentos difíciles, pero no se han sentido destrozadas por ellos. No endurecieron su arquitectura defensiva para protegerse de la vida. En cambio, de manera paradójica y heroica, se despojaron de su arquitectura defensiva. Se hicieron más vulnerables y más abiertas a la vida. Son capaces de utilizar sus propios momentos de sufrimiento para comprender y conectarse con los demás. Hay una historia que una vez contó el rabino Elliot Kukla que ilustra cómo las personas muy empáticas acompañan a los demás. Kukla conocía a una mujer que, debido a una lesión cerebral, a veces caía al suelo. La gente se apresuraba a ayudarla a incorporarse de inmediato. Ella le dijo a Kukla: "Creo que las personas se apresuran a ayudarme a levantarme porque se sienten muy incómodas al ver a un adulto tirado en el suelo. Pero lo que realmente necesito es que alguien se tire al suelo conmigo".[34] A veces sólo necesitas tirarte al suelo con alguien.

A lo largo de este capítulo he intentado enfatizar cómo son las emociones físicas, que volverse más empático no es una empresa intelectual; es entrenar tu cuerpo para responder de manera abierta e interactiva. Para recuperarse de traumas dolorosos, las personas necesitan vivir experiencias que contradicen lo que les sucedió antes en su vida. Alguien que ha sido abusado tiene que experimentar una intimidad segura. Alguien que ha sido abandonado tiene que conocer a alguien más que permanezca. Éste es el tipo de conocimiento y aprendizaje que se lleva a cabo a nivel celular. El cerebro racional es incapaz de convencer al cuerpo emocional de que abandone su propia realidad, por lo que el cuerpo tiene que experimentar una realidad diferente de primera mano.

Las personas empáticas pueden brindar ese tipo de presencia física. En nuestras conversaciones, Martha Welch, médica e investigadora de la Universidad de Columbia, ha enfatizado el poder de la "corregulación". Cuando dos personas están cerca una de la otra y confían la una en la otra, puede que tan sólo platiquen mientras toman un café o que se abracen, pero algo se comunica de cuerpo a cuerpo. Calman físicamente las vísceras del otro, comodulan el ritmo cardiaco del otro para producir un "calmante cardiaco" y producen lo que ella llama "tono vagal alto": un estado integral que ocurre cuando el intestino y las entrañas se sienten seguros y serenos.

Con el tiempo, una persona que disfruta de un tono vagal alto comenzará a ver y construir el mundo de manera diferente. Lo digo también literalmente. Como escribe la neurocientífica Lisa Feldman Barrett en su libro *How Emotions Are Made* [Cómo se hacen las emociones]: "Puedes pensar que en la vida cotidiana las cosas que ves y oyes influyen en lo que sientes, pero en general es al revés: lo que sientes altera tu vista y tu audición".[35] Las personas que tienen miedo perciben una escena de manera diferente.[36] Nuestros oídos, por ejemplo, se ajustan de inmediato para centrarse en las frecuencias altas y bajas (un grito o un gruñido) en lugar de las frecuencias medias, que incluyen el habla humana normal. La ansiedad estrecha nuestra atención y disminuye nuestra visión periférica. Un sentimiento de felicidad, por el contrario, amplía nuestra visión periférica. Una persona que se siente segura gracias a la presencia confiable y empática de los demás verá el mundo como un lugar más amplio, más abierto y más feliz.

Las personas que practican la empatía efectiva han sufrido en formas que les dan comprensión y credibilidad. El dramaturgo Thornton Wilder describió una vez la presencia convincente que una persona así trae al mundo: "Sin tu herida, ¿dónde estaría tu poder? Es tu mismo remordimiento el que hace que tu débil voz tiemble en el corazón de los hombres. Los propios ángeles no pueden persuadir a las desdichadas y confundidas criaturas de la tierra como puede hacerlo un ser humano destrozado por las ruedas de la vida. En el servicio del amor sólo pueden servir los soldados heridos".

¿Cómo te moldearon tus sufrimientos?

Bob, el marido de Barbara Lazear Ascher, dio la noticia de la manera más directa posible. "Parece ser cáncer de páncreas", le dijo con total naturalidad después de que llegaron los resultados de sus pruebas. Los médicos dijeron que le quedaban tres meses de vida.

Ella y sus amigos le dieron una maravillosa despedida. Tenían noches de fiestas temáticas: una noche rusa con caviar y vodka, una noche hawaiana con faldas de paja y collares perfumados con jazmín. Leían poesía y mantenían largas conversaciones. "Tener un arma apuntándonos a la cabeza nos inspiró a convertirnos en nuestra mejor versión de nosotros mismos, la más abierta, la más honesta y la más valiente", escribe Lazear Ascher en sus memorias *Ghosting*.[1] Al final, su vida en común se redujo a lo esencial. "Hubo muchos momentos en los que nos sentimos bendecidos. Era como si una muerte segura nos hubiera concedido una vida extra". Cuando Bob se enfermó gravemente, Barbara lo llevó del hospital a casa para que sus últimos días fueran más humanos. Lo colmó de amor y atención. "Morir fue algo íntimo y encontré una cercanía —escribe Ascher—. Pensábamos como una sola persona, unidos en el proceso de esta larga despedida."[2]

La muerte fue dura, pero el duelo después de su muerte fue más difícil. Luego del funeral y el velorio, se quedó sola en el enorme silencio de su departamento. Ella describe sentir que "un viento comenzó a soplar a través del vacío de mi yo vacío".[3] Un día, una vecina cuyo marido había muerto cinco años antes le gritó al cruzarse con ella en la calle en direcciones opuestas: "Creerás que estás cuerda, pero no lo estás". Al poco tiempo estaba gritándoles a los empleados de CVS porque sonaba "I'll Be Home for Christmas" ("Estaré en mi casa esta Navidad") en el sistema de sonido... y su marido no lo estaría. Empezó a tener miedo del baño, de la música y de los sábados por la noche. Empezó a regalar sus cosas y luego se arrepentía. Tenía visiones en que veía a Bob en la calle.

C. S. Lewis observó alguna vez que el duelo no es un estado, sino un proceso. Es un río que corre a través de un largo valle, y a cada paso se revela un nuevo paisaje, y sin embargo de alguna manera se repite y se repite. Los periodos de pena y sufrimiento a menudo hacen añicos nuestras suposiciones básicas sobre quiénes somos y cómo funciona la vida. Tendemos a pensar que el mundo es benevolente, que la vida es controlable, que se supone que las cosas tienen sentido, que básicamente somos buenas personas que merecemos cosas buenas. El sufrimiento y la pérdida pueden hacer que todo eso se haga añicos.

"El trauma desafía nuestro sistema global de significado", escribe Stephen Joseph en *What Doesn't Kill Us* [Lo que no nos mata]. "Nos confronta con las verdades existenciales sobre la vida que chocan con este sistema. Cuanto más tratamos de aferrarnos a nuestro mundo supuesto, más atrapados estamos en la negación de tales verdades."[4]

Las personas que sufren daños permanentes por un trauma buscan *asimilar* lo que sucedió en sus modelos existentes.[5] Las personas que crecen intentan *adaptarse* a lo sucedido para crear *nuevos* modelos. La persona que asimila dice: Sobreviví al cáncer de cerebro y voy a seguir avanzando. La persona que se adapta dice: No, esto cambia quien soy... Soy un sobreviviente de cáncer... Esto cambia cómo quiero pasar mis días. El acto de rehacer nuestros modelos implica reconsiderar los fundamentos: ¿de qué manera el mundo es seguro e inseguro? ¿A veces me pasan cosas que no merezco? ¿Quién soy? ¿Cuál es mi lugar en el mundo? ¿Cuál es mi historia? ¿A dónde quiero ir realmente? ¿Qué clase de Dios permite que esto suceda?

El acto de rehacer nuestros modelos es difícil. No todo el mundo lo hace con éxito. Cuando Joseph encuestó a personas que habían sufrido atentados con bombas en trenes y otros ataques terroristas, encontró que 46 por ciento reportaba que su visión de la vida había cambiado para peor, y 43 por ciento decía que su visión de la vida había cambiado para mejor.[6] El viaje de reconsideración y reforma con frecuencia implica emprender lo que Stephen Cope, siguiendo las enseñanzas de Carl Jung, llama "el viaje nocturno por el mar", adentrarse en las partes de uno mismo que están "separadas, repudiadas, desconocidas, no deseadas, expulsadas".

Para conocer bien a una persona es necesario saber quién era antes de sufrir sus pérdidas y cómo rehízo toda su perspectiva después de ellas. Si un subtexto de este libro es que la experiencia no es lo que te sucede, es lo que haces con lo que te sucede, entonces una de las lecciones siguientes es que para conocer a alguien que ha sufrido hay que saber cómo ha procesado su pérdida: ¿emergió más sabio, más amable y más fuerte, o destrozado, estancado y asustado? Para ser un buen amigo y una buena persona hay que saber acompañar a alguien en este proceso.

~

En 1936, cuando Frederick Buechner tenía 10 años, se despertó un día de otoño al amanecer. Él y su hermano, que tenía ocho años, estaban emocionados porque sus padres los iban a llevar a un partido de futbol. El juego no era lo que les entusiasmaba; era pensar en toda la familia, la abuela incluida, saliendo de excursión, con golosinas, diversión y aventuras. Todavía era demasiado temprano para levantarse, así que los niños se quedaron en la cama. En un momento, la puerta se abrió y su padre los miró. Años después, ninguno de los hermanos recordaba si su padre les dijo algo. Parecía simplemente una comprobación casual que cualquier padre podría hacer para asegurarse de que todos estuvieran a salvo.

Un rato después escucharon un grito y sonidos de puertas abriéndose y cerrándose. Miraron por la ventana y vieron a su padre tirado en el camino de grava, con su madre y su abuela, descalzas y todavía en camisón, inclinadas sobre él. Cada mujer tenía una de sus piernas en sus manos. Le levantaban las piernas arriba y después las bajaban como si estuvieran accionando dos palancas de una bomba. Cerca de ahí, la puerta del garaje estaba abierta y salía humo azul.

Un automóvil se detuvo con un chirrido al pie del camino de entrada y un médico salió, se agachó sobre su padre y sacudió un poco la cabeza. Su padre se había matado con gas. Les llevó unos días encontrar la nota de suicidio que su padre había garabateado con lápiz en la última página de *Lo que el viento se llevó*. Estaba dirigida a su mamá: "Te adoro y te amo, y no sirvo para nada. Dale a Freddy mi reloj. Dale a Jamie mi broche de perlas. Te doy todo mi amor".

Uno o dos meses después, su madre los trasladó a las Bermudas. Su abuela se opuso a que fueran y les dijo que "se quedaran y afrontaran la realidad". Décadas más tarde, Buechner pensó que había tenido razón y se había equivocado a la vez. Escribió: "La realidad puede ser dura y cerrar los ojos ante ella es bajo tu propio riesgo, porque si no te enfrentas al enemigo con todo su oscuro poder, entonces el enemigo aparecerá por detrás en algún día oscuro y te destruirá mientras miras hacia el otro lado".[7] Por otra parte, les encantaron las Bermudas, y ahí ocurrió algún tipo de sanación.

"Todos creamos nuestras propias realidades en el camino —escribiría más tarde—. La realidad para mí fue ésta. De la muerte de mi padre surgió para mí una vida nueva y, en muchos sentidos, más feliz [...] No puedo decir que el dolor se desvaneció porque en cierto sentido, a diferencia de mi hermano, yo todavía no había sentido ese dolor. Esto no sucedería durante 30 años o más. Pero el duelo fue pospuesto".[8]

Fue un tiempo para el cierre. Un día, aproximadamente un año después del suicidio, Buechner vio a su hermano llorar y le preguntó qué le pasaba. Cuando se dio cuenta de que estaba llorando por su padre, quedó asombrado. Había superado ese dolor hacía mucho tiempo, eso pensaba. Su madre también había hecho un cierre. Buechner no la vio llorar después del suicidio y luego rara vez hablaron de su padre. Podía ser una persona cálida y, a veces, generosa, pero mantenía su corazón cerrado al sufrimiento de los demás y al suyo propio. "La tristeza de la vida de otras personas —recordaba Buechner—, incluso las personas que ella amaba, nunca parecieron tocarla ahí donde vivía."[9]

Décadas más tarde, Buechner llegó a la siguiente conclusión: "El problema de fortalecerse contra la dureza de la realidad es que el mismo acero que protege tu vida contra la destrucción protege también tu vida contra la apertura y la transformación por el poder sagrado del que proviene la vida misma".[10]

Buechner no podía permanecer cerrado permanentemente. Se convirtió en profesor y novelista. Una noche, al principio de su edad adulta, Buechner visitó a su madre en su departamento de Nueva York. Estaban a punto de sentarse a cenar cuando sonó el teléfono. Era para él. Un amigo suyo estaba llorando. Acababa de enterarse de que sus padres y su hermana embarazada habían sufrido un accidente automovilístico y no estaba claro si alguno de ellos sobreviviría. ¿Estaría Buechner dispuesto a ir al aeropuerto para sentarse con él hasta que partiera su avión? Buechner le dijo a su madre que tendría que irse de inmediato. Toda la situación le pareció absurda. ¿Por qué un hombre adulto le pedía a alguien que fuera a sentarse con él? ¿Qué bien podría hacer? ¿Por qué arruinar una velada que ambos habían estado esperando?

Su madre articulaba los pensamientos exactos que acababan de pasar por su cabeza. Pero cuando escuchó a su madre decirlos, reaccionó con repulsión. ¿Cómo puede alguien ser tan insensible, tan apartado del sufrimiento de un amigo? Unos minutos más tarde, su amigo volvió a llamar y le dijo que otro amigo acababa de aceptar ir al aeropuerto, por lo que ya no lo necesitaba. Pero ese episodio conmocionó a Buechner y desencadenó un periplo. Era como si el tiempo, que se había detenido el día que su padre se suicidó, se reiniciara.

La mejor manera de describir lo que siguió sería un viaje de décadas que Buechner emprendió hacia las profundidades de lo que significa ser un humano. "Lo que de repente me atrajo más fue la dimensión de lo que había debajo de la superficie y detrás del rostro. Lo que estaba pasando dentro de mí, detrás de mi propia cara, fue el sujeto al que comencé a intentar acercarme a mi manera imperfecta".[11] Se dio cuenta de que la mayoría de nosotros estamos en un viaje en busca de un yo para ser. Vio que este viaje implicaba inevitablemente enfrentar el dolor y utilizar la experiencia para ayudar a otros a afrontar su propio dolor.

Por supuesto, también fue en busca de su padre.[12] Buechner quería saber cómo había sido para su padre crecer en una familia que, en definitiva, produjo dos suicidios y tres alcohólicos. Cuando Buechner se encontraba con personas que habían conocido a su padre les hacía preguntas sobre cómo era, pero sus respuestas no lo satisfacían: era encantador, guapo y un buen atleta. Nadie podía resolver el misterio elemental: ¿qué demonios acechaban dentro de él y lo llevaron a ese final?

En su madurez, Buechner ya podía llorar lágrimas de verdad por su padre. En su vejez escribió que no pasaba un solo día sin pensar en su papá. Había crecido hasta convertirse en un novelista y escritor de gran compasión, fe y humanidad. Se dio cuenta de que la excavación no es una actividad solitaria. Es compartiendo nuestras penas con los demás y pensando juntos en lo que significan como aprendemos a superar el miedo y a conocernos en el nivel más profundo. "Lo que anhelamos quizá más que cualquier otra cosa es ser conocidos en toda nuestra humanidad y, sin embargo, eso es a menudo lo que también tememos más que cualquier otra cosa", escribió en su libro *Telling Secrets* [Contando secretos]. "Es importante contar al menos de vez en cuando el secreto de quiénes somos verdadera y plenamente [...] porque de lo contrario corremos el riesgo de perder la noción de quiénes somos verdadera y plenamente y poco a poco llegamos a aceptar la versión muy editada que presentamos, con la esperanza de que el mundo la encuentre más aceptable que la realidad. Es importante contar nuestros secretos también porque hace más fácil [...] que otras personas nos cuenten uno o dos secretos propios."

El patrón de Buechner es algo familiar. Una persona recibe un golpe. Hay un periodo en el que el impacto de la pérdida es demasiado grande para afrontarlo. Las emociones están guardadas. La vida interior de la persona se mantiene "en suspenso", como dicen los psicólogos. Pero luego, cuando llega el momento adecuado, la persona se da cuenta de que tiene que lidiar con su pasado. Tiene que excavar todo lo que estaba guardado. Tiene que compartir su experiencia con amigos, lectores o algún público. Sólo entonces podrá pasar a una vida más grande y más profunda.

El escritor David Lodge señaló una vez que 90 por ciento de lo que llamamos escritura es en realidad lectura. Es revisar tu trabajo para que puedas cambiarlo y mejorarlo. La tarea de excavación es así. Es retroceder y retroceder sobre los acontecimientos. El objetivo es intentar crear flexibilidad mental, la capacidad de tener múltiples perspectivas sobre un solo evento. Para encontrar otras formas de ver lo que pasó. Poner la tragedia en el contexto de una historia más amplia. Como dijo una vez Maya Angelou: "Cuanto más sabes de tu historia, más liberado estás".

⌒

¿Cómo funciona este proceso de excavación? ¿Cómo nos ayudamos unos a otros a volver al pasado y reinventar la historia de nuestra vida? Hay ciertos ejercicios que los amigos pueden hacer juntos.

En primer lugar, los amigos pueden hacerse entre sí el tipo de preguntas que ayudan a las personas a ver más profundamente su propia infancia. Los psicólogos recomiendan que le pidas a tu amigo que complete los espacios en blanco de estas dos afirmaciones: "En nuestra familia, lo único que nunca debes hacer es _____" y "En nuestra familia, lo único que debes hacer por encima de todo es _____". Ésa es una manera de ayudar a una persona a ver con más claridad los valores profundos que estaban arraigados en la forma en que fue criada.

En segundo lugar, puedes probar "Ésta es tu vida". Éste es un juego que juegan algunas parejas al final de cada año. Escriben un resumen del año desde el punto de vista de su pareja. Es decir, escriben, en primera persona, qué desafíos enfrentó su pareja y cómo los superó. Leer estos relatos en primera persona de su vida puede ser una experiencia estimulante. Te ves a ti mismo a través de los ojos de quien te ama. Las personas que han sido heridas necesitan alguien en quien confiar para narrar su vida, hacer frente a su propio desprecio por sí mismas y creer lo mejor de sí mismas.

El tercer ejercicio se llama "Rellenar el calendario". Se trata de recorrer periodos de la vida de la otra persona, año tras año. ¿Cómo era tu vida en segundo grado? ¿En tercer grado?

El cuarto es el muestreo de historias. Durante décadas, James Pennebaker, de la Universidad de Texas en Austin, ha hecho que las personas realicen ejercicios de escritura expresiva de forma libre. Él dice: Abre tu cuaderno. Programa un cronómetro durante 20 minutos. Escribe sobre tus experiencias emocionales. No te preocupes por la puntuación o la incorrección. Ve a donde te lleve tu mente.

Escribe sólo para ti. Tíralo al final. Al principio, las personas que participan en ejercicios de escritura expresiva utilizan a veces voces diferentes e incluso estilos de escritura distintos. Sus historias son crudas e inconexas. Pero luego afloran los pensamientos inconscientes. Prueban diferentes perspectivas. Sus narrativas se vuelven más coherentes y conscientes a medida que pasan los días. Pasan de víctimas a escritores. Algunos estudios muestran que las personas que transitan por este proceso emergen con una presión arterial más baja y un sistema inmunitario más saludable. "Escribo —comentó una vez Susan Sontag— para definirme a mí misma, un acto de autocreación, parte del proceso de llegar a ser."

El quinto ejercicio es mi favorito. Deja a un lado todos los ejercicios de autoconsciencia y simplemente ten conversaciones serias con amigos. Si han perdido a alguien querido, cuéntense historias sobre esa persona. Reflexionen sobre el extraño viaje que es el duelo; cuenten nuevas historias sobre cómo será la vida en los años venideros.

$\sim$

Al compartir sus historias y reinterpretar lo que significan, las personas crean nuevos modelos mentales que pueden utilizar para construir una nueva realidad y un nuevo futuro. Son capaces de pararse entre los escombros de la vida que pensaban vivir y construir a partir de esas piedras una vida por completo diferente. Como le dijo a Stephen Joseph una joven que había sido agredida: "Si alguien me hubiera dicho el día después de que fui atacada que podría hacer lo que estoy haciendo ahora, o que vería el ataque como un punto de inflexión en mi vida, hubiera querido estrangularlo, pero *fue* un punto de inflexión. Me gusta quién soy ahora y estoy haciendo cosas que nunca hubiera pensado ser capaz de hacer. Si borrara el pasado, entonces no sería quién soy hoy".[13]

El hijo del rabino Harold Kushner, Aaron, murió de una rara enfermedad de envejecimiento a los 14 años. Desde entonces, él ha pasado años reflexionando sobre cómo la tragedia lo ha moldeado, y estudiando la manera en que otras personas son rehechas por sus sufrimientos. "Soy una persona más sensible, un sacerdote más eficaz, un consejero más comprensivo debido a la vida y muerte de Aaron, de lo que jamás hubiera sido sin ella. Y renunciaría a todos esos logros en un segundo si pudiera recuperar a mi hijo. Si pudiera elegir, renunciaría a todo el crecimiento espiritual y la profundidad que he recibido gracias a nuestras experiencias... Pero no puedo elegir".[14]

$\backsim$

Los seres humanos, escribió John Stuart Mill, "tenemos la obligación moral de buscar la mejora de nuestro carácter moral". Pero ¿cómo es exactamente una buena persona? ¿Cómo podemos mejorar moralmente? ¿Cómo podemos cultivar un buen carácter?

Una tradición nos ha llegado a lo largo de los siglos; podríamos llamarla el modelo de buen carácter del guerrero/estadista. Según este modelo, una persona de carácter —o al menos un *hombre* de carácter— se parece a uno de los héroes antiguos, como Pericles o Alejandro Magno, o a uno de los más modernos, como George Washington, Charles de Gaulle o George C. Marshall.

Esta tradición moral, como todas las tradiciones morales, comienza con un modelo de naturaleza humana. Los humanos somos criaturas divididas. Tenemos estas fuerzas primitivas y poderosas dentro de nosotros: pasiones como la lujuria, la rabia, el miedo, la codicia y la ambición. Pero las personas también poseen raciocinio, que pueden utilizar para controlar, domar y regular esas pasiones. El acto moral esencial en este modelo de formación del carácter es el autodominio. Es ejercitar la fuerza de voluntad para hacerse dueño de sus pasiones y no su esclavo. Desarrollar el carácter es como ir al gimnasio: trabajar mediante el ejercicio y el hábito para fortalecer un conjunto de virtudes universales: honestidad, coraje, determinación y humildad. En este modelo, la construcción del carácter es algo que uno puede hacer por su cuenta.

Este libro se ha elaborado en torno a un ideal diferente y una teoría distinta sobre cómo desarrollar un buen carácter. Este libro se ha elaborado en torno al ideal del iluminador. El ideal del iluminador comienza con una comprensión diferente de la naturaleza humana. Las personas son animales sociales. Las personas necesitan el reconocimiento de los demás para prosperar. La gente anhela que alguien la mire a los ojos con amorosa aceptación.

Por lo tanto, la moralidad consiste principalmente en los pequeños actos diarios para construir una conexión: la mirada que dice "te respeto", la pregunta que dice "siento curiosidad por ti", la conversación que dice "estamos en esto juntos".

En el modelo del iluminador, la construcción del carácter no es algo que uno pueda hacer solo. La moralidad es una práctica social. Es tratar de ser generoso y considerado con otra persona específica, que está atrapada en un contexto específico. Una persona de carácter intenta ser generosa y justa con la persona que la critica. Sólo trata de estar presente y de ser fiel a la persona que sufre de depresión. Intenta ser un amigo profundo y afectuoso para la persona que busca superar las heridas dejadas por la infancia. Es una útil caja de resonancia para la persona que está reconstruyendo sus modelos después de perder a un cónyuge o un hijo. La formación del carácter ocurre a medida que mejoramos en este tipo de tareas.

Lo que más importa no es la fuerza de voluntad de un individuo, sino su habilidad en sus interacciones sociales. En el modelo del iluminador desarrollamos un buen carácter a medida que adquirimos más experiencia en estar presentes con los demás, a medida que aprendemos a salir de nuestras formas egoístas de percibir. Como escribió Iris Murdoch, "la virtud es el intento de perforar el velo de la conciencia egoísta y unirse al mundo tal como realmente es".[15]

El modelo de desarrollo del carácter del iluminador no es austero, y sus ejemplos no se reflejan idealmente en esculturas de mármol de hombres a caballo. El modelo del iluminador es social, humilde, comprensivo y cálido. El hombre de carácter no es ajeno y fuerte; está justo a tu lado en la banca mientras superas los tipos de momentos difíciles que he tratado de describir en esta sección intermedia. Pero el iluminador no está ahí sólo para ver las profundidades de tu dolor, está ahí para ver tu fuerza, para celebrar contigo tus triunfos. ¿Cómo ves y reconoces los regalos que otras personas aportan al mundo? Ése es el tema de la sección final de este libro.

Parte 3

TE
VEO
CON
TUS
FORTALEZAS

Personalidad: ¿qué energía traes al entorno?

George W. Bush es una persona extremadamente extrovertida.[1] Desde que era niño, era obvio cuánto le encantaba a Georgie estar rodeado de gente. "Cada vez que llego a casa, me saluda y habla con entusiasmo, con frases inconexas, por supuesto, por un entusiasmo y un espíritu ilimitados", escribió George H. W. Bush sobre su hijo cuando era un niño pequeño.

En la escuela era el payaso de la clase, el chico popular.[2] Todos los demás saludaban con cortesía y respeto a su maestra de la escuela dominical. Bush exclamaba: "Hola, señorita, ¡se ve sexy!".

Cuando Bush era gobernador republicano de Texas, el demócrata más poderoso del estado era un hombre llamado Bob Bullock. Bush y Bullock se llevaban muy bien, pero de vez en cuando las divisiones partidistas todavía se interponían en el camino. Una vez, en 1997, Bush, Bullock y los principales funcionarios de ambos partidos asistían a un desayuno para hablar sobre una ley que habían propuesto los republicanos.

Los demócratas habían decidido que no podían apoyarla. "Lo siento, gobernador —dijo Bullock en un momento dado—, pero voy a tener que joderte en este caso." La habitación quedó en silencio, la atmósfera era tensa e incómoda. Bush se levantó, se acercó a Bullock, lo agarró por los hombros y lo besó en los labios. "¿Por qué diablos hiciste eso?", preguntó Bullock, secándose los labios. "Si vas a joderme —respondió Bush—, primero tendrás que besarme." La sala estalló en carcajadas.

Un biógrafo escribió que el genio particular de Bush era la capacidad de eliminar, en milisegundos, cualquier distancia entre él y otra persona.[3] Rodeaba a la gente con sus brazos, les ponía apodos y los trataba con familiaridad instantánea. Ciertamente he descubierto que estar en una pequeña habitación con Bush es una experiencia muy diferente a verlo por televisión. En persona es una presencia eléctrica y bulliciosa. La gente, incluso aquellos que podrían detestarlo políticamente, está feliz de estar cerca de él.

Si bien Bush podía alcanzar una puntuación fenomenalmente alta en cualquier medición de extroversión, sostiene el psicólogo Dan McAdams, no obtendría una puntuación alta en la medición de la curiosidad. Cuando era joven no prestaba mucha atención a los acontecimientos históricos mundiales que se desarrollaban a su alrededor. No se distinguió como estudiante. Cuando fue presidente, incluso sus aliados notaban su falta de curiosidad intelectual. Las reuniones ocasionales que tuvo con nosotros, los columnistas de los periódicos, fueron, en mi experiencia, diferentes a las organizadas por otros presidentes. Por lo general las reuniones son como una conversación sin restricciones. Acribillamos aleatoriamente al presidente con preguntas y el presidente habla. Pero Bush controlaba la sala con bastante rigidez. Iba de uno en uno en orden y cada uno de nosotros hacía una pregunta por sesión. Sus respuestas eran inequívocas. Había leído un libro o absorbido un punto de vista sobre todos los temas, y rara vez probaba perspectivas alternas.

Esta mezcla de alta extroversión (tomar acciones audaces) y poca curiosidad (no probar otras perspectivas), sostiene McAdams, contribuyó a la catastrófica decisión de Bush de iniciar la guerra de Irak. En otras palabras, los rasgos de personalidad de Bush moldearon su destino como líder para bien y para mal. Si quieres entender a George W. Bush, tienes que saber algo sobre su personalidad. Y eso se aplica a todas las personas que conoces. Si quieres comprender a otra persona, tienes que ser capaz de describir la energía particular que aporta a un entorno.

∼

Una sociedad sana depende de una amplia variedad de tipos humanos. Una sociedad así tiene personas extrovertidas que fungen como líderes, personas organizadas para hacer que las empresas y las escuelas funcionen sin problemas, personas curiosas para inventar nuevos productos y probar nuevas ideas, personas nerviosas para advertir sobre el peligro y personas amables para cuidar a los dolientes y enfermos. Por fortuna, la evolución nos ha ayudado en esto. Los seres humanos vienen a este mundo con una amplia variedad de personalidades que los preparan para desempeñar una amplia variedad de roles sociales. Como lo expresó el rabino Abraham Kook, Dios "trató bondadosamente a su mundo al no poner todos los talentos en un solo lugar".[4]

Los rasgos de personalidad son distintivos disposicionales. Un rasgo de personalidad es una forma habitual de ver, interpretar y reaccionar ante una situación. Cada rasgo de la personalidad es un regalo: permite a su portador servir a la comunidad de alguna manera valiosa.

Desafortunadamente, nuestra conversación pública sobre la personalidad es un desastre. Por ejemplo, a veces, cuando doy una charla pública, pido a la gente que levante la mano si está familiarizada con la evaluación de personalidad de Myers-Briggs. Por lo general, entre 80 y 100 por ciento de la gente levanta la mano. Luego les pregunto si están familiarizados con la teoría de personalidad de los Cinco Grandes. Entre 0 y 20 por ciento de los miembros de la audiencia levantan la mano. Esto me parece una situación ridícula.

El cuestionario de Myers-Briggs no tiene validez científica. Más o menos la mitad de las personas que lo toman dos veces terminan en categorías por completo diferentes la segunda vez. Esto se debe a que los seres humanos simplemente no encajan de manera consistente en las categorías que la gente de Myers-Briggs imagina que son reales. La prueba no tiene casi ningún poder para predecir qué tan feliz serás en una situación determinada, cómo te desempeñarás en tu trabajo o qué tan satisfecho estarás en tu matrimonio. Myers-Briggs se basa en binarios falsos. Por ejemplo, divide a las personas entre quienes son buenos pensando y quienes son buenos sintiendo. Pero en la vida real, según muestra la investigación, las personas que son buenas para pensar también tienen más probabilidades de ser buenas para sentir. Como dijo una vez Adam Grant, que escribe sobre psicología organizacional, el cuestionario Myers-Briggs es como preguntarle a alguien: "¿Qué te gusta más: los cordones de los zapatos o los aretes?",[5] esperando que esa pregunta produzca una respuesta reveladora.

Por otro lado, durante las últimas décadas, los psicólogos se han unido en torno a una forma diferente de mapear la personalidad humana. Este método está respaldado por gran cantidad de investigaciones rigurosas. Este método ayuda a las personas a medir cinco rasgos básicos de la personalidad. Los psicólogos los llaman los Cinco Grandes.

Los cinco grandes rasgos son la extroversión, la escrupulosidad, la neurosis, la amabilidad y la apertura. Los psicólogos han ideado una serie de cuestionarios para ayudarle a uno a descubrir qué tan alto o bajo es su puntaje en cada uno de estos rasgos: si, por ejemplo, eres extremadamente extrovertido (como George W. Bush), o no tan extrovertido, o, como la mayoría de nosotros, estás en algún lugar cerca del medio.

Profundicemos en estos rasgos de los Cinco Grandes. Si comprendes la esencia de cada rasgo, podrás mirar a las personas con ojos más educados. Así como los geólogos pueden ver un afloramiento rocoso de forma más sutil porque pueden distinguir entre rocas ígneas, sedimentarias y metamórficas, o como un sumiller puede juzgar un vino de forma más sutil porque sabe sentir características como la mineralización o cualidades como "bien estructurado" o "final fuerte", podremos ver a las personas con mayor claridad si comprendemos mejor los rasgos que conforman su personalidad. Seremos sumilleres de personas.

EXTROVERSIÓN. A menudo pensamos en los extrovertidos como personas que obtienen energía de otras personas.[6] De hecho, las personas que obtienen una puntuación alta en extroversión se sienten muy atraídas por todas las emociones positivas. Les entusiasma cualquier oportunidad de experimentar placer, de buscar emociones fuertes y de ganarse la aprobación social. Están motivadas más por el atractivo de las recompensas que por el miedo al castigo. Tienden a sumergirse en la mayoría de las situaciones buscando qué cosas buenas se pueden obtener. Si sigues a personas extrovertidas en las redes sociales, verás que sus publicaciones están repletas de comentarios como: "¡No puedo esperar!", "¡¡Muy emocionado!!" y "¡¡¡Amo mi vida!!!".

Las personas que obtienen puntuaciones altas en extroversión son cálidas, sociables y buscadoras de emociones. Las personas que obtienen puntuaciones altas en extroversión son más sociables que retraídas, más divertidas que sobrias, más afectuosas que reservadas, más espontáneas que inhibidas y más parlanchinas que tranquilas.

En su libro *Personality* [Personalidad], el científico conductual británico Daniel Nettle describe a una mujer muy extrovertida llamada Erica, que, como todos los muy extrovertidos, ha pasado su vida persiguiendo con energía el placer, la intensidad y la excitación. Se unió a una banda, consiguió seguidores y vivió una vida de actividad incesante: caminar, montar a caballo, navegar, andar en bicicleta y bailar. Su deseo de emociones en público iba acompañado de un intenso deseo de emociones en privado. "También pasé toda mi vida, desde la pubertad en adelante, por completo motivada y gobernada por mi alto apetito sexual —confesó Erica—. Hasta que conocí a mi marido, era compulsivamente promiscua. Estar con él acabó con eso. Tuvimos una relación sexual maravillosa durante algunos años, pero a medida que envejeció, su potencia disminuyó [...] Cuando nos mudamos a Italia empecé a tener amantes, hombres italianos casados; hubo dos con quienes mantuve una relación cercana durante muchos años".[7] A medida que ella envejecía, su deseo sexual disminuyó, pero no su deseo de tener otro tipo de experiencias positivas.[8] Simplemente ansiaba un conjunto diferente de recompensas positivas. Como le dijo a Nettle: "ME ENCANTA quedarme en la cama, leer, tomar café y tomar una siesta". Los extrovertidos no tienen por qué estar con gente todo el tiempo. Tan sólo se sienten impulsados a perseguir poderosamente algún tipo de placer, algún tipo de recompensa positiva. Erica es una clásica extrovertida.

La extroversión es en general un buen rasgo, ya que a menudo es muy divertido estar con personas muy extrovertidas. Pero todos los rasgos tienen sus ventajas y desventajas. Como han demostrado estudios a lo largo de los años, las personas que obtienen puntuaciones altas en extroversión pueden enojarse muy rápido.[9] Toman más riesgos y tienen más probabilidades de morir en accidentes de tráfico. Tienen más posibilidades de abusar del alcohol en la adolescencia y menos probabilidades de ahorrar para la jubilación. Los extrovertidos viven su vida como un ejercicio de alta recompensa y alto riesgo.

Las personas que obtienen puntuaciones bajas en extroversión simplemente parecen más tranquilas. Estas personas tienen respuestas emocionales más lentas y menos volátiles ante las cosas.

Suelen ser creativas, reflexivas y deliberadas. Les gusta tener relaciones más profundas con menos personas. Su forma de experimentar el mundo no es menor que la de las personas muy extrovertidas, sólo diferente.

ESCRUPULOSIDAD. Si los extrovertidos son las personas que uno quiere para animar su fiesta, aquellos que obtienen puntajes altos en escrupulosidad son a menudo los que quieres que administren tu organización. Las personas que obtienen puntuaciones altas en este rasgo tienen un excelente control de los impulsos. Son disciplinadas, perseverantes, organizadas, autorreguladas. Tienen la capacidad de concentrarse en objetivos a largo plazo y no distraerse.

Las personas con un alto nivel de escrupulosidad son menos propensas a posponer las cosas, tienden a ser algo perfeccionistas y tienen una gran motivación para alcanzar logros. Es probable que eviten las drogas y sigan rutinas de ejercicio. Como es de esperarse, un alto nivel de escrupulosidad predice todo tipo de buenos resultados: mejores calificaciones en la escuela, más éxito profesional y una esperanza de vida más larga. Sin embargo, no es que las personas que obtienen puntuaciones altas en escrupulosidad disfruten de carreras fantásticas y vivan hasta los 90 años. El mundo es complicado y muchos factores influyen en los resultados de una vida. Pero las personas más concienzudas tienden a mostrar más competencia y coraje.

Así como este rasgo tiene sus ventajas, como todos los rasgos, también tiene sus desventajas. Las personas con un alto nivel de escrupulosidad experimentan más culpa. Se adaptan bien a entornos predecibles pero menos a situaciones impredecibles que requieren una adaptación fluida. A veces son adictas al trabajo. Puede haber una cualidad obsesiva o compulsiva en ellas. Nettle describe a un hombre llamado Ronald. Cada noche, antes de acostarse, "debe rociarse los senos nasales, tomar dos aspirinas, ordenar el departamento, hacer 35 abdominales y leer dos páginas del diccionario. Las sábanas deben estar en su punto de limpieza y la habitación en silencio. Obviamente, una mujer que se queda a dormir interfiere con su santuario interior".[10] Después del sexo, Ronald les pide a sus visitantes que se vayan o duerman en la sala de estar. Como es de esperarse, no soportan esto por mucho tiempo. Creo que diríamos que Ronald es rígidamente escrupuloso. Tiene una necesidad obsesiva de controlar los detalles minuciosos de la vida y, en apariencia, de la vida de otras personas. Tiene un don maravilloso, la escrupulosidad, pero la arruina llevándola al extremo.

NEUROSIS. Si los extrovertidos se sienten atraídos por las emociones positivas,[11] las personas con puntuaciones altas en neurosis responden poderosamente a las emociones negativas. Sienten miedo, ansiedad, vergüenza, disgusto y tristeza de forma muy rápida y aguda. Son sensibles a amenazas potenciales. Es más probable que estén preocupadas que tranquilas, más que estén nerviosas que relajadas, más que sean vulnerables que resilientes. Si hay una cara enojada en una multitud, se fijarán en ella y tendrán problemas para desviar su atención.[12]

Las personas con puntuaciones altas en neurosis tienen más altibajos emocionales a lo largo del día. Pueden caer en un tipo particular de espiral emocional: ven rápidamente amenazas y emociones negativas; interpretan los acontecimientos ambiguos de forma más negativa; por tanto, están expuestas a experiencias más negativas; esta exposición les hace creer con más firmeza que el mundo es un lugar peligroso, y, por lo tanto, es aún más probable que vean amenazas; y así sucesivamente.[13] Con frecuencia se sienten incómodas con la incertidumbre; prefieren malo conocido que bueno por conocer.

Las personas que obtienen puntuaciones altas en neurosis a menudo tienen dificultades. La neurosis está relacionada con tasas más altas de depresión, trastornos alimentarios y trastornos de estrés.[14] Estas personas acuden al médico con más frecuencia. Se apresuran a hacer planes poco realistas para sí mismas y a abandonarlos con rapidez. Aunque siempre están dispuestos a percibir el peligro, los neuróticos a menudo entablan relaciones precisamente con aquellas personas que los amenazarán. También tienen muchas emociones negativas hacia ellos mismos y piensan que merecen lo que reciben.

Una elevada neurosis en la adolescencia predice un menor logro profesional y peores relaciones en la edad adulta. Pero, como todos los rasgos, la neurosis también tiene sus ventajas. Prepara a las personas para ciertos roles sociales. Si su comunidad está en peligro, es útil tener un profeta que pueda detectarlo desde el principio. Si hay mucho dolor emocional en su comunidad, es bueno tener cerca a una persona con una puntuación alta en neurosis, como Sigmund Freud, para estudiarlo y comprenderlo. Si es necesario un cambio social, es útil tener gente indignada que lo pida. En un mundo en el que la mayoría de las personas confían demasiado en sus capacidades y son excesivamente optimistas sobre los resultados de su comportamiento, es beneficioso tener algunas personas que se inclinan hacia el otro lado.

AMABILIDAD. Aquellos que obtienen una puntuación alta en amabilidad son buenos para llevarse bien con la gente. Son compasivos, considerados, serviciales y complacientes con los demás. Estas personas tienden a ser confiadas, cooperativas y bondadosas —más afables que malhumoradas—, con un corazón más humanitario que duro, más educadas que groseras, más perdonadoras que vengativas.

Aquellos que obtienen puntuaciones altas en amabilidad son naturalmente propensos a prestar atención a lo que sucede en la mente de otras personas. Si uno lee historias complejas a personas muy amables, tendrán tanta inteligencia emocional que podrán recordar muchos datos sobre cada personaje. Son capaces de tener en cuenta lo diferente que sienten las personas unas por otras.[15] En un experimento que describe Daniel Nettle, las personas muy amables podían realizar un seguimiento de cuatro niveles de creencia social: "Tom esperaba que Jim creyera que Susan pensaba que Edward quería casarse con Jenny". Algunos incluso pueden manejar una complejidad social mayor que ésa: "John pensó que Penny pensaba que Tom quería que Penny descubriera si Sheila creía que John sabía lo que Susan quería hacer". Creo que estoy un poco por encima del promedio en amabilidad, pero pedirme que siga esa última frase es como pedirme que agite los brazos y vuele a la luna.

Si vas a casarte con alguien, debes comprender sus rasgos de personalidad para así prepararte con el fin de amarlo de la manera correcta. La amabilidad, que básicamente es ser amable, no parece un rasgo muy romántico o sexy, pero las personas muy amables tienen tasas de divorcio más bajas, y en algunos estudios se ha descubierto que son mejores en la cama. En su libro *The Science of Happily Ever After* [La ciencia de ser felices para siempre], Ty Tashiro aconseja que al elegir pareja para casarse es mejor optar por la amabilidad y evitar la neurosis. Una vez le di este consejo a un amigo y él respondió: "¿Qué haces si eres el neurótico?". Le dije: "Cásate con otro neurótico; de esa manera harás infelices a dos personas y no a cuatro". Sólo estaba bromeando. Cualquier tipo de persona puede ser un buen cónyuge; sólo hay que saber vivir con cada rasgo.

En el lugar de trabajo, la amabilidad es un rasgo mixto. Los que son muy amables no siempre obtienen los grandes ascensos ni ganan la mayor cantidad de dinero. A veces la gente piensa, con razón o sin ella, que las personas muy amables no son lo suficientemente duras, que no tomarán decisiones impopulares. Con frecuencia aquellas personas que obtienen puntuaciones más bajas en amabilidad son las elegidas para ocupar puestos directivos y ganan mucho dinero.

APERTURA. Si la amabilidad describe la relación de una persona con otras personas, la apertura describe su relación con la información.[16] Las personas que obtienen una puntuación alta en este rasgo están poderosamente motivadas para tener nuevas experiencias y probar nuevas ideas. Suelen ser innovadoras más que convencionales, imaginativas y asociativas más que lineales, curiosas más que cerradas de mente. Tienden a no imponer una ideología predeterminada al mundo y a disfrutar de verdad de la exploración cognitiva tan sólo divagando sobre un tema.

Los artistas y los poetas son los practicantes por excelencia de la apertura.[17] Picasso pasó su vida experimentando una y otra vez con nuevas formas. David Bowie pasó su tiempo probando una variedad de personajes nuevos. Las personas con un alto nivel de apertura son buenas para el pensamiento divergente. Si les pides que nombren un animal de cuatro patas, no se limitarán a decir gato o perro; dirán antílope o armadillo. La realidad es un poco más fluida para esas personas. Reportan tener experiencias espirituales más trascendentes y más creencias paranormales. Cuando se despiertan por la mañana, a veces no están seguras de si han experimentado algo el día anterior o sólo lo soñaron la noche anterior. Un estudio demostró que tener una experiencia mística al consumir hongos conducía a un fuerte aumento en la apertura, incluso un año después.[18]

Estas personas son capaces de apreciar una amplia gama de formas artísticas. Cuando nos acercamos a una pintura o una canción, queremos que nos resulte familiar pero también que nos sorprenda un poco. Eso se conoce como el punto óptimo de fluidez. Las personas con poca apertura se sienten cómodas cuando la obra de arte les resulta familiar. Las personas con un alto nivel de apertura encuentran aburrida cualquier cosa moderadamente familiar.

La gran periodista Nancy Dickerson describió una vez a John F. Kennedy de una manera que me hace pensar que era muy abierto: "Para Jack, el pecado capital era el aburrimiento; era su mayor enemigo y no sabía cómo manejarlo. Cuando estaba aburrido, una capucha le cubría los ojos y su sistema nervioso comenzaba a agitarse. Podías hacerle cualquier cosa: robarle la cartera, insultarlo, discutir con él, pero aburrirlo era imperdonable".[19]

Como ocurre con todos los rasgos, los índices de apertura de las personas varían un poco a medida que avanzan por las diferentes etapas de la vida. Las personas tienden a volverse más abiertas a medida que ingresan en la edad adulta y están a su disposición diversas oportunidades de vida. Aquellos que pueden jubilarse con frecuencia se vuelven más abiertos a nuevas experiencias, especialmente si prueban otras actividades como jardinería o carpintería, o van más a los museos y conciertos.

$\sim$

Si deseas saber cómo calificas en estos Cinco Grandes rasgos puedes conectarte en línea y encontrar cualquier cantidad de cuestionarios que te ayudarán. Pero cuando entras a una fiesta o te sientas con alguien en una reunión, con toda certeza no le harás una prueba de personalidad. En realidad, no es necesario. La personalidad de un individuo no está enterrada en lo más profundo de su ser interior. Está ahí, en la superficie. Es su forma de estar en el mundo. Si estás bien informado sobre la naturaleza de cada rasgo y observas a las personas de cerca, podrás hacer una conjetura bastante clara sobre si una persona en particular tiene una puntuación alta en amabilidad, baja en extroversión, etcétera. Y luego, por supuesto, si es el momento adecuado, puedes preguntarle cómo evalúa sus propios rasgos. Sólo no esperes que tenga una comprensión completamente precisa de su propia personalidad. En asuntos como éste, nuestros amigos a menudo nos conocen mejor que nosotros mismos.

Ciertamente los rasgos de personalidad no te dicen todo lo que quisieras saber sobre una persona. Puedes ser una enfermera concienzuda o un nazi concienzudo. Pero los rasgos de personalidad son una parte muy importante de la constitución de una persona. En un artículo titulado "The Power of Personality" [El poder de la personalidad], el psicólogo Brent Roberts y sus colegas calcularon que los rasgos de personalidad predicen ciertos resultados de la vida tan bien como lo hacen el coeficiente intelectual o el estatus socioeconómico de una persona.[20] Esto significa que si comprendes los rasgos de alguien comprenderás mucho sobre esa persona.

Además, comprender los rasgos de personalidad de una persona es una clave para saber cómo tratarla adecuadamente. La genetista y psiquiatra Danielle Dick sostiene que es muy importante que los padres tengan una idea de los rasgos de personalidad de sus hijos.[21] Esto se debe a que no existe una manera correcta de ser padres. Sólo existe la forma correcta de ser padre que reúne la personalidad particular del padre y la personalidad particular del niño. Si papá tiene poca amabilidad y, por lo tanto, es rápido para criticar y su hija posee un alto nivel de neurosis y sensibilidad a las emociones negativas, ella sentirá incluso sus críticas más leves como un ataque brutal. Lo que a él le parece amable, a ella le parece violento. Papá tiene que modular su tono y su actitud si quiere que su hija escuche lo que dice y si quiere preservar una relación amorosa. Danielle Dick agrega que una parte importante de la crianza consiste en presionar con suavidad en sentido contrario a los rasgos de un hijo: animar a su hijo tímido a probar nuevas experiencias o enseñarle a su hijo extrovertido a reducir la velocidad y tener un momento de tranquilidad. Explica que castigar a los niños para que no repitan su mal comportamiento no funciona. Centrarse en el "opuesto positivo" sí. En lugar de llamar la atención sobre el comportamiento que deseas que tu hijo deje de tener, llama la atención sobre el comportamiento que deseas que tenga.

⌒

La psicología de la personalidad siempre me ha parecido uno de los vecindarios más felices del mundo académico. Tal vez sea porque consiste en recibir regalos y utilizarlos. La sensación general es que a cada uno de nosotros se nos ha dado el don de una personalidad única. Por supuesto, hay cosas de cada una de nuestras personalidades de las que podemos arrepentirnos, pero todos deberíamos estar agradecidos por lo que tenemos. Cada conjunto de rasgos se puede utilizar para construir una vida maravillosa.

Charlotte y Emily Brontë tuvieron los mismos padres, pasaron la mayor parte de su vida en la misma pequeña ciudad de Yorkshire, recibieron una educación prácticamente idéntica y ambas se convirtieron en novelistas. Sin embargo, como ha observado el crítico literario de la Universidad de Columbia Edward Mendelson, las dos hermanas veían el mundo y disfrutaban de él de maneras por completo diferentes. La una saboreaba los placeres interiores y la otra prefería los placeres encontrados entre amigos. "Emily Brontë quería privacidad para experimentar la sublimidad y la visión —escribe Mendelson—. Charlotte Brontë quería compañía con quien buscar justicia y amor".[22] Ambas hermanas escribieron grandes novelas, pero sus escritos reflejan sus diferentes temperamentos. La novela clásica de Emily, *Cumbres borrascosas*, es más introspectiva. Tiene lugar en el ámbito de la vida privada, y en ese ámbito a los personajes les resulta difícil comunicarse entre sí. El libro más conocido de Charlotte, *Jane Eyre*, es más exterior. La historia pasa a los mundos públicos de la religión y la política. En la novela de Charlotte, la comunicación humana no es difícil: hablar, escribir, enseñar y dibujar es prácticamente lo que hacen todo el tiempo sus personajes.

¿Es mejor parecerse más a Emily o a Charlotte? Bueno, sería genial ser tan perspicaz como cualquiera de las dos. Sería fantástico poner los propios rasgos de uno para obtener tan buenos efectos. Y sería fantástico vivir en una familia en la que las personas tuvieran maneras tan radicalmente diferentes de construir el mundo.

Los rasgos de personalidad no son sólo dones, son dones que uno puede desarrollar a lo largo de su vida. Como escribieron Brent Roberts y Hee J. Yoon en una revisión de 2022 sobre psicología de la personalidad: "Aunque todavía se piensa ampliamente que la personalidad no se puede cambiar, investigaciones recientes han contradicho rotundamente esa noción. En una revisión de más de 200 estudios de intervención se encontró que los rasgos de personalidad, y en particular la neurosis, eran modificables mediante intervención clínica, con cambios que eran en promedio la mitad de una desviación estándar en periodos tan cortos como seis semanas".[23] En general, las personas mejoran a medida que envejecen. Se convierten en versiones de sí mismas más agradables, concienzudas y emocionalmente estables. Si tienes la referida experiencia del sumiller en personalidad humana, podrás ver a las personas con mayor claridad, ya que, como el vino, mejoran con la edad.

Tareas de vida

Como mencioné antes, los bebés salen del útero hambrientos de reconocimiento. Su primera tarea en la vida, en el momento del nacimiento, es vincularse con la persona que los alimentará y cuidará. Sus mentes a esta edad están perfectamente adaptadas a ese imperativo. En su libro *How Babies Think* [Cómo piensan los bebés], Alison Gopnik, Andrew Meltzoff y Patricia Kuhl señalan que los recién nacidos son miopes.[1] Un objeto a 30 centímetros de distancia (como el rostro de una madre lactante) está muy bien enfocado, pero todo lo que se encuentra más lejos está borroso. Para un recién nacido el mundo parece un montón de retratos de Rembrandt: rostros brillantemente iluminados, llenos de significado y expresión, que emergen de un fondo borroso.

Luego, a medida que crecen, entra en escena una nueva tarea: aprender cómo funciona el mundo. Su campo de visión se expande. Descubren las llaves, los ositos de peluche, las puertas, los sonajeros y las pelotas. Los bebés desarrollan un poderoso impulso explicativo, un deseo de saber sobre el mundo. La perspectiva del bebé se adapta para realizar con eficacia esta tarea. Los adultos, sostiene Gopnik, tienen una conciencia de foco. Tendemos a centrarnos en una cosa a la vez. Los bebés desarrollan un tipo de conciencia muy diferente, una conciencia de linterna. En esta fase de máximo aprendizaje atienden a todo el entorno. Prestan atención a cualquier cosa inesperada o interesante. Para decirlo de otra manera, no ponen atención, por lo que su atención pasa de una cosa a otra. La linterna brilla en todas direcciones y el bebé aprende rápidamente.

Un par de años después, surge otra tarea en la vida. El niño pequeño siente un intenso deseo de definirse como una persona separada. Antes, el bebé estaba integrado en su sistema de cuidados, incorporado en mamá y papá. Pero alrededor de los dos años el niño se da cuenta de que: "Oh, no soy mi madre. Tengo una madre, pero soy mi propia persona". Y así comienzan los terribles dos años, impulsados por el deseo del niño de decir: "¡No! ¡No! ¡No!". Ésta es una crisis de desarrollo, tanto para el niño como para los padres. Como lo expresaron Gopnik, Meltzoff y Kuhl, no se trata sólo de que tu hijo haga algo que tú no quieres que haga; lo hace *porque* tú no quieres que lo haga.[2]

Las tareas de vida continúan a lo largo de los años. El tema de este capítulo es que si quieres entender bien a alguien tienes que comprender en qué tarea de vida se encuentra y cómo ha evolucionado su mente para completar esta tarea.

Las personas que piensan con más dedicación sobre esta procesión de desafíos de la vida se llaman psicólogos del desarrollo. Este campo ha sido liderado por personas como Jean Piaget, Erik Erikson, Robert Kegan, Jane Loevinger y Bernice Neugarten. Durante más de un siglo, los psicólogos del desarrollo han intentado comprender cómo cambian y crecen las personas a lo largo de su vida.

La psicología del desarrollo está un poco pasada de moda ahora, principalmente porque el campo se asoció con un par de ideas que ahora se consideran falsas. Primero, la mayor parte del desarrollo humano ocurre en la niñez: las personas pasan por una serie de etapas de desarrollo hasta alrededor de los 21 años, y luego han concluido. Eso al parecer no es así. Las personas se desarrollan a lo largo de la vida. En segundo lugar, algunos psicólogos del desarrollo argumentaban que la vida es una marcha a través de una serie de "etapas" distintas y que no se puede entrar en una etapa de la vida a menos que se haya completado la etapa anterior. Tienes que tomar Álgebra I antes de poder tomar Álgebra II. Eso también resultó ser falso. La vida humana no es tan programada; no puede reducirse a una serie de etapas ordenadas.

Pero he descubierto que los conocimientos de la psicología del desarrollo son muy útiles para comprender a otras personas. Su sabiduría es injustamente desoída. No queremos volver a caer en el viejo concepto de "etapas", pero sí queremos ver la vida como una sucesión de tareas de vida comunes. No todo el mundo realiza las tareas en el mismo orden, y no todo el mundo realiza todas las tareas, pero cuando miramos a alguien queremos verlo involucrado en la actividad heroica de su vida, abordando tal o cual tarea.

En las próximas páginas me gustaría esbozar esta teoría de las tareas de vida, que he adaptado de los psicólogos del desarrollo, en particular de académicos como Erik Erikson, autor de "Life Cycle Completed" [El ciclo de la vida completado], y Robert Kegan, autor de "The Evolving Self" [El yo en evolución]. Mientras se los explico, debo dejar claro una vez más que son sólo modelos, no fotografías. No sucede que todas las personas realizan las mismas tareas de vida de la misma manera. Los modelos sólo nombran algunos patrones comunes de comportamiento humano. Nos ayudan a tomar distancia y reconocer las formas en las que tú o yo podríamos ser semejantes al modelo y las maneras en que tú o yo podríamos ser diferentes del modelo. Los modelos también nos recuerdan que cada persona que conoces está involucrada en una lucha. A continuación presento algunas tareas comunes de vida, junto con los estados de conciencia que surgen para ayudarnos a afrontar cada una de ellas.

LA TAREA IMPERIAL

Bastante temprano en la vida, en algún momento de la niñez, cada uno de nosotros tiene que tratar de establecer un sentido de su propio actuar. Tenemos que demostrarnos a nosotros mismos y a los demás que podemos tomar el control, trabajar duro y ser buenos en las cosas. En medio de esta tarea, sostiene Erikson, una persona tiene que mostrar diligencia o sucumbir a la inferioridad. Si los niños pueden demostrarse a sí mismos y al mundo que son competentes, desarrollarán un sentido de confianza en sí mismos. Si no pueden, experimentarán sentimientos de inferioridad.

Para establecer un sentido del actuar, la gente desarrolla lo que Kegan llama una conciencia imperial. Las personas con esta mentalidad pueden ser bastante egocéntricas. Sus propios deseos e intereses son primordiales. *El mundo es un mensaje sobre mí, sobre cómo me valoran.* Las personas también pueden ser bastante competitivas en esta etapa. Quieren recibir elogios, alcanzar la gloria. Ya sea en deportes, tareas escolares, música o cualquier otra cosa, anhelan obtener juicios positivos de otras personas sobre su propio valor. En la novela de John Knowles *A Separate Peace* (*Una paz sólo nuestra*), ambientada en una preparatoria para chicos, el narrador señala: "En Devon había pocas relaciones entre nosotros que no estuvieran basadas en la rivalidad".

Toleramos esta conciencia un tanto egocéntrica en niños y adolescentes, pero a veces la conciencia imperial continúa hasta la edad adulta. Un adulto que nunca ha abandonado esta mentalidad vive sus días como una serie de competencias inconexas que quiere ganar. Ya sea en los negocios, en el basquetbol o en la política, tiene un intenso deseo de verse a sí mismo como un ganador y un orgullo susceptible que lo hace reaccionar con fuerza ante cualquier señal de falta de respeto.

Para las personas con esta conciencia, las relaciones tienden a ser instrumentales. La persona siempre está buscando, manipulando la situación para conseguir lo que quiere. Está emocionalmente sellada, ocultando cualquier vulnerabilidad, incluso de sí misma. Su mensaje es: *Obtengo algo de mis amistades. Mi novia atractiva es una señal de mi condición de ganador.* Un chico que conozco va a cada fiesta escaneando la reunión en busca de personas de alto estatus con las que pueda establecer contacto. Cada vez que te lo encuentras tiene alguna intención oculta, algo que quiere de ti.

Si tratas de tener cercanía con esa persona, se quejará de que no le estás dando suficiente espacio. Puede formar alianzas con personas (trabajar con otros para conseguir lo que quiere), pero no puede formar colaboraciones (trabajar con otros para satisfacer deseos compartidos). Simplemente no puede ver el mundo desde la perspectiva de otra persona. No puede internalizar el afecto que otra persona le tiene, por lo que necesita recordatorios constantes en forma de afirmaciones y elogios de otras personas.

Una persona inmersa en esta tarea, y en la conciencia imperial que emerge para ayudar a la gente a llevarla a cabo, tal vez no tendrá una vida interior rica. No busca el autoconocimiento; está tratando de hacer que su presencia sea impresionante para el mundo. Donald Trump y Vladimir Putin me parecen hombres que experimentaron una conciencia imperial en la infancia y luego nunca la superaron.

LA TAREA INTERPERSONAL

Hay un ritmo irregular en la vida. Los periodos dominados por un intenso deseo de destacar y ser superior suelen ser seguidos por periodos dominados por un intenso deseo de encajar. Para muchos de nosotros hay un momento en la vida, a menudo en la adolescencia, en el que la tarea de vida es establecer nuestra propia identidad social. Las amistades y el estatus social se convierten en las obsesiones centrales de nuestra vida. En este punto, señala Erikson, la persona alcanzará la intimidad o sufrirá aislamiento. La persona que tiene éxito en esta tarea de vida desarrolla la capacidad de ser una pareja íntima, un amante devoto y un amigo fiel. Los que no lo tienen caen en el aislamiento.

La mente se adapta para afrontar el desafío. Una persona con conciencia interpersonal tiene la capacidad de pensar psicológicamente. Si le preguntas a una persona implicada en una conciencia imperial quién es ella, podría hablar sobre sus acciones y rasgos externos: "Soy una hermana. Soy rubia. Juego futbol". Es más probable que una persona con conciencia interpersonal se describa a sí misma según sus rasgos psicológicos: "Soy extrovertida. Estoy ganando confianza. Soy amable con los demás, pero a veces tengo miedo de no agradarle a la gente".

Una persona con esta conciencia tiene una mayor capacidad para experimentar la experiencia de otra persona.[3] En su libro *The Discerning Heart* [El corazón con discernimiento], Philip M. Lewis cuenta la historia de una mujer casada que, estando en una conferencia de negocios, tuvo un desliz y pasó la noche con otro hombre. Una persona con una conciencia imperial estaría *preocupada* mientras vuela a casa, preocupada por que su transgresión pueda ser descubierta y que pueda tener consecuencias negativas para ella. Pero una persona con una conciencia interpersonal se siente *culpable*. Su sentido de sí misma está definido por el amor compartido que tiene con su marido.[4] Potencialmente ha herido a su marido y traicionado ese amor compartido.

Las personas en medio de la tarea interpersonal a menudo se vuelven idealistas.[5] La persona con conciencia interpersonal no sólo puede experimentar las experiencias de otras personas, sino que puede experimentar la experiencia de la humanidad en su conjunto. Puede sentir el dolor de la comunidad y sentirse impulsada a sanar ese dolor. Kegan escribe que en este momento la persona pasa de ser física a ser metafísica. Ella ve no sólo lo que es sino también el ideal de lo que podría ser. El idealismo adolescente puede ser intenso pero también dogmático e implacable. El propósito del idealismo, en este momento de conciencia, no es sólo buscar el bien común; también es ayudar a uno a vincularse de manera más estrecha con algún grupo. *Lucho contra la injusticia porque me hace sentir bien, me ayuda a pertenecer; eso es lo que hacen las personas superiores como nosotros.*

En el curso de esta tarea, la gente forma rápidamente camarillas y piensa mucho en el estatus social. La pregunta fundamental de la persona interpersonal es: ¿Te gusto? En este punto, su propia autoevaluación aún no es el árbitro de su sentido de autoestima. Las opiniones de los demás siguen siendo los árbitros finales. Es ése un amo voraz al que hay que intentar complacer. Como dijo Séneca, "los deseos de la naturaleza son pequeños, mientras que los de la opinión son ilimitados". Esto también lleva a un gran conformismo. Se verá a grupos de adolescentes (e incluso adultos) en un centro comercial vistiendo todos el mismo tipo de ropa y hablando con el mismo tono de voz.

Una persona en este estado de conciencia tiende a ser reacia al conflicto, tiende a complacer.[6] Le cuesta decir no a la gente y tiene miedo de herir sus sentimientos. Reprime sus momentos de ira. La ira sería una declaración de que tiene un yo separado del contexto social. Todavía no posee ese ser independiente separado. Entonces, en lugar de enojarse cuando la ofenden, se siente triste, herida o incompleta. Parte del problema es que su concepción de sí misma no es lo bastante sólida como para encarar a la gente.

Una persona con conciencia interpersonal a veces tendrá una relación con alguien con conciencia imperial. Se preguntará entonces por qué él o ella no se abre emocionalmente y comparte como ella lo hace. Pero él o ella no puede hacer estas cosas porque no posee la conciencia a la que ella tiene acceso.

Las rupturas, cuando estamos en la fase interpersonal, pueden resultar particularmente devastadoras. Perder a un amigo, un novio, una novia o un cónyuge es perderse a uno mismo: la fuente de su aprobación y valor.[7] Cuando una persona con conciencia interpersonal pierde la estructura externa de la relación puede descubrir que no existe una estructura interna que la mantenga de una pieza. Devuelta a sí misma por una ruptura, toma conciencia de las limitaciones de este nivel de conciencia.[8] Se da cuenta de que, si bien atesora las relaciones, no puede dejarse arraigar ni controlar por ellas. Tiene que embarcarse en otra tarea de vida. En ese proceso, como dice Kegan, está cambiando no sólo lo que sabe sino la forma en que lo sabe. Cada nueva tarea de vida requiere un nivel diferente de conciencia.

CONSOLIDACIÓN DE CARRERA

Lori Gottlieb trabajó como guionista de televisión, entró y salió de la escuela de medicina, dio a luz a un niño y consiguió trabajo como periodista, pero no estaba satisfecha. Quería marcar una diferencia en la vida de las personas, no sólo escribir sobre ellas. Pensó en convertirse en psiquiatra. Pero eso consiste principalmente en recetar medicamentos, lo que le preocupaba. Un día, el exdecano de su facultad de medicina le dijo: "Deberías ir a una escuela de posgrado y obtener un título en psicología clínica. Si lo haces —continuó el decano— podrás conocer mejor a tus pacientes. El trabajo será más profundo y dejará beneficios duraderos".

"Sentí escalofríos —escribiría más tarde Gottlieb—. La gente suele usar esa expresión de manera vaga, pero en realidad sentí escalofríos, piel de gallina y todo. Fue impactante lo bien que me sentí, como si el plan de mi vida finalmente hubiera sido revelado."[9]

En cierto momento de la vida tenemos que encontrar la carrera a la que nos dedicaremos, la forma en que marcaremos la diferencia en el mundo, ya sea un trabajo, la crianza de los hijos o algo por completo distinto. Al afrontar esta tarea, sostiene Erikson, una persona debe lograr la consolidación de su carrera o experimentar el quedar sin rumbo.

La mayoría de nosotros descubrimos qué hacer mediante un proceso de experimentación y adaptación. Algunas personas oscilan entre diferentes trabajos y prueban nuevos proyectos. El psicólogo Brian Little sostiene que las personas en general tienen un promedio de 15 "proyectos personales" en marcha al mismo tiempo. Éstos pueden ser pequeños, como aprender a surfear, o más grandes, como servir como aprendiz de plomero.

Durante estos periodos de experimentación, la vida puede parecer dispersa. Pero con el tiempo muchos de nosotros nos apasionamos por una vocación en particular. Robert Caro ha pasado gran parte de su vida estudiando y escribiendo sobre Lyndon Johnson. En su libro *Working* [Trabajar], sobre el oficio de ser biógrafo, describe los fuegos del deseo que se apoderaron de Johnson cuando era un joven asistente en el Congreso.[10] Johnson salía de su habitación en el sótano del destartalado hotel donde se hospedaba y caminaba hacia el edificio del Capitolio de Estados Unidos. Después de unas cuantas cuadras, el edificio aparecía en la colina ante él. Estaba tan ansioso, era tan ambicioso, que aceleraba el paso y empezaba a correr colina arriba, en invierno o en verano, y cruzaba la plaza para llegar a su oficina. La gente se quedaba boquiabierta ante esta figura torpe y apresurada, con sus largos y delgados brazos y piernas aleteando por todo el lugar. Correr. Correr era la ambición de Johnson en forma física.

Johnson fue impulsado por el sueño de hacer algo monumental en el gobierno. También se vio impulsado a alejarse lo más posible de la pobreza en la que había crecido en Texas. Y corría para alejarse de su padre y de sus fracasos. Caro escribe: "No se puede profundizar mucho en la vida de Johnson sin darse cuenta de que el hecho central de su vida era la relación con su padre. Su hermano, Sam Houston, me dijo una vez: 'Lo más importante para Lyndon era no ser como papá'".[11] Johnson y su padre tenían muchas similitudes. Se parecían asombrosamente, ambos se dedicaban a la política y ambos tenían la costumbre de persuadir a la gente agarrándose las solapas e inclinándose cerca de su cara mientras hablaban. Pero el padre de Johnson era un idealista y un romántico. En la década de 1870 su familia era propietaria de un rancho a orillas del río Pedernales, pero lo había perdido porque el suelo simplemente no era lo bastante bueno como para hacerlo rentable. En 1918 el rancho salió al mercado y el padre de Johnson estaba decidido a comprarlo. Pagó de más por el rancho; descubrió que una vez más su familia no podía ganarse la vida con él y cuatro años más tarde, cuando Lyndon tenía 14 años, quebró y el rancho se le fue de las manos. Lyndon perdió el respeto por su padre y se convirtió, en consecuencia, en un hombre hostil al romanticismo, hostil a la confianza y a creer en el bien de los demás. Se convirtió en un contador de votos asombrosamente preciso en el Senado porque miraba, con cinismo, los intereses de la gente y no lo que decían.

Las personas atrapadas por la tarea de consolidar su carrera a menudo se sienten impulsadas por un deseo de dominio: el placer intrínseco de llegar a ser bastante buenas en algo.[12] Se levantan por la mañana y hacen su rutina. Hay allí un gran campo que cultivar, el gran proyecto de su vocación, pero cada día sólo pueden trabajar en su rutina. Cuando lo hacen, tienen una sensación de progreso.

Como de costumbre, la conciencia cambia para afrontar la tarea. Las personas en medio de su consolidación de carrera a menudo desarrollan una mentalidad más individualista: *Soy el capitán de mi propio barco, el dueño de mi propio destino.* Se vuelven mejores en el autocontrol, en el gobierno de sus emociones. Poseen una mayor capacidad para ir en sentido contrario a la multitud. Son capaces de decir no a cosas que podrían distraerlas de su misión principal.

Durante esta fase, las personas pueden parecer un poco mezquinas y egoístas, pero, como argumentó George Vaillant, del Estudio Grant, "sólo cuando se ha logrado el 'egoísmo' del desarrollo somos capaces de entregar el yo de manera confiable".[13]

Durante esta tarea de vida, la motivación de intimidad da un paso atrás y la motivación de logro da un paso adelante. Una persona que está interesada principalmente en consolidar su carrera tiene una tendencia, observa Kegan, a "cerrarse", a volverse menos abierta a relaciones profundas. Una persona así también tiene tendencia a desapegarse de sus emociones. Más adelante en su vida quizá se pregunte cómo logró reprimir tantos sentimientos.

Puedes empezar a ver por qué la mayoría de la gente acaba rebelándose contra esta conciencia. El éxito profesional no satisface. El sentido de identidad, que antes parecía tan emocionante construir, ahora resulta un poco claustrofóbico. La gente se cansa de seguir las fórmulas que el mundo utiliza para definir el "éxito". Sébastien Bras es el propietario de Le Suquet, un restaurante en Laguiole, Francia, que obtuvo tres estrellas Michelin, la distinción culinaria más alta del mundo, durante 18 años consecutivos. Luego, un año, le pidió a la gente de Michelin que dejara de ir a su restaurante y no volver nunca más. Se dio cuenta de que su deseo de complacer al sistema Michelin había impuesto una presión tremenda, aplastando su creatividad.

Carl Jung escribió una vez: "Los logros que la sociedad recompensa se obtienen a costa de una disminución de la personalidad".[14] Con el tiempo, los costos se vuelven demasiado altos. La persona al final de esta tarea se da cuenta de que hay un hambre espiritual que no ha sido satisfecha, un deseo de servir con desinterés a alguna causa, de dejar algún legado a los demás.

Esta crisis a veces surge como una sensación de que simplemente ya no se quiere lo que se solía querer. Cristina Peri Rossi escribió un cuento llamado "El corredor tropieza", sobre un corredor que se ha dedicado a batir un récord en su distancia. Entrenó rigurosamente para la carrera culminante y en la vigésima vuelta de esa carrera estaba muy por delante de todos los demás corredores, en ritmo para hacer realidad su sueño. "Fue entonces cuando sintió unos deseos enormes de detenerse —escribe Peri Rossi—. No era que estuviera muy cansado; se había entrenado bien y todos los expertos indicaban que sería el ganador de la prueba; en realidad, sólo había corrido con el fin de establecer un nuevo récord. Y estas ganas irresistibles de detenerse. De echarse al borde de la pista y no levantarse más". Su compulsión por batir el récord simplemente se agota. Al final de la historia, anhela parar y lo hace. "Y elevó los ojos al cielo."

No es que todo deseo se apague al final de esta tarea. Es sólo que se ha satisfecho un conjunto de deseos. Las personas en este momento de crisis pueden de repente verse atrapadas por deseos cada vez más sofocantes. Al final de la tarea de consolidación profesional se dan cuenta de que se han diferenciado demasiado de los demás y del mundo que los rodea. Es hora de volver del frío.

LA TAREA GENERATIVA

El Estudio Grant, como ya he mencionado, es un famoso estudio longitudinal que siguió la vida de cientos de hombres desde el momento en que se matriculaban en Harvard en la década de 1940, hasta su muerte, decenios después. Adam Newman (un seudónimo) fue uno de los hombres seguidos por los investigadores de Grant. Cuando los investigadores se encontraron por primera vez con Newman, era uno de los hombres más tristes y desventurados del estudio.[15] Provenía de un hogar sin amor. Su madre, refirió su hermana, "podía hacer que cualquiera se sintiera pequeño". Cuando él, siendo un niño, hacía rabietas, ella lo ataba a su cama, usando los tirantes de su padre.

Nunca habló de la muerte de su padre, que ocurrió cuando él tenía 17 años.

Obtuvo excelentes calificaciones en la secundaria, se convirtió en Eagle Scout y fue demasiado ambicioso en la universidad para demostrar su valía ante su dominante madre. Tenía pocos amigos cercanos. La mayoría de los entrevistadores del Estudio Grant lo encontraron distante, rígido, egocéntrico, egoísta y repelente. Era bastante religioso, pero de manera hasta cierto punto legalista; asistía a misa cuatro veces por semana y juzgaba duramente a cualquiera que no cumpliera con sus imposibles estándares.

Continuó sus estudios en la escuela de medicina en la Universidad de Pensilvania, se casó durante su segundo año ahí y acabó dirigiendo un departamento de bioestadística de 50 personas en la NASA. Su carrera progresó muy bien y su matrimonio fue a la vez comprometido e inusual. Tanto él como su esposa se consideraban mejores amigos y ambos decían que no tenían ningún otro amigo.

A los 45 años se había convertido en un padre severo que tenía que lidiar con dos hijas rebeldes. Las presionó para que alcanzaran la excelencia, tal como lo había hecho él. Cuando tenía cuarenta y tantos años, una hija lo llamó "perfeccionista del logro extremo". Más tarde les dijo a los investigadores que él había destruido para siempre la autoestima de ella.

Sin embargo, a medida que envejeció, comenzó a volverse más abierto emocionalmente y más consciente de sí mismo. En la universidad había insistido en que la relación con su madre era excepcional. Ya en su madurez confesó que cuando pensaba en su madre le daban ganas de vomitar. "Toda mi vida he tenido que luchar contra el dominio de mi madre", admitía ahora.

Su vida dio un giro radical en la madurez. Se dio cuenta, como él mismo dijo, de que "los pobres del mundo son responsabilidad de los ricos del mundo".[16] Dejó su trabajo, se mudó a Sudán y utilizó sus habilidades estadísticas para ayudar a los agricultores locales a resolver problemas agrícolas. En ese momento de su vida, escribió, sus hijas le habían enseñado que "en la vida había más que números, pensamiento y lógica".

Luego regresó a Estados Unidos y comenzó a enseñar psicología y sociología en una universidad local, siendo mentor de la siguiente generación. Desde los 55 hasta los 68 años trabajó en planificación urbana (que había sido su interés desde niño) ayudando a las ciudades de Texas a gestionar su crecimiento. Al final de su vida se había vuelto gentil y amable. Cuando tenía 72 años, el director de investigación George Vaillant fue a visitarlo y Newman habló alegremente con él durante dos horas. Cuando Vaillant se levantó para irse, Newman dijo: "¡Déjame darte una despedida estilo Texas!", y lo envolvió en un abrazo de oso.[17] Vaillant concluyó su entrevista y escribió en sus notas: "Estaba fascinado".

La mayor parte de la acción en la vida de Newman ocurrió durante la segunda mitad de ella. El último Newman ni siquiera se dio cuenta de cuánto había cambiado. Cuando tenía 55 años, Vaillant le envió la transcripción de una entrevista que había concedido mientras estaba en la universidad. Newman respondió: "George, debes haber enviado esto a la persona equivocada". No había ninguna posibilidad en absoluto de que el tipo en esas transcripciones fuera él. Pero lo era. Simplemente no reconoció ninguna de las historias y hechos que había contado tres décadas antes. Había reinventado su propia conciencia y su pasado para adaptarlo a la persona que era ahora.

Durante la tarea generativa de la vida, las personas intentan encontrar alguna manera de estar al servicio del mundo. O se logra la generatividad, sostiene Erikson, o se cae en el estancamiento. Vaillant define la generatividad como "la capacidad de fomentar y guiar a las próximas generaciones".[18] Me gusta esa definición porque enfatiza que las personas por lo común abordan la tarea de generatividad en dos momentos diferentes de su vida. Primero, cuando se convierten en padres. La paternidad a menudo enseña a las personas a amar de manera generosa. Y más adelante, cuando son de edad madura o mayores y se convierten en mentores, adoptan una lógica de donación (¿cómo puedo devolver algo al mundo?) que reemplaza la lógica meritocrática de los años de consolidación profesional.

Muchas personas adoptan la mentalidad generativa cuando son ascendidas a una posición de liderazgo. Una persona pasa de ser profesor en el aula a administrador en la oficina, de reportero a editor, de trabajar en un pequeño departamento de una organización a gestionar una gran división.

A menudo estos ascensos alejan a las personas de la tarea principal que las hizo enamorarse de su profesión en primer lugar. Los profesores se dedican a la educación, por ejemplo, porque les encanta la interacción directa con los estudiantes. Pero las personas generalmente aceptan estos ascensos porque creen en la misión de su organización, porque sienten la responsabilidad de administrar la organización, porque sienten que para crecer en la vida necesitan seguir avanzando hacia estados de conciencia cada vez mayores y, por supuesto, porque los puestos de liderazgo suelen pagar más.

A veces, a las personas que asumen estos puestos de liderazgo les lleva un tiempo cambiar de conciencia. En su libro *Immunity to Change* [Inmunidad al cambio], Robert Kegan y Lisa Laskow Lahey describen a un ejecutivo de negocios, Peter, que se suponía debía dirigir un equipo pero estaba atrapado en esa conciencia de consolidación profesional centrada en sí mismo.[19] Sus valores eran éstos: quiero hacer las cosas a mi manera; quiero sentirme orgulloso de ser dueño de nuestros proyectos; quiero preservar mi sentido de mí mismo como el súper solucionador de problemas aquí. Ni siquiera podía ver que estaba siendo desdeñoso y dominante hacia quienes lo rodeaban, y haciéndolos sentir desgraciados.

Al final, la gente a su alrededor le dio la dura noticia: necesitaba cambiar, estar más abierto a nuevas ideas, escuchar mejor y delegar autoridad. Tuvo que superar su lealtad hacia su autoimagen de héroe solitario y desarrollar una mayor lealtad a la organización. Un líder generativo sirve a las personas que están bajo su mando, eleva la visión de otras personas a miras más sublimes y ayuda a otras personas a convertirse en mejores versiones de sí mismas.

La persona generativa asume a menudo el papel de guardián. Una persona con esta conciencia con frecuencia dirige o sirve a alguna institución, ya sea una empresa, una organización comunitaria, una escuela o una familia. Un apoderado siente un profundo respeto por la institución que ha heredado. Se ve a sí mismo como alguien a quien se le ha confiado algo, ha recibido algo precioso y, por lo tanto, tiene la responsabilidad de administrarlo y transmitirlo en mejores condiciones de como lo encontró. Una persona con esta mentalidad no se define por lo que obtiene de la institución sino por lo que aporta a ella.

En este momento de madurez, esa persona comprende plenamente que no creó su propia vida. La familia en la que creció, la escuela a la que asistió y los mentores, amigos y organizaciones que la ayudaron le implantaron ciertos valores, estándares de excelencia y una forma de ser. Le invade un ferviente deseo de transmitirlo.

Philip M. Lewis escribe que cuando era un profesor más joven, se sentía mal consigo mismo cuando sus alumnos parecían aburridos.[20] Su aprobación o desaprobación definía su experiencia de enseñanza. Más tarde, funcionando en un nivel más generativo, se dio cuenta de que simplemente hay fragmentos de información en todos los campos que deben enseñarse, incluso si son áridos, si se quiere honrar la materia. Estuvo dispuesto a aburrir a sus estudiantes para cumplir con los estándares de una buena enseñanza, honrar la materia y servir a la institución.

Una persona generativa les da a los demás el don de la admiración, viéndolos como las preciosas criaturas que son. Da el don de la paciencia: comprender que las personas siempre están desarrollándose. Les otorga el don de la presencia. Conozco a un hombre que sufrió una desgracia pública. Luego, uno de sus amigos lo invitó a cenar todos los domingos por la noche durante dos años: la definición misma de un acto generativo.

Puede haber una especie de soledad para una persona con esta conciencia. Como cofundador de Weave: The Social Fabric Project, entrevisté a cientos de promotores comunitarios: personas que dirigían programas para jóvenes, bancos de alimentos, refugios para personas sin hogar y similares. Estaban muy satisfechos de tener la oportunidad de ayudar a los demás, pero a menudo notaban que en realidad nadie estaba ahí para ayudarlos, para atenderlos en sus momentos de debilidad y agotamiento. La persona que parece más fuerte en cualquier familia u organización también puede sentirse sola.

También diría que estas personas eran tan ambiciosas, o incluso más, que los adultos jóvenes que recién comenzaban sus carreras. *Las necesidades del mundo son tantas*, me decían a menudo. *No puedo decepcionar a la gente*. En mi experiencia, las personas altruistas son tan propensas al agotamiento como las egoístas, tal vez más.

INTEGRIDAD VERSUS DESESPERACIÓN

La última tarea sobre la que escribió Erik Erikson fue la lucha por alcanzar la integridad o soportar la desesperación. La integridad es la capacidad de aceptar la vida frente a la muerte. Es una sensación de paz de que has utilizado y estás utilizando bien tu tiempo. Tienes una sensación de logro y aceptación. La desesperación, por el contrario, está marcada por un sentimiento de arrepentimiento. No llevaste tu vida como crees que deberías haberlo hecho. La desesperación implica amargura, reflexionar sobre los errores del pasado y sentirse improductivo. Las personas a menudo evaden y exteriorizan su arrepentimiento. Se enojan con el mundo, con la intención de reemplazar su decepción sobre sí mismos por ira, porque todo se está yendo al infierno.

Las personas en esta etapa suelen tener un fuerte deseo de aprender. Las salas de conferencias del mundo están llenas de personas mayores que buscan más conocimiento y sabiduría. El impulso explicativo que existía cuando eran bebés todavía existe ahora.

La sabiduría en esta fase de la vida es la capacidad de ver las conexiones entre las cosas. Es la capacidad de mantener verdades opuestas (contradicciones y paradojas) en la mente al mismo tiempo, sin luchar por imponer algún orden lineal. Es la capacidad de ver las cosas desde múltiples perspectivas. El psicoanalista Philip M. Bromberg escribió: "La salud es la capacidad de permanecer en los espacios que hay entre realidades sin perder ninguna de ellas. Esto es lo que creo que significa la autoaceptación y en lo que realmente consiste la creatividad: la capacidad de sentirse uno mismo y al mismo tiempo ser muchos".[21]

Cuando entrevisto a personas involucradas en esta tarea de vida a menudo encuentro que obtienen una gran satisfacción de las acciones cotidianas: cuidar un jardín, compartir el desayuno con amigos en un restaurante, visitar lugares de vacaciones familiares, la contemplación de la belleza cotidiana. Un moribundo me dijo que nunca antes había disfrutado tanto de los paseos por la naturaleza.

Uno pensaría que esta fase sería solitaria, sentarse solo en una habitación y revisar su vida. Pero es una fase increíblemente social. La psicóloga Laura Carstensen descubre que a medida que las personas envejecen, las emociones suelen sustituir al pensamiento racional.[22] Las personas se sienten libres de llorar más, son más expertas en llevar emociones diferenciadas a la conciencia. La conciencia de la muerte tiende a hacer que las trivialidades de la vida parezcan... triviales. "El cáncer cura las psiconeurosis —le dijo uno de sus pacientes de terapia a Irvin Yalom—. Qué lástima que tuve que esperar hasta ahora, hasta que mi cuerpo estuvo plagado de cáncer, para aprender a vivir".[23]

La madre del historiador Wilfred McClay era una matemática brillante, vivaz, muy verbal, lectora, profesora y conversadora. Sufrió un derrame cerebral que la dejó incapacitada para hablar. Al principio pensó que no valía la pena vivir una vida como ésta y lloraba amargamente. Pero poco a poco un cambio se apoderó de ella. Como recuerda McClay: "Se produjo un desarrollo interior que la convirtió en una persona mucho más profunda, más cálida, más afectuosa, más agradecida y más generosa de lo que jamás había conocido".[24] Ella y su familia idearon formas de comunicarse, a través de gestos, entonaciones y las pocas palabras que aún poseía. Ella aplaudía y cantaba. "Lo más sorprendente —señala McClay— es que mi madre demostró ser una magnífica abuela para mis dos hijos, a quienes amaba sin reservas y quienes a su vez la amaban a ella de la misma manera." Sus nietos vieron más allá de su discapacidad y vieron quién era ella, y no podían saber a qué grado hicieron que la vida valiera la pena para ella. Estar cerca de ella era una alegría.

∽

Tengo la esperanza de que este enfoque en las tareas de vida pueda ayudar a recordar que cada persona que uno conoce se encuentra en un punto de su proceso de crecimiento durante toda su vida. Con frecuencia estamos ciegos ante cuánto estamos cambiando. El psicólogo Daniel Gilbert tiene un dicho famoso al respecto: "Los seres humanos son obras en desarrollo que erróneamente piensan que están terminadas". Muchas veces también estamos ciegos ante el hecho de que un cambio en las circunstancias de la vida requiere con frecuencia una renovación de toda nuestra conciencia. Como lo expresó Carl Jung: "No podemos vivir la tarde de la vida de acuerdo con el programa de la mañana de la vida, porque lo que era grandioso por la mañana será pequeño por la noche, y lo que por la mañana era verdadero se habrá convertido en mentira al anochecer".[25]

Como todos los modelos, la teoría de las tareas de vida es útil para incitarte a prestar atención a tu vida, para ver dónde encaja en el patrón y dónde no. Pero en general debo decir que me reconozco en esta evolución. Cuando estaba en la secundaria me encontraba en esa fase interpersonal. En el último año me enamoré muchísimo de una mujer, pero era un amor desesperado y basado en la necesidad. Cuando ella me dejó fue devastador. En la madurez, ciertamente estuve involucrado en esa tarea de vida de consolidación de carrera y me familiaricé con la forma en que te refuerza. Hoy desearía estar tan sólo en una fase generativa y generosa, pero si soy honesto, creo que estoy en una especie de consolidación de mi carrera y generatividad. Busco servir, pero todavía presto demasiada atención a las métricas del éxito. Hace unos años escribí un libro sobre cómo vivir tu vida para los demás y luego pasé las semanas posteriores a su publicación revisando mis clasificaciones en Amazon. Voy a una cena decidido a escuchar con atención, pero luego tomo una copa de vino y empiezo a contar historias sobre mí. Es evidente que en mi interior tengo una guerra civil entre mi conciencia generativa a la que aspiro y ese pequeño ego imperial que no puedo dejar atrás. Sospecho que no estoy solo en esto.

Los periodos de transición entre tareas pueden ser difíciles. Cuando estás atrapado en una tarea, estás incrustado en una determinada mentalidad. Cuando esa mentalidad deja de funcionar para ti, debes dejar que se desmorone dentro de ti. "Todo crecimiento es costoso —escribe Kegan—. Se trata de dejar atrás una vieja manera de estar en el mundo."[26]

Es un proceso de desvincularse de una mentalidad y luego reinsertarse en otra. Un bebé cree: *Yo soy mis padres*, pero luego, alrededor de los dos años, se da cuenta: *Yo no soy mis padres. Tengo padres.* Una adolescente puede estar tan inmersa en la conciencia interpersonal que cree: *Yo soy mis amistades.* Pero luego se da cuenta: *No, yo no soy mis amistades. Soy una persona que tiene amistades.* No es que las amistades de repente dejen de ser importantes, sino que lo que alguna vez fue fundamental se vuelve relativo. *Valoro mis amistades, pero toda mi existencia actual no depende de si le agrado a esta o aquella persona.*

Tengo amigos de unos 50 años que sufrieron graves crisis vitales cuando sus hijos se fueron de casa para ir a la universidad o al mundo del trabajo. Su visión de sí mismos era la de padres activos; la crianza estructuraba su día a día; y entonces, de repente, todo eso desaparecía. Dudaron un poco hasta que encontraron la siguiente tarea. Tengo amigos que se enfrentan a la jubilación y que están aterrorizados de perder su identidad al quedarse sin su trabajo. No están del todo preparados para el hecho de que en algún momento tendrán que dejar atrás su currículum. Ya no serán quienes son. Eso requiere una nueva construcción de la realidad. Como dice la frase: no van a resolver su problema en el mismo nivel de conciencia en el que lo crearon.

Historias de vida

Hace un par de años estaba hablando con Dan McAdams, el profesor de psicología de Northwestern que escribió el libro sobre George W. Bush que cité en el capítulo sobre personalidad. Él y yo discutíamos sobre otro aspecto de su trabajo. También estudia la manera en que las personas construyen sus narrativas personales: cómo cuentan la historia de su vida. Para averiguarlo, invita a sujetos de investigación al campus, les ofrece algo de dinero por su tiempo y luego, durante unas cuatro horas, les hace preguntas que sacan a relucir sus historias de vida. Pide a la gente, por ejemplo, que le cuente los momentos altos de su vida, los puntos bajos y los puntos de inflexión. La mitad de las personas que entrevista acaban llorando en algún momento, recordando algún acontecimiento duro de su vida. Al final de la sesión, la mayoría ellos están eufóricos. Le dicen que nunca antes nadie les había preguntado sobre la historia de su vida. Algunas quieren devolver el dinero de la investigación. "No quiero aceptar dinero por esto —dicen—. Ésta ha sido la mejor tarde que he tenido en mucho tiempo." Al parecer vivimos en una sociedad en la que la gente no puede contar su historia. Trabajamos y vivimos rodeados de personas durante años sin siquiera conocer su historia. ¿Cómo llegó a ser así?

Parte de esto debe ser el ajetreo normal de la vida: ¿quién tiene tiempo para preguntarle a otro ser humano sobre su historia, cuando tenemos niños que recoger, alimentos que comprar y videos de TikTok que mirar? Parte de esto también debe ser el miedo al rechazo que puede surgir si hago un avance social hacia ti y soy rechazado. La ansiedad social es real. Pero tal vez haya una razón más simple y mucho más solucionable por la cual las personas no se preguntan entre sí sobre su historia de vida ni hablan sobre la propia.

Un día, hace aproximadamente una década, Nicholas Epley viajaba en tren a su oficina en la Universidad de Chicago. Como psicólogo conductual, era muy consciente de que la conexión social es la fuente número uno de felicidad, éxito, buena salud y gran parte de la dulzura de la vida. Los seres humanos son animales sociales a los que les encanta comunicarse entre sí. Sin embargo, ese día, en este tren de cercanías, miró a su alrededor y se dio cuenta de que nadie hablaba con nadie. Eran sólo auriculares y pantallas. Y se preguntó: ¿Por qué estas personas no hacen lo que les da felicidad? Más tarde realizó algunos experimentos en los que indujo a personas a hablar con otros viajeros durante sus traslados al centro. Cuando terminaba el viaje y llegaban a su destino, los investigadores estaban ahí para preguntarles qué tanto habían disfrutado el trayecto. Los comentarios fueron abrumadoramente positivos. Las personas, tanto introvertidas como extrovertidas, informaron que pasar el viaje hablando con alguien era mucho más divertido que pasarlo inmovilizadas ante la pantalla.

Entonces, ¿por qué la gente no habla más? Epley continuó su investigación y encontró una respuesta al misterio: no iniciamos conversaciones porque somos malos para predecir cuánto las disfrutaremos. Subestimamos cuánto quieren hablar los demás; subestimamos cuánto aprenderemos; subestimamos la rapidez con la que otras personas querrán profundizar y volverse personales. Si le das un pequeño empujón a la gente, compartirá su historia de vida con entusiasmo. Como espero haber dejado claro a estas alturas, la gente está ansiosa, a menudo desesperada, por ser vista, escuchada y comprendida. Y, sin embargo, hemos construido una cultura y un

conjunto de modales en los que eso no sucede. La forma de solucionarlo es simple, fácil y divertida: pídele a la gente que te cuente su
historia.

∽

Desde que Epley me habló de su investigación, es más probable que
hable con extraños en un avión, un tren o un bar. Y como resultado,
he tenido muchas más experiencias memorables de las que habría tenido si hubiera estado cómodamente instalado con mis auriculares.
Unos días antes de escribir estas palabras estaba en un avión desde el
aeropuerto JFK de Nueva York al aeropuerto Reagan de D.C. Estaba
sentado junto a un señor mayor, y en lugar de sumergirme en mi
libro, le inquirí de dónde venía, y luego le pregunté sobre su vida. Resultó que había nacido en Rusia y había emigrado solo a Estados Unidos a los 17 años. Para ganarse la vida, comenzó barriendo pisos en
una fábrica y luego terminó exportando camisetas y otras prendas de
vestir estadunidenses a países en desarrollo. Me contó cuánto amaba
a Donald Trump y por qué había comenzado a amargarse con él. Luego sacó su teléfono y me mostró fotos de las vacaciones que recientemente había pasado en Italia: navegando en grandes yates, rodeado
de gente de aspecto glamoroso, alzando botellas de champán. ¡Este
tipo todavía andaba por ahí como un playboy a los 80 años! Terminó
contándome toda la historia de su vida, que incluyó más giros y vueltas (y más divorcios) de los que podía seguir. No es el tipo de persona
que estaría en mi círculo íntimo de amistades, pero fue muy divertido echar un vistazo a su mundo.

Desde que conocí la investigación de Epley y McAdams, también
he intentado que mis conversaciones relaten historias y no sean sólo
charlas para hacer comentarios. El psicólogo Jerome Bruner distinguió entre dos modos diferentes de pensamiento, a los que llamó
modo paradigmático y modo narrativo. El modo paradigmático es

analítico. Es hacer una argumentación. Es un estado mental que implica acumular datos, recopilar evidencia y ofrecer hipótesis. Muchos de nosotros vivimos nuestra vida profesional en el modo paradigmático: haciendo presentaciones en PowerPoint, escribiendo informes legales, emitiendo órdenes o incluso, en mi caso, improvisando columnas de opinión. El pensamiento paradigmático es excelente para comprender datos, defender una propuesta y analizar tendencias entre poblaciones. No es bueno para ver a una persona individual.

El pensamiento narrativo, por otra parte, es necesario para comprender al individuo único que tenemos delante. Las historias capturan la presencia particular del carácter de una persona y cómo cambia con el tiempo. Las historias capturan cómo mil pequeñas influencias se unen para dar forma a una vida, cómo las personas luchan y se esfuerzan, cómo su vida se ve afectada por golpes de suerte y de mala suerte. Cuando alguien te cuenta su historia, obtienes una imagen mucho más personal, complicada y atractiva de la persona. Puedes experimentar su experiencia.

Vivimos en una cultura que es rica en paradigmas y pobre en narrativa. En Washington, por ejemplo, tenemos estos programas de entrevistas políticas que evitan todo lo personal. Un senador o algún periodista aparece para ofrecer temas de conversación en nombre de tal o cual posición partidista. El presentador hace preguntas capciosas, escritas de antemano, para poner a prueba tal o cual posición. Los invitados escupen un montón de respuestas preparadas. Todo esto está planteado como un combate verbal de gladiadores. Por una vez me encantaría que un locutor dejara de lado las preguntas y dijera: "Dime quién eres". Sería mucho más interesante y conduciría a una atmósfera política más sana. Pero no vivimos en una cultura que fomente eso.

Lo que haces para ganarte la vida moldea la persona en que te conviertes. Si pasas la mayor parte del día en modo paradigmático es probable que caigas en hábitos de pensamiento despersonalizados.

Puedes empezar a considerar que contar historias es poco riguroso o infantil, y si lo haces, malinterpretarás constantemente a la gente. Entonces, cuando estoy conversando con alguien ahora intento luchar contra eso y ponernos en modo narrativo. Ya no me conformo con preguntar: "¿Qué opinas de X?". En cambio, pregunto: "¿Cómo llegaste a creer en X?". Se trata de un encuadre que invita a las personas a contar una historia sobre qué acontecimientos las llevaron a pensar como lo hacen. De manera similar, no le pido a la gente que me hable de sus valores. Yo digo: "Háblame de la persona que más moldeó tus valores". Eso da lugar a una historia.

Luego está la costumbre de hacer retroceder a la gente en el tiempo: ¿Dónde creciste? ¿Cuándo supiste que querías pasar tu vida de esta manera? No tengo reparos en preguntarle a la gente sobre su infancia: ¿Qué querías ser cuando eras niño? ¿Qué querían tus padres que fueras? Al final, trato de preguntar sobre intenciones y objetivos. Cuando la gente te habla de sus intenciones, implícitamente te está diciendo dónde ha estado y hacia dónde espera ir. Hace poco, por ejemplo, mi esposa y yo estábamos sentados con una mujer brillante que se había jubilado de un trabajo que había desempeñado durante muchos años. Le hicimos una pregunta sencilla: ¿Cómo esperas pasar los años venideros? Se derramaron todo tipo de cosas: cómo estaba lidiando con la pérdida de la identidad que le había dado su trabajo. Cómo, durante tanto tiempo, la gente acudía a ella pidiendo cosas, pero ahora se veía obligada a humillarse y acercarse a otros en busca de favores. Nos dijo que ya se había dado cuenta de que no podía predecir lo que la hacía feliz. Sus ideas originales sobre cómo sería la jubilación no estaban funcionando; ahora descubría que lo mejor era simplemente abrirse a posibilidades inesperadas y dejar entrar las cosas. La historia que nos contó sobre sus años anteriores fue fascinante, pero la mejor parte fue que su narrativa tenía un final muy abierto; su postura hacia el futuro era de disposición, aceptación y deleite.

La capacidad de elaborar una historia de vida precisa y coherente es otra habilidad vital que no enseñamos a la gente en la escuela. Pero contar una historia personal es de vital importancia para llevar una vida significativa. No puedes saber quién eres a menos que sepas cómo contar tu historia. No puedes tener una identidad estable a menos que tomes los acontecimientos inconclusos de tu vida y les des significado convirtiéndolos en una historia coherente. Sólo si sabes de qué historia eres parte podrás saber qué hacer en adelante. Y sólo puedes soportar los dolores presentes si puedes verlos como parte de una historia que producirá beneficios futuros. "Todos los dolores se pueden soportar si los plasmas en una historia", como dijo la escritora danesa Isak Dinesen.

Por eso ahora trabajo duro para luchar contra las presiones paradigmáticas de nuestra cultura y para "historificar" la vida. "Esto es lo que engaña a la gente —observó alguna vez el filósofo Jean-Paul Sartre—. Un hombre es siempre un narrador de historias. Vive rodeado de sus historias y de las historias de los demás, ve todo lo que le sucede a través de ellas, y trata de vivir su vida como si las estuviera contando."

⌁

Mientras la gente me cuenta su historia, presto atención a algunas cosas específicas. Primero, estoy escuchando el *tono de voz característico de la persona*. Así como cada escrito tiene un narrador implícito (la persona que el escritor quiere que tú creas que es), cada persona tiene un tono narrativo característico: atrevido o sarcástico, irónico o serio, alegre o grave. El tono narrativo refleja la actitud básica de la persona hacia el mundo: ¿es seguro o amenazante, acogedor, decepcionante o absurdo? El tono narrativo de una persona a menudo revela su sentido de "autoeficacia", su confianza general en sus propias capacidades.

Esa voz interior es uno de los mayores milagros de toda la naturaleza. La vida misma a menudo puede parecer una tormenta de acontecimientos aleatorios: enfermedades, accidentes, traiciones, golpes de buena y mala suerte. Sin embargo, dentro de cada persona hay una vocecita que intenta darle sentido a todo. Esta vocecita trata de tomar los acontecimientos aparentemente dispersos de una vida y organizarlos en una historia que tenga coherencia, significado y propósito.

Piénsalo: tienes un trozo de tejido neuronal de tres libras en tu cráneo, y de ahí, de alguna manera, surgen pensamientos conscientes. *Tú* emerges. ¡Nadie entiende cómo sucede esto! Nadie entiende cómo el cerebro y el cuerpo crean la mente, por eso en el centro del estudio de cada persona hay un misterio gigantesco ante el cual todos estamos asombrados.

Lo curioso de esta vocecita, de esta narradora, es que va y viene. Cuando los investigadores estudian la voz interior descubren que en algunas personas la voz interior parlotea casi cada segundo. Otras personas experimentan largos periodos de silencio interior. Russell T. Hurlburt y sus colegas de la Universidad de Nevada, en Las Vegas, descubrieron que en promedio las personas tienen una experiencia de habla interior alrededor de 23 por ciento del tiempo.[1] El resto del tiempo la voz puede ser una sensación de humor, o una canción que se repite, pero la sensación de un narrador interior está ausente. Esto es lo que trato de decirle a mi esposa cuando me pregunta en qué estoy pensando: "Honestamente, cariño, la mayor parte del tiempo hay una gran caja llena de nada ahí arriba".

A veces la voz suena como un habla normal y otras veces es un torrente de fragmentos de ideas y pensamientos a medio formar. En su libro *Chatter* (*Tu diálogo interior*), Ethan Kross, psicólogo de la Universidad de Michigan, informa sobre un estudio que sugiere que hablamos con nosotros mismos a un ritmo equivalente a decir 4 mil palabras por minuto en voz alta.[2] Alrededor de una cuarta parte de las personas escuchan en su cabeza los sonidos de las voces de otras personas.[3] Aproximadamente la mitad de las personas se dirigen a sí mismas en segunda persona como "tú" a menudo o todo el tiempo. Algunas personas usan su propio nombre cuando hablan consigo mismas.[4] Por cierto, las personas que se dirigen a sí mismas en segunda o incluso en tercera persona tienen menos ansiedad, dan mejores discursos, completan tareas de manera más eficiente y se comunican de manera más efectiva. Si puedes distanciarte de esta manera, deberías hacerlo.

Charles Fernyhough, profesor de la Universidad de Durham, en el Reino Unido, y uno de nuestros principales estudiosos del habla interior, señala que a veces parece que no estamos diciendo nuestro discurso interior, sino que lo estamos escuchando. Es decir, a veces parece que no estamos a cargo de la voz; somos su audiencia. La voz nos tortura con recuerdos vergonzosos que preferiríamos no revivir, pensamientos crueles que preferiríamos no tener. A veces parece que no estamos más a cargo de nuestra voz que de nuestros sueños. O como dijo William James: "Los pensamientos mismos son los pensadores".

Fernyhough observa que nuestro discurso interior a menudo se compone de diferentes personajes en la mente, que mantienen una conversación. La investigadora polaca Małgorzata Puchalska-Wasyl pidió a la gente que describiera los caracteres que escuchaba en su cabeza.[5] Descubrió que la gente comúnmente nombraba cuatro tipos de voces internas: el Amigo fiel (que te habla de tus fortalezas personales), el Padre ambivalente (que ofrece críticas afectuosas), el Rival orgulloso (que te acosa para que tengas más éxito) y el Niño desamparado (que tiene mucha autocompasión).

Entonces, cuando escucho a alguien contar su historia, también me pregunto: ¿Qué personajes tiene esta persona en su cabeza? ¿Es ésta una voz confiada o una voz cansada, una voz arrepentida o una voz anticipada? Por alguna razón me gustan las novelas en las que el narrador tiene una voz elegiaca. En *El gran Gatsby* de F. Scott Fitzgerald, *Todos los hombres del rey* de Robert Penn Warren y *El buen soldado* de Ford Madox Ford, los narradores tienen un tono cansado de la vida. Es como si estuvieran recordando gloriosos acontecimientos pasados, cuando los sueños eran recientes y el mundo parecía nuevo y las decepciones de la vida aún no se habían asentado. Esa voz me suena como una escritura en tono menor, y la encuentro muy conmovedora. Pero supongo que no me gustaría estar rodeado de gente con esa voz en la vida real. En la vida real preferiría estar cerca de la voz de mi amiga Kate Bowler. Como mencioné, Kate contrajo cáncer hace unos años, cuando era una madre joven, y su voz está llena de vulnerabilidad e invita a la vulnerabilidad, pero sobre todo dice: la vida puede ser horrible, pero vamos a ser graciosos al respecto. Tiene una voz que te atrae hacia la amistad e inspira humor; en su voz, la risa nunca está muy lejos.

La siguiente pregunta que me hago cuando la gente me cuenta su historia es: ¿Quién es el héroe aquí?

A finales de nuestros veinte o principios de los treinta años, la mayoría de nosotros tenemos lo que McAdams llama una *imago*, un arquetipo o imagen idealizada de uno mismo que captura el papel que esperamos desempeñar en la sociedad. Concluye que una persona podría presentarse como el Sanador. Otro podría ser el Cuidador. Otros tal vez sean el Guerrero, el Sabio, el Hacedor, el Consejero, el Superviviente, el Árbitro o el Malabarista. Cuando alguien me cuenta su historia, encuentro que a menudo es útil preguntarme: ¿Qué imagen habita? Como escribe McAdams, "las imágenes expresan nuestros deseos y metas más preciados".[6]

Un día, en el set de la película *Suicide Squad* (*Escuadrón suicida*) el actor Will Smith se acercó a Viola Davis y le preguntó quién era. Ella no entendió bien la pregunta, así que Smith aclaró: "Mira, siempre seré ese chico de 15 años cuya novia rompió con él. Ése siempre seré yo. ¿Entonces, tú quién eres?". Davis respondió: "Soy la niña de tercer grado que corría después de la escuela todos los días porque estos niños me odiaban porque no era... bonita. Porque yo era... negra".[7]

En su libro *Finding Me* [Encontrándome], Davis describe una imagen muy clara. Ella es alguien que creció en medio de una pobreza desesperada, con un padre alcohólico enojado, sintiéndose siempre como una extraña y una condenada. Pero su identidad está construida en torno a su heroica resistencia a esas circunstancias, incluso cuando era niña. "Cuando ganaba concursos de ortografía —escribe—, hacía alarde de mi estrella dorada ante todos los que veía. Era mi manera de recordarles quién diablos era yo".[8] Davis se presenta a sí misma con la imagen de la Luchadora: "Mis hermanas se convirtieron en mi pelotón. Todos estábamos en guerra, luchando por tener importancia. Cada una de nosotras era un soldado que luchaba por nuestro valor, nuestro mérito".[9]

En el libro de Davis, sabes quién es la heroína y cómo es. No todo el mundo ha establecido una identidad heroica tan clara. El psicólogo James Marcia sostiene que hay cuatro niveles de creación de identidad. Las personas más sanas han llegado a lo que él llama "logro de identidad". Exploraron diferentes identidades, contaron diferentes historias sobre sí mismas y al final se decidieron por una identidad heroica que funciona. Las personas menos evolucionadas pueden encontrarse en un estado de "exclusión". Se les ocurrió una identidad muy temprano en su vida: *Soy el niño que provocó el divorcio de mis padres*, por ejemplo, o *Soy el deportista que fue una estrella en la secundaria*. Se aferran con rigidez a esa identidad y nunca la actualizan. Otros pueden verse atrapados en la "difusión de identidad". Se trata de personas inmaduras que nunca han explorado su identidad. Pasan por la vida sin una identidad clara, sin saber nunca qué hacer. Luego está la "moratoria". Las personas en este nivel están constantemente explorando nuevas identidades, cambiando de forma y probándose una u otra, pero nunca se deciden por una. Nunca encuentran esa *imago* estable.

La tercera cosa que me pregunto cuando la gente me cuenta su historia es: ¿Cuál es la trama aquí? Tendemos a elaborar la historia de nuestra vida de forma gradual, a lo largo de toda la vida. Los niños realmente no tienen historias de vida. Pero alrededor de la adolescencia la mayoría de las personas empiezan a imponer una narrativa a su vida. Al principio hay mucha experimentación. En un estudio, por ejemplo, McAdams pidió a un grupo de estudiantes universitarios que enumeraran 10 escenas clave de su vida.[10] Cuando hizo la misma pregunta a los mismos estudiantes tres años más tarde, sólo 22 por ciento de las escenas se repitió en la segunda lista. Los estudiantes estaban en el proceso inicial de entender la trama de su vida, por lo que se les había ocurrido una lista diferente de episodios que de verdad importaban.

Al llegar a la edad adulta, la mayoría de nosotros nos hemos decidido por las tramas generales de nuestra vida y a menudo las hemos seleccionado de historias que son comunes en nuestra cultura. En *The Seven Basic Plots* [Las siete tramas básicas], Christopher Booker describe el número relativamente pequeño de tramas que aparecen en nuestra cultura una y otra vez, y cómo las aplicamos para contar nuestra propia historia de vida. Algunas personas, por ejemplo, ven su vida como "superar al monstruo", en donde el héroe vence alguna amenaza central, como el alcoholismo, a través de la amistad y el coraje. Otras personas ven su vida como "de la pobreza a la riqueza", en donde el héroe comienza empobrecido y oscuro y asciende a la prominencia. O ven su vida como una "búsqueda", una historia en la que el héroe emprende un viaje en pos de alguna meta y es transformado por el viaje. Debe haber más de siete tramas, pero tal vez sea cierto que toda persona mentalmente sana tiene un mito predominante que la define a sí misma, incluso si sólo es semiconsciente de ello.

McAdams ha descubierto que muchos estadunidenses cuentan historias de redención. Es decir, ven su vida dentro de una trama en la que sucedieron cosas malas, pero de ellas salieron más fuertes y sabios. Por ejemplo: *Tuve una bendición temprana. Vi el sufrimiento de los demás. Realicé mi propósito moral. Soporté periodos de sufrimiento. Crecí a partir de mi dolor. Estoy mirando hacia un hermoso futuro.* Si hablas con un estadunidense y quieres tener una idea de quién es, averigua si la historia de su vida sigue este patrón, y en caso contrario, por qué no.

En *Composing a Life* [Componiendo una vida], la antropóloga cultural Mary Catherine Bateson argumentó que a menudo acomodamos con calzador nuestra vida en historias ordenadas y lineales de decisión y luego de compromiso: *Decidí ser médico y perseguí mi sueño.* Ella sostiene que muchas vidas no son así.[11] Son no lineales. Tienen rupturas, discontinuidades y comienzos en falso. Los jóvenes, escribió, necesitan escuchar que el primer trabajo que acepten a los 22 años no necesariamente los llevará de manera lineal a lo que harán a los 40. Siempre me sorprenden las personas que ven su vida como una historia de surf: *tomé una ola y la monté, luego tomé otra ola. Luego otra.* Ésa es una aceptación relajada de la vida que pocos de nosotros podemos lograr.

La siguiente pregunta que me hago cuando escucho historias es: ¿Qué tan confiable es este narrador? Supongo que todas nuestras historias son falsas y, hasta cierto punto, halagadoras. El moralista francés del siglo xvii François de La Rochefoucauld emitió al respecto la advertencia crucial: "Estamos tan acostumbrados a disfrazarnos de los demás, que a menudo terminamos disfrazándonos de nosotros mismos". Algunas personas, sin embargo, llevan la fabulación al extremo. Están acosadas por inseguridades y dudas tan profundas que cuando les pides que cuenten su historia, lo que terminas obteniendo no es un relato sino una actuación. El novelista William Faulkner regresó a casa de la Primera Guerra Mundial con uniforme de piloto, rebosante de historias de sus heroicas hazañas al derribar aviones alemanes. En realidad, nunca entró en combate.

El gran director de orquesta Leonard Bernstein dijo una vez en una entrevista: "Mi infancia fue de completa pobreza".[12] Comentó que su escuela no ofrecía "absolutamente nada de música". De hecho, Bernstein creció rico, con personas a su servicio, a veces un chofer y un segundo hogar. Era el piano solista de la orquesta de su escuela y cantaba en el coro.

Algunas personas cuentan historias evasivas. Stephen Cope escribe que su madre a menudo contaba historias de su vida, pero "aquí estaba el problema: omitía casi todas las partes difíciles. Entonces, en realidad su narrativa estaba tejida a partir de *pedazos* de la verdad, pero cuando todo quedó unido, resultó ser una especie de elaborada tapadera. Era un deseo. El lado oscuro quedó fuera".[13] Como sentía que era vergonzoso admitir que experimentaba dolor, dejó los momentos de dolor fuera de su historia. Como enfrentar el dolor no estaba en su historia, no pudo enfrentarlo en la vida real. Un día Cope la llamó, sollozando, después de que su mejor amigo muriera de repente. "Ella apenas sabía qué decir o cómo consolarme —recuerda—. Después de todo, ¿quién la había consolado? Estaba impaciente por colgar el teléfono."[14]

Algunas personas te cuentan historias de vida que son demasiado perfectas. Nunca hay eventos aleatorios; cada episodio de su vida fue, se supone, magistralmente planeado de antemano. Estas personas describen un triunfo tras otro, un logro tras otro, de un modo que simplemente no es real. "La única manera de describir a un ser humano es describiendo sus imperfecciones", escribió el mitólogo Joseph Campbell.[15] Esto también se aplica a la autodescripción.

Por último, cuando escucho historias de vida, busco flexibilidad narrativa. La vida es una lucha constante por refinar y actualizar nuestras historias. La mayoría de nosotros padecemos crisis narrativas de vez en cuando, periodos en los que algo sucedió que hace que la antigua historia de nuestra vida ya no tenga sentido. Quizá toda tu vida hayas soñado con ser arquitecto. Cuando la gente te preguntaba sobre tu infancia, hablabas de cómo, incluso cuando eras niño, te fascinaban los edificios y las casas. Pero digamos que no ingresaste a la escuela de arquitectura o llegaste ahí y te pareció aburrido. Terminaste haciendo otra cosa. Tienes que volver atrás y reescribir la historia de tu infancia para que conduzca de modo coherente a la vida que estás viviendo ahora.

Los terapeutas son esencialmente editores de historias. La gente acude a terapia porque su historia no funciona, a menudo porque se equivocan en cuanto a la causalidad. Se culpan por cosas que no son su culpa, o culpan a otros por las cosas que sí son su responsabilidad. Al repasar historias de vida una y otra vez, los terapeutas pueden ayudar a las personas a salir de las espirales de rumia engañosas que han estado utilizando para narrarse a sí mismas. Pueden ayudar a los pacientes a comenzar la reconstrucción imaginativa de su vida. Con frecuencia, el objetivo de la terapia es ayudar a los pacientes a contar una historia más precisa, una historia en la que se vea que tienen poder sobre su propia vida. Elaboran una nueva historia en la que pueden verse a sí mismos ejerciendo el control.

Creo que la mayoría de nosotros construimos historias más precisas y convincentes a medida que envejecemos. Aprendemos a detectar nuestras fortalezas y debilidades, los patrones recurrentes de nuestro comportamiento, la línea central de deseos que siempre impulsará nuestra vida hacia delante. Volvemos atrás y reinterpretamos el pasado, volviéndonos más indulgentes y más agradecidos. "La calma es una función de clarificación retrospectiva —escribe el profesor de literatura de Swarthmore Philip Weinstein—, un ordenamiento selectivo después del hecho."[16]

⌒

Hoy en día, cuando escucho a la gente contarme su historia, trato de escuchar como escucho música. Intento fluir con las melodías, sintiendo las subidas y bajadas junto con ellas. Como la música, las historias fluyen; se trata de ritmo y melodía. Soy consciente de que contar una historia de vida puede ser una forma de seducción. Entonces me pregunto: ¿Me están contando la historia completa?

Hace poco visité a un amigo en el hospital a quien resultó que le faltaba una semana para morir de cáncer. No tuve que sacarle historias. Estaba revisando activamente la historia de su vida. Se centró principalmente en historias en las que la gente le había hecho actos de bondad que no merecía. Me dijo que le sorprendía la frecuencia con la que se despertaba en mitad de la noche pensando en su madre. "Es un vínculo tan poderoso", dijo asombrado. Habló con pesar de una época en la que había desempeñado un trabajo importante y de cómo eso lo había hecho más cruel con las personas que lo rodeaban. Regresó una y otra vez al pasado y encontró gratitud en todo momento. Cuando volvemos atrás y contamos la historia de nuestra vida con honestidad y compasión, escribió el teólogo H. Richard Niebuhr, "entendemos lo que recordamos, recordamos lo que olvidamos y hacemos familiar lo que antes nos parecía extraño".

Hay una cosa más que sucede cuando escucho historias de vida. Me doy cuenta de que no estoy nada más escuchando la historia de otras personas; las estoy ayudando a crear su historia. Muy pocos de nosotros nos sentamos un día y escribimos la historia de nuestra vida y luego salimos y la recitamos cuando alguien nos pregunta. Para la mayoría de nosotros, sólo cuando alguien nos pide que contemos una historia sobre nosotros mismos tenemos que dar un paso atrás y organizar los acontecimientos y convertirlos en una narrativa coherente. Cuando le pides a alguien que cuente parte de su historia le estás dando la oportunidad de dar un paso atrás. Le estás dando la oportunidad de construir una cuenta de sí mismo y tal vez verse a sí mismo de una manera nueva. Ninguno de nosotros puede tener una identidad a menos que otros la afirmen y reconozcan. Entonces, mientras me cuentas tu historia, ves las formas en que te afirmo y las formas en que no. Estás sintiendo las partes de la historia que funcionan y las que no. Si me das lemas vacíos sobre ti, me retiro. Pero si te presentas más transparente frente a mí, mostrando tanto tus defectos como tus dones, sentirás mi mirada respetuosa y amistosa sobre ti, y eso produce crecimiento. En cada vida hay un patrón, una historia que lo atraviesa todo. Encontramos esa historia cuando alguien nos da la oportunidad de contarla.

¿Cómo aparecen tus antepasados en tu vida?

Zora Neale Hurston nació en Alabama en 1891. Su familia se mudó a Eatonville, Florida, cuando ella tenía tres años. Eatonville, en las afueras de Orlando, era una ciudad exclusivamente negra, con un alcalde negro, un jefe de la policía negro y un concejo municipal negro.

Hurston tuvo prisa desde el principio. Salió prematuramente del útero de su madre, mientras la partera estaba ausente, y fue alumbrada por un transeúnte blanco que escuchó los gritos de su madre, cortó el cordón umbilical con su cuchillo Barlow y la envolvió lo mejor que pudo. Su padre, un hombre grande y poderoso, carpintero y, más tarde, predicador conocido como el "Hacha de batalla de Dios", nunca perdonó a Zora por haber nacido niña y nunca se encariñó con ella. Su madre era pequeña, cariñosa y ambiciosa. Se negó a apagar el espíritu de Zora, por muy problemático que pudiera ser. "Yo era hija de mamá", recordó Hurston años más tarde.[1]

La familia vivía junto a una carretera, y cuando era niña, Zora solía acercarse a los carruajes que pasaban. "¿No quiere que lo acompañe un tramo del camino?", preguntaba con atrevimiento, sin importarle si los conductores eran blancos o negros.[2] Encantados por su seguridad en sí misma, invariablemente la subían al carruaje, conducían un rato mientras ella los acribillaba a preguntas y luego la dejaban salir para que pudiera caminar a casa.

Un año su padre le preguntó qué quería para Navidad. Zora exclamó: "Un hermoso caballo negro con silla de montar de cuero blanco".

En su destacada biografía *Wrapped in Rainbows* [Envuelta en arcoíris], Valerie Boyd escribe que el padre de Zora explotó. "¡Un caballo de silla! ¡Es un pecado y una vergüenza! Déjame decirte algo ahora mismo, jovencita: no eres blanca. ¡¡Montar a caballo!! Siempre tratando de usar el gran sombrero. De todos modos no sé cómo llegaste a esta familia. No te pareces al resto de mis hijos".[3]

Sus padres peleaban entre sí por su asertividad. Su madre le decía con frecuencia: "Salta hacia el sol. Puede que no aterricemos en el sol, pero al menos despegaremos".[4] Mientras tanto, su padre intentaba evitar que ella se metiera en problemas con el resto del mundo. "Él predijo cosas espantosas para mí —recordaría más tarde—. Los blancos no iban a tolerarlo. Me iban a colgar antes de que creciera."

En aquellos días, el centro social de la ciudad era el porche de la tienda de Joe Clarke. Los hombres pasaban el rato ahí durante las tardes y las noches, fanfarroneando, intercambiando chismes, compartiendo opiniones del momento sobre el mundo. "Para mí, el porche de la tienda era el lugar más interesante que se me pudiera ocurrir",[5] recuerda en sus memorias *Dust Tracks on a Road* [Rastros de polvo en una carretera].

Cuando era niña, a Zora no se le permitía quedarse en el porche, pero arrastraba los pies cada vez que pasaba y mantenía los oídos abiertos. Escuchaba conversaciones sobre el mundo adulto prohibido: hombres alardeando de sus hazañas sexuales, historias escabrosas sobre los escándalos en los que había caído tal o cual vecino. "No había matices discretos de la vida en el porche de Joe Clarke —escribió—. Había francas bondades, ira, odio, amor, envidia y sus parientes, pero todas las emociones estaban desnudas y se llegaba a ellas con desnudez."

Captaba destellos y fragmentos de lenguaje.[6] Ahí estaba la forma en que los hombres jugaban entre sí con insultos burlones. Se llamaban unos a otros cabeza de salmonete, orejas de mula, ojos saltones, nariz de cerdo, cara de caimán, vientre de cabra, patas de pala y todos los demás nombres del libro. También se contaban historias, el folclor del Sur Negro: Brer Rabbit, Brer Fox, historias sobre Dios y el diablo, historias de animales sobre el Zorro, el León, el Tigre y el Ratonero. Los hombres llamaban a estos maratones de narraciones "sesiones de mentiras".

Este lenguaje y estas historias formaron la materia prima para la carrera posterior de Hurston como escritora. Como señala Valerie Boyd: "Esencialmente, todo lo que Zora Hurston escribiría y creería cuando creciera tuvo su génesis en Eatonville. Eatonville, el escenario de sus primeros recuerdos de la infancia y el lugar de su mayoría de edad, fue donde Hurston recibió sus primeras lecciones de individualismo y su primera inmersión en la comunidad".[7]

Es así para muchos de nosotros. Hay un cierto lugar en esta tierra que de alguna manera es sagrado, el lugar de donde uno viene, el lugar que nunca se abandona. Cuando piensas en tu ciudad natal o en tu vecindario, a veces lo que recuerdas es el suelo y las montañas, la forma en que cierto viento soplaba a través de un cierto tipo de cultivo, tal vez la forma en que cierta fábrica perfumaba la ciudad. Siempre son las personas, los personajes del pequeño panorama dramático que era, cuando eras niño, toda tu vida.

Crecí en Manhattan. Si comienzas por la calle Catorce en el East Side y caminas hacia el sur durante aproximadamente una milla, pasarás por donde mi bisabuelo tenía su carnicería, donde mi abuelo trabajaba en un bufete de abogados, donde creció mi padre, por el otro lado de mi familia, donde yo fui a la escuela primaria y donde mi hijo, por un tiempo, fue a la universidad. Cinco generaciones en un solo lugar, y ese lugar está, por eso mismo, cubierto de recuerdos y emociones: el patio de recreo donde fui atacado por un perro, el mostrador de delicatessen donde iba a comprar refrescos, el lugar de Lafayette Street donde los hippies solían pasar el rato, el lugar de la Segunda Avenida donde mi abuelo me llevaba a comer panqueques y me dejaba enloquecer con la miel. Es probable que nunca vuelva a vivir en Nueva York, pero nunca podré vivir completamente en ningún otro lugar. Primero habité en Nueva York, y después él me habitó a mí, y vivo con este prejuicio semiconsciente de que si no vives en Nueva York en realidad no estás haciendo el esfuerzo.

Vivimos nuestra infancia al menos dos veces. Primero la vivimos con ojos de asombro, y luego, más adelante en la vida, tenemos que revisitarla para comprender lo que significó. De adultos, los artistas suelen regresar a los hogares de su infancia como fuente de alimento espiritual y en busca de explicaciones de por qué son como son. Toni Morrison lo expresó de esta manera: "Toda el agua tiene una memoria perfecta y siempre está tratando de volver a donde estaba. Los escritores somos así: recordamos dónde estábamos, qué valle recorrimos, cómo eran las orillas, la luz que había y el camino de regreso a nuestro lugar original. Es memoria emocional: lo que recuerdan los nervios y la piel, además de cómo apareció".[8]

Cuando era niña, Hurston tenía visiones. Un día cayó en un sueño extraño. Soñó con escenas de su vida futura. No formaban una historia. Eran sólo una serie de imágenes inconexas, como una presentación de diapositivas: escenas de deambulación, escenas de amor traicionado, una imagen de dos mujeres, una vieja y otra joven, en una casa grande, reorganizando flores extrañas mientras la esperaban a ella.

"Tenía conocimiento antes de tiempo. Sabía mi destino —escribió—. Sabía que sería huérfana y sin hogar. Sabía que mientras aún estuviera indefensa, el reconfortante círculo de mi familia se rompería y que tendría que vagar sintiendo frío y sin amigos hasta que hubiera cumplido mi condena."[9]

Efectivamente, su madre, Lucy, pronto enfermó de gravedad. En aquellos días en el sur existían ciertas supersticiones sobre cómo comportarse en presencia de los moribundos: quitar la almohada debajo de la cabeza del moribundo para facilitar su viaje al más allá; cubrir las carátulas de los relojes de la habitación, porque un reloj nunca volvería a funcionar si la persona moribunda lo miraba; cubrir todos los espejos. Lucy no quería que se observara ninguna de estas supersticiones mientras agonizaba y le pidió a Zora que se asegurara de que no lo hicieran. Mientras su madre respiraba con dificultad, los demás miembros de la familia quitaron la almohada y cubrieron los relojes y espejos. Zora protestó, pero su padre la sujetó. Su madre estaba jadeando, tratando de decir algo, pero nadie sabía qué. Luego ella murió. Ese hecho de no cumplir con los últimos deseos de su madre torturó a Hurston por el resto de su vida. "En medio del juego, en momentos de vigilia después de medianoche, de camino a casa después de una fiesta e incluso en el aula durante las conferencias, mis pensamientos en ocasiones escapaban de sus confines y me miraban fijo."[10] Nunca sabría lo que su madre moribunda quería decirle.

Después de la muerte de su madre, la familia se separó y Hurston comenzó sus andanzas.[11] Como huérfana, como estaba profetizado, se mudó: a Jacksonville, Nashville, Baltimore, Washington, Harlem. Trabajó como asistente en una compañía de teatro itinerante. Cuando tenía 26 años, mintió y dijo que tenía 16, para poder calificar para la escuela secundaria gratuita. A partir de entonces, pasó por ser una década más joven de lo que en realidad era. Tenía sus propias grandes ambiciones, su sentido de su propia búsqueda épica. "¡Oh, si conocieras mis sueños! ¡Mi gran ambición!", le escribió a una amiga.[12] Estudió en las universidades de Howard, Columbia y Barnard (donde era la única estudiante negra). Estuvo en el centro del movimiento Renacimiento de Harlem con su amigo Langston Hughes. Publicó una serie de cuentos, muchos de ellos ambientados en Eatonville, utilizando el dialecto de la gente entre la que había crecido. Se hizo un nombre como escritora en Nueva York, pero nunca se sintió ahí como en su casa.

En Columbia estudió antropología con el emigrado alemán Franz Boas, entonces el principal antropólogo del país. Cuando le preguntó adónde le gustaría ir para realizar su trabajo, ella respondió de inmediato: Florida. Entonces regresó a su casa en Eatonville y comenzó a recopilar información sobre el folclor, las danzas y las costumbres con las que había crecido. Comenzó a registrar las historias y las voces. "Me estoy adentrando en el arte y la tradición negros. Estoy empezando a *ver* realmente —le escribió a Langston Hughes—. Esto va a ser *grande*. Las posibilidades más maravillosas se muestran constantemente."[13]

Hurston decidió ofrecer estas viejas historias de la cultura negra al resto del mundo. En 1932, por ejemplo, presentó las canciones y los bailes de saltos de los esclavos liberados en las Bahamas ante el público del John Golden Theatre de Nueva York, mucho antes de que los "espirituales negros" fueran limpiados y se hicieran aceptables para Broadway. Hurston utilizó este legado cultural para luchar contra aquellos que menoscababan la vida y la cultura negras del sur. "La memoria, la historia, fueron sus armas de resistencia", escribió el escritor contemporáneo Danté Stewart en la revista *Comment*.[14]

⌢

Zora Neal Hurston era una mujer ambiciosa que siempre estaba ascendiendo, siempre explorando, siempre en movimiento. Tenía la fuerza para hacerlo porque sabía de dónde venía y conocía el legado que sus antepasados le habían dejado, las múltiples formas en que los muertos hacía mucho tiempo aparecían en su vida. Edmund Burke escribió una vez que "la gente que nunca mira hacia atrás, a sus antepasados, no esperará la posteridad". La conciencia de cada persona está formada por todas las elecciones de sus antepasados, que se remontan a siglos atrás: con quién se casaron, dónde se establecieron, si se unieron a esta iglesia o a aquella. En otras palabras, una persona es parte de un largo movimiento, una transmisión de una generación a otra, y sólo puede ser vista de manera correcta como parte de ese movimiento. Para Hurston, fueron los vecinos de Eatonville, sus antepasados que habían sido esclavizados, sus antepasados más antiguos en África y las lecciones y la cultura que habían transmitido siglo tras siglo.

Hurston tenía una conexión visceral con esa larga procesión cultural, que penetraba no sólo en su mente sino también en sus huesos. Estar en un club nocturno de Harlem escuchando jazz podía despertar en ella algo primitivo. "Bailo salvajemente dentro de mí. Grito por dentro, grito [...] Mi cara está pintada de rojo y amarillo y mi cuerpo está pintado de azul. Mi pulso late como un tambor de guerra."

Pero sus historias no trataban de personajes comunes, ni de tipos representativos, ni de la experiencia negra en general. Se trataba de individuos únicos. "Mi interés radica en lo que hace que un hombre o una mujer haga tal o cual cosa, independientemente de su color", escribió.[15] Sentía que su propia gente era muy variada. Una mujer negra puede ser sabia o tonta, compasiva o insensible, considerada o cruel. "Si no has recibido una impresión clara de cómo es el negro en Estados Unidos, entonces estás en el mismo lugar que yo. Aquí no existe *el negro*. Nuestras vidas son tan diversificadas, las actitudes internas tan variadas, las apariencias y capacidades tan diferentes, que no hay clasificación posible tan amplia que nos abarque a todos, ¡excepto Mi Pueblo! ¡Mi gente!"[16]

Hurston desafió la forma perezosa en que la gente clasifica hoy en día a los demás según su grupo. En la actualidad, en nuestro mundo de políticas de identidad, constantemente reducimos a las personas a

sus categorías: blanco/negro, gay/heterosexual, republicano/demó-
crata. Es una excelente manera de deshumanizar a los demás y no
ver a los individuos. Pero Hurston, a través de su ejemplo, nos muestra lo que implica la verdadera tarea de abrir los ojos a los demás:
¿Cómo veo a una persona como parte de su grupo? ¿Y cómo, al mismo tiempo, puedo verlos como un individuo único que nunca se
repetirá, aportando su propia mente y punto de vista únicos?

Si intentara ver a una persona como Zora Neal Hurston sin ver
la cultura negra, sería ridículo. Pero si la viera sólo como una persona negra, eso también sería ridículo. Cuando las personas me
cuentan momentos en los que se han sentido mal vistas, a menudo
es porque alguien las vio no como un individuo, sino simplemente
como alguien dentro de una categoría. Hace dos años, un joven y
brillante estudiante ugandés me contó la vez que una mujer blanca
en su madurez lo vio acercarse por una calle de New Haven por la
noche. Ella cruzó la calle para alejarse de él. Se escondió detrás de
un árbol. El árbol era delgado, por lo que no ocultaba ni una cuarta
parte de su cuerpo. Pero aun así se escondió ahí, fingiendo ser invisible, habiendo reducido a mi estudiante a una categoría idiota, de-
finida por miedos y estereotipos. En un tono de perplejo asombro,
mi alumno dijo que desde que llegó a Estados Unidos esto había
sucedido todo el tiempo. La gente sólo veía a su supuesto grupo y le
ponía todo tipo de estereotipos.

Por lo tanto, el desafío al ver a una persona es adoptar el tipo
de visión doble que mencioné en el capítulo sobre conversaciones
difíciles. Significa dar un paso atrás para apreciar el poder de la cultura de grupo y cómo se forma a lo largo de generaciones y luego se
vierte en una persona. Pero también significa acercarse y percibir a
cada persona en medio de su proyecto de toda la vida de elaborar su
propia vida y su *propio* punto de vista, a menudo desafiando la conciencia de su grupo. El truco consiste en mantener juntas estas dos
perspectivas al mismo tiempo.

Y hay que gestionar ambas cosas a un nivel de alta complejidad. Una de las grandes falacias de la vida es pensar que la cultura lo es todo; otra gran falacia es pensar que la cultura no es nada. Me ha resultado útil comenzar con la idea de que cada uno de nosotros existe en un estado de incuestionabilidad. Cada uno de nosotros puede decir: "Soy el beneficiado con dones. Soy parte de una larga procesión de la humanidad y he recibido mucho de quienes vinieron antes". Pero las personas no son vasos pasivos en los que se vierte la cultura; cada persona es un co-creador cultural, que abraza algunas partes de su cultura y rechaza otras, tomando las historias del pasado y transformándolas con su propia vida. Para ver bien a una persona hay que verla como heredera de una cultura y como creadora de una cultura.

~

¿Qué es cultura? Es un paisaje simbólico compartido que utilizamos para construir nuestra realidad. Las personas que crecen en diferentes culturas ven el mundo de manera distinta, a veces en el nivel más elemental. Permítanme darles algunos ejemplos. Entre 1997 y 2002 los diplomáticos ante las Naciones Unidas no tuvieron que pagar multas por las infracciones que pudieran cometer por estacionarse en lugares prohibidos en las calles de la ciudad de Nueva York.[17] Básicamente, tenían permiso gratuito para "estacionarse donde quisieran". Sin embargo, las personas de culturas poco corruptas todavía se negaban a romper las reglas. Los diplomáticos del Reino Unido, Suecia, Canadá, Australia y algunas otras naciones similares tuvieron un total de cero multas de estacionamiento durante esos cinco años. Mientras tanto, los diplomáticos de países que tenían una mayor tolerancia a la corrupción y al incumplimiento de las reglas (*Tienes que hacer lo que tienes que hacer para alimentar a tu familia*) aprovecharon al máximo la regulación. Diplomáticos de Kuwait, Albania, Chad y Bulgaria acumularon más de 100 multas *por diplomático*. Veían la situación de manera diferente, y es importante enfatizar que no se debe a que ciertos diplomáticos individuales fueran más honestos o menos honestos que otros. Es porque algunos descendían de personas que habían crecido en lugares donde tenía sentido seguir las reglas de la sociedad. Los antepasados de otros diplomáticos crecieron en lugares donde tal vez había colonialismo, opresión o autocracia, y las reglas del *establishment* eran ilógicas o incluso inmorales, por lo que tenía sentido romper las reglas cuando era posible. Cada persona veía el mundo de una manera que tenía sentido según las circunstancias de sus antepasados.

La psicóloga cultural Michele Gelfand estudia lo que ella llama culturas rígidas y relajadas. Ciertos grupos asentados en lugares en que las enfermedades infecciosas y las invasiones extranjeras eran comunes desarrollaron culturas que enfatizaban la disciplina social, la conformidad y la capacidad de unirse en tiempos de crisis. Otros grupos se asentaron en lugares que se habían librado de frecuentes invasiones extranjeras y recurrentes epidemias. Esa gente desarrolló culturas relajadas. Tendían a ser individualistas y creativos, pero cívicamente descoordinados, divididos e imprudentes. Estados Unidos, demuestra ella, es una clásica cultura relajada.

El biólogo evolutivo Joseph Henrich escribió un libro titulado *The WEIRDest People in the World* (*Las personas MÁS RARAS del mundo*). En él señala que nosotros, en nuestra cultura occidental, educada, industrializada, rica y democrática somos completamente atípicos en comparación con la mayoría de las demás culturas en la historia mundial.[18] Por ejemplo, cuando las personas en nuestra cultura RARA se casan, tienden a irse y establecer su propio hogar aparte. Pero ése es el patrón dominante en tan sólo 5 por ciento de las mil doscientas sociedades estudiadas. A menudo vivimos en familias nucleares. Ése es el modo familiar dominante en sólo 8 por ciento de las sociedades humanas. Tenemos matrimonios monógamos.

Esto es predominante en sólo 15 por ciento de las sociedades. Y así sucesivamente.

Henrich considera que las personas que crecieron en culturas RARAS son mucho menos conformistas que las personas de la mayoría de las otras culturas.[19] Son más leales a los ideales universales y quizás un poco menos leales a sus amigos. Por ejemplo, mientras que la mayoría de las personas en Nepal, Venezuela o Corea del Sur mentirían bajo juramento para ayudar a un amigo, 90 por ciento de los estadunidenses y canadienses no creen que sus amigos tengan derecho a esperar tal cosa. ¡Eso es extraño! Uno de los argumentos centrales de Henrich es que si llevamos a cabo todos nuestros experimentos utilizando sólo temas de investigación RAROS en las universidades occidentales, no deberíamos utilizar esos datos para sacar conclusiones amplias sobre la naturaleza humana en general.

Richard Nisbett es uno de los psicólogos más destacados de Estados Unidos. Ha pasado largos periodos de su carrera estudiando las diferencias culturales entre Oriente y Occidente. Él atribuye estas diferencias en parte a los valores enfatizados por los primeros pensadores y filósofos orientales y occidentales. Los griegos clásicos, en el origen de la cultura occidental, destacaban la forma de actuar y la competencia individuales. Por tanto, los occidentales tienden a explicar el comportamiento de una persona por lo que sucede dentro de su mente individual: los rasgos, las emociones y las intenciones de la persona. En cambio, el confucianismo temprano enfatizaba la armonía social. En *The Geography of Thought* [La geografía del pensamiento], Nisbett cita a Henry Rosemont, una autoridad en filosofía china: "Para los primeros confucianos, no puede existir un yo aislado [...] Soy la totalidad de los roles que vivo en relación con otros específicos". Por lo tanto, sostiene, los orientales son más rápidos a la hora de explicar el comportamiento de una persona observando el contexto, fuera de la mente del individuo. ¿Cuál es la situación en la que se encontraba esa persona?

Estas antiguas diferencias todavía moldean el comportamiento actual. Un estudio preguntó a 15 mil personas de todo el mundo si preferirían un trabajo en el que se fomentara la iniciativa individual o uno en el que nadie fuera distinguido con honores, sino que todos trabajaran en equipo. Más de 90 por ciento de los encuestados estadunidenses, británicos, holandeses y suecos eligieron el trabajo de iniciativa individual. Pero menos de 50 por ciento de los encuestados japoneses y singapurenses lo hicieron.

En un estudio clásico de 1972, a estudiantes de Indiana y Taiwán se les dieron grupos de tres cosas y se les preguntó cuáles de las tres iban juntas.[20] Cuando se les mostraban fotografías de un hombre, una mujer y un niño, los niños estadunidenses tendían a unir al hombre y a la mujer, porque ambos son adultos. Los niños taiwaneses tendían a unir a la mujer y al niño porque la madre cuida al bebé. Cuando se les mostraban imágenes de un pollo, una vaca y pasto, los niños estadunidenses unían el pollo y la vaca porque ambos son animales. Los niños taiwaneses juntan la vaca y la hierba porque la vaca come hierba. En estos y muchos otros casos, los estadunidenses tendieron a clasificar por categorías y los taiwaneses tendieron a clasificar por relaciones.

Hay que tener mucho cuidado con este tipo de generalizaciones. No es que se pueda colocar a toda la gente de Occidente en una caja llamada "individualismo" y a toda la gente de Oriente en una caja llamada "colectivismo", pero los promedios de comportamiento en cada comunidad son diferentes. Hay que buscar la generalización pero luego ver más allá de la generalización. Si esta persona creció en una cultura individualista pero es muy comunitaria, ¿qué dice eso de ella?

Intento enfatizar la presencia del pasado, la forma en que los muertos viven en nosotros. La investigación realizada por Alberto Alesina, Paola Giuliano y Nathan Nunn encontró que las personas que descienden de aquellos que practicaban la agricultura con arado tienden a vivir en culturas que tienen roles de género fuertemente definidos, porque eran en su mayoría los hombres quienes conducían el arado.[21] Por otro lado, las personas que descienden de quienes se dedicaban a la agricultura sin arar tienden a tener roles de género menos definidos. Las personas que descienden de culturas pastoriles tienden a ser individualistas, porque el trabajo de un pastor requiere que se las arregle solo. Las personas que descienden de culturas productoras de arroz tienden a ser muy interdependientes, porque todos tienen que trabajar juntos para cultivar y cosechar arroz. Un investigador en China descubrió que la tasa de divorcios entre las personas en las regiones históricas productoras de trigo era 50 por ciento más alta que la tasa de divorcio para aquellas de regiones históricamente productoras de arroz.

En su brillante libro *Albion's Seed* (*Semilla de Albión*), el historiador David Hackett Fischer nos muestra las largas continuidades que marcan las diferentes corrientes de la cultura protestante anglosajona blanca en Estados Unidos. Cuando los ingleses se establecieron en América, señala, lo hicieron en grupos. La gente del este de Inglaterra tendía a afincarse en Nueva Inglaterra, la gente del sur de Inglaterra iba a Virginia, la gente de los Midlands ingleses iba a Pensilvania y la gente del norte de Inglaterra iba a los Apalaches. Todo esto fue hace más o menos 350 años.

Llevaban consigo sus culturas: una manera de hablar, una manera de construir un hogar, una manera de criar a los niños, practicar deportes, cocinar, así como actitudes sobre el tiempo, el orden social, el poder y la libertad.

Los ingleses del este que se asentaron en Nueva Inglaterra, escribe Fischer, eran muy moralistas, tenían una aguda conciencia del pecado social, valoraban mucho la educación, eran muy trabajadores, muy conscientes del tiempo, emocionalmente reservados, valoraban los ayuntamientos y participaban de manera activa en la vida cívica. Eso se parece mucho a la Nueva Inglaterra actual.

Los del sur de Inglaterra que fueron a Virginia eran más aristo-cráticos. Construyeron, cuando pudieron permitírselo, casas pala-ciegas y tuvieron familias patriarcales extensas. Les gustaba la ropa llamativa y con volantes, se sentían más cómodos con las diferencias de clases y estaban menos obsesionados con cumplir con un horario.

Aquellos que se trasladaron del norte de Inglaterra a los Apala-ches favorecían un cristianismo más militante y se apegaban a una cultura del honor. Eran más violentos y ponían mayor énfasis en el clan y el parentesco. Sus técnicas de crianza fomentaron un orgu-llo feroz que celebraba el coraje y la independencia. Cultivaron una fuerte ética guerrera. Efectivamente, incluso hoy en día los habitan-tes de los Apalaches constituyen una parte desproporcionada del ejército estadunidense.

Mucho ha cambiado en los últimos tres siglos, pero los efectos de estos primeros patrones de asentamiento todavía eran evidentes cuando Fischer escribía en la década de 1980. La tasa de homicidios en Massachusetts era mucho menor que la tasa de homicidios en los Apalaches. En 1980 la tasa de graduación de la secundaria era de 90 por ciento en Nueva Inglaterra y de 74 por ciento en Virginia. Los habitantes de Nueva Inglaterra toleraban tasas impositivas mucho más altas que las de los estados del Atlántico medio o de los Apala-ches. Nueva Inglaterra sigue siendo más comunal y estatista y los Apalaches y el sur son más clandestinos y combativos, con una cul-tura de "nosotros nos cuidamos a nosotros mismos".

A lo largo de la historia de Estados Unidos, los estados de Nue-va Inglaterra han tendido a votar en un sentido y los estados de los Apalaches han tendido a votar en sentido contrario. El mapa electo-ral de 1896 se parece mucho al mapa electoral de 2020. A los candi-datos populistas les fue muy bien en ambas elecciones en los estados del sur y del medio oeste. La única diferencia fue que en 1896 Wi-lliam Jennings Bryan era demócrata y en 2020 Donald Trump era republicano. Los partidos habían cambiado de lugar, pero el espíritu populista combativo seguía siendo el mismo. Las semillas de este comportamiento se plantaron hace más de tres siglos, y muchas de las personas que hoy lo practican ni siquiera son conscientes de su origen.

∽

Cuando te mire y trate de conocerte, querré preguntarte cómo aparecen tus antepasados en tu vida. Y si me estás mirando, querrás preguntar cómo vive el pasado en mí. Hace poco asistí a una gran cena durante la cual todos hablaron de cómo sus antepasados han influido en sus vidas. Algunas personas en la cena eran holandesas, algunas eran negras y otras eran algo más, y todos desarrollamos teorías interesantes y reveladoras sobre cómo fuimos moldeados por aquellos que murieron hace mucho tiempo.

Hace poco encontré un pasaje del terapeuta psicoanalista del siglo xx Theodor Reik, con el que me puedo identificar: "Soy un judío infiel. Ya casi no puedo leer hebreo; sólo tengo unas nociones de historia, literatura y religión judías. Sin embargo, sé que soy judío en cada fibra de mi personalidad. Es tan tonto e inútil enfatizarlo como repudiarlo. La única actitud posible hacia ello es reconocerlo como un hecho".[22]

Yo también soy un judío infiel, tal vez incluso más que Reik. Mi camino de fe me ha llevado en direcciones inesperadas. Ya no voy a la sinagoga; yo voy a la iglesia. No hablo hebreo y ya no sigo el kosher. Sin embargo, yo también soy judío hasta la última fibra de mi ser. No hay escapatoria. Se muestra en las formas obvias en que a menudo se describe la cultura judía. Siento una profunda reverencia por la palabra escrita. Para los judíos, la discusión es una forma de oración, y yo me dediqué al negocio de las disputas. Los judíos se centraban intensamente en la educación y los logros, al igual que mi familia.

Pero hay formas más sutiles en las que mis ancestros se manifiestan en mí. Una es la reverencia por el pasado, esta sensación de que vivimos en los legados de Abraham, Josué y Jacob, Sara, Raquel y Noemí. Los judíos han tendido a congregarse en zonas marginales, en lugares como Jerusalén, Nueva York y Estambul, donde se unen diferentes civilizaciones. A los judíos se les ha ordenado que sean una minoría creativa en esos lugares, culturalmente distinta, pero que contribuya al conjunto. Y, sin embargo, la vida judía siempre ha sido insegura. Durante los largos siglos de exilio los judíos desarrollaron la conciencia de que todo el mundo necesita un lugar en el mundo al que pueda llamar hogar. Creo que la inseguridad nunca desaparece. Siempre eres, hasta cierto punto, un extraño en una tierra extraña, con afinidad por todos los demás extraños.

Siempre me ha parecido interesante que tres de los pensadores judíos modernos más influyentes (Marx, Freud y Einstein) centraran su atención en las fuerzas que impulsan la historia desde debajo de la superficie. Para Marx eran fuerzas económicas, para Freud el inconsciente, para Einstein las fuerzas invisibles del mundo físico; pero cada uno de ellos quería sondear debajo de la superficie, en las causas profundas que impulsan a las personas y los acontecimientos.

¿Y quieres saber la forma más importante en que creo que mis antepasados aparecen en mi vida? Hace miles de años los judíos eran un pueblo pequeño e insignificante que vivía en una parte marginal del mundo. Y, sin embargo, creían que Dios había centrado la historia en torno a ellos. ¡Era una convicción audaz! Y esa noción nos ha llegado en forma de una convicción relacionada: que la vida es un viaje moral audaz. La vida plantea una pregunta moral: ¿Has estado a la altura del pacto? Esto, a su vez, plantea más preguntas: ¿Has emprendido tu viaje del Éxodo? ¿Te esfuerzas por ser bueno y reparar el mundo? Es una exigencia llena de presión para crecer y ser mejor, y es algo que vive en mí.

$\sim$

Entonces, cuando te veo, quiero volver a ver las fuentes profundas de tu ser. Eso significa hacer ciertas preguntas clave: ¿Dónde está tu hogar? ¿Cuál es el lugar que espiritualmente no abandonas nunca? ¿Cómo aparecen los muertos en tu vida? ¿Cómo te veo abrazando o rechazando tu cultura? ¿Cómo te veo creando y contribuyendo a tu cultura? ¿Cómo te veo transmitiendo tu cultura? ¿Cómo te veo rebelándote contra tu cultura? ¿Cómo te veo atrapado entre culturas?

Hablando de esto, iremos más allá de los estereotipos superficiales y los juicios en los que la gente podría confiar perezosamente. Vamos a hablar de cómo fuiste dotado por aquellos que vinieron antes y cómo te formaron. Y mientras hablamos, comenzaré a verte completo. "Vives a través del tiempo, ese pedacito de tiempo que es tuyo —escribió el novelista Robert Penn Warren—, pero ese pedacito de tiempo no es sólo tu propia vida, es la suma de todas las demás vidas que son simultáneas a la tuya... Lo que eres es una expresión de la Historia."

¿Qué es la sabiduría?

Hoy en día mis oídos se animan cada vez que me encuentro con una historia en la que una persona vio profundamente a otra. Por ejemplo, hace poco un amigo me mencionó que su hija había tenido dificultades en segundo grado. Sentía que no encajaba del todo con sus compañeros de clase. Pero un día su maestra le dijo: "¿Sabes?, eres muy buena pensando antes de hablar". Ese comentario, dijo mi amigo, ayudó a cambiar todo el año de su hija. Algo que podría haber percibido como una debilidad (su tranquilidad o su torpeza social) ahora lo percibía como una fortaleza. Su maestra la había visto.

Esa historia me recordó una época en la que una de mis maestras me vio profundamente, aunque de una manera diferente. Estaba en inglés de undécimo grado, haciendo algún tipo de observación inteligente en clase, como era propenso a hacer. Mi profesora me gritó delante de toda la clase: "David, estás tratando de hacerte el vivo con tu labia. Deja de hacer eso". Me sentí humillado... y extrañamente honrado. Pensé: "¡Vaya, ella de verdad me conoce!". De hecho, en aquellos días hablaba para presumir, no para contribuir. Aprendí, gracias a ella, que tenía que luchar contra mi facilidad de palabra; tuve que frenar y metabolizar lo que estaba pensando para que las ideas vinieran de mi fuero interior y no sólo de mi cabeza.

Una mujer me contó que cuando tenía 13 años y fue a su primera fiesta, bebió por primera vez. La dejaron en casa tan borracha que lo único que pudo hacer fue tumbarse en el porche delantero, sin apenas poder moverse. Su padre, un hombre corpulento y estricto, salió y ella pensó que le iba a gritar lo mismo que ella estaba pensando sobre sí misma: "Soy mala. Estoy mal". En cambio, la tomó en brazos, la llevó adentro, la colocó en el sofá de la sala y le dijo: "Aquí no habrá castigo. Has tenido una experiencia". Él sabía lo que ella estaba pensando; ella se sintió vista.

A veces en los libros de historia me encuentro con ocasiones en las que una persona ve el interior de otra. Por ejemplo, un día de la década de 1930 Franklin Roosevelt recibía en la Casa Blanca a un congresista de 28 años llamado Lyndon Johnson.[1] Después de que Johnson dejó su oficina, FDR se dirigió a su asistente Harold Ickes y le dijo: "¿Sabes, Harold?, ése es el tipo de joven profesional desinhibido que podría haber sido cuando era joven, si no hubiera ido a Harvard". FDR continuó con una predicción: "En las próximas dos generaciones, el equilibrio de poder en este país se desplazará hacia el sur y el oeste. Y ese chico, Lyndon Johnson, bien podría ser el primer presidente del sur".

También he llegado a saborear esos momentos en los que un novelista le da a uno penetrantes atisbos sobre alguno de sus personajes. Guy de Maupassant retrató a uno de los personajes de esta manera: "Era un caballero de bigotes rojos que siempre pasaba primero por una puerta". Con esa línea, sentí que se revelaba todo un personaje: un tipo agresivo, competitivo y lleno de sí mismo.

Me gusta pensar en estos pequeños conocimientos cotidianos como momentos de sabiduría. La sabiduría no es saber de física ni de geografía. La sabiduría es saber acerca de las personas. La sabiduría es la capacidad de ver profundamente quiénes son las personas y cómo deben moverse en las situaciones complejas de la vida. Ése es el gran regalo que los iluminadores comparten con quienes los rodean.

Mi visión de cómo es una persona sabia se ha transformado en los últimos años, mientras investigaba para este libro. Solía tener una visión convencional de la sabiduría. La persona sabia es ese gran erudito que da consejos que cambian la vida a la manera de Yoda, Dumbledore o Salomón. La persona sabia sabe cómo solucionar tus problemas, sabe qué trabajo debes aceptar, puede decirte si debes o no casarte con la persona con la que estás saliendo. Todos nos sentimos atraídos por esta versión de la sabiduría porque todos queremos respuestas fáciles entregadas en bandeja de plata.

Sin embargo, cuando pienso en las personas sabias que hay en mi propia vida ahora, me doy cuenta de que no son las personas capaces de pronunciar un sermón brillante o soltar la primera máxima transformadora de vida que les viene a la mente. Ahora adopto una visión más o menos opuesta de la sabiduría.

He llegado a creer que los sabios no nos dicen qué hacer; comienzan siendo testigos de nuestra historia. Toman las anécdotas, racionalizaciones y episodios que contamos y nos ven en una lucha noble. Ven la forma en que navegamos por la dialéctica de la vida (intimidad versus independencia, control versus incertidumbre) y comprenden que nuestro yo actual está exactamente donde estamos ahora, parte de un largo crecimiento ininterrumpido.

Los confidentes de verdad buenos (las personas a las que acudimos cuando tenemos problemas) se parecen más a entrenadores que a reyes filósofos. Asimilan tu historia, la aceptan, pero te presionan a aclarar qué es lo que en realidad quieres o a nombrar el bagaje que dejaste fuera de tu limpia historia. Te piden que investigues qué es lo que realmente te molesta, que busques el problema más profundo debajo del conveniente problema superficial por el cual has acudido en busca de su ayuda. Los sabios no te dicen qué hacer; te ayudan a procesar tus propios pensamientos y emociones. Entran contigo en tu proceso de creación de significado y luego te ayudan a expandirlo, a impulsarlo. Toda elección implica una pérdida: si aceptas este trabajo, no aceptas aquél. Gran parte de la vida implica reconciliar opuestos: quiero estar apegado, pero también quiero ser libre. Las personas sabias crean un espacio seguro donde puedes navegar entre las ambigüedades y contradicciones con las que todos luchamos. Te espolean y te inducen hasta que tu propia solución obvia aparece a la vista.

Su don esencial es la receptividad, la capacidad de recibir lo que envías. Ésta no es una habilidad pasiva. La persona sabia no se limita a mantener los oídos abiertos. Está creando una atmósfera de hospitalidad, una atmósfera en la que se anima a las personas a dejar de lado su miedo a mostrar debilidad, su miedo a enfrentarse a sí mismas. Está creando una atmósfera en la que la gente intercambia historias y confidencias. En esta atmósfera las personas son libres de ser ellas mismas, han sido alentadas a ser honestas consigo mismas.

El conocimiento que resulta de tu encuentro con una persona sabia es personal y contextual, no una generalización que pueda ser capturada en una máxima para fijarse en un tablón de anuncios. Es particular de tu yo único y de tu situación única. Las personas sabias te ayudan a encontrar una manera diferente de mirarte a ti mismo, a tu pasado y al mundo que te rodea. Muy a menudo centran tu atención en tus relaciones, los espacios intermedios que son tan fáciles de ignorar. ¿Cómo se puede nutrir y mejorar esta amistad o este matrimonio? La persona sabia ve tus dones y tu potencial, incluso los que tú no ves. Ser visto de esta manera tiende a reducir la presión, ofreciéndote cierta distancia respecto a tu situación inmediata, ofreciéndote esperanza.

Todos conocemos personas que son inteligentes. Pero eso no significa que sean sabias. La comprensión y la sabiduría provienen de sobrevivir a los obstáculos de la vida, prosperar en la vida y tener un contacto amplio y profundo con otras personas. De tus propios momentos de sufrimiento, lucha, amistad, intimidad y alegría surge una conciencia compasiva de cómo se sienten otras personas: su fragilidad, su confusión y su coraje. Los sabios son aquellos que han vivido una vida plena y variada y han reflexionado profundamente sobre lo que han pasado.

~

Éste es un ideal elevado. Ninguno de nosotros será tan perspicaz con otras personas todo el tiempo. Pero creo en ideales elevados. Creo en mantener estándares de excelencia. Como dijo la madre de Hurston, todos deberíamos intentar saltar hacia el sol. Incluso si no lo alcanzamos, llegaremos más alto que antes. Y si flaqueamos, al menos no será porque tengamos un ideal inadecuado. Permítanme cerrar este libro con cuatro casos más en los que un ser humano vio profundamente a otro ser humano. Creo que tenemos algunas cosas más que aprender sobre esta habilidad a partir de estos ejemplos.

El primero involucra al escritor Tracy Kidder, quien nació en la ciudad de Nueva York en 1945. Hace un par de décadas, Kidder conoció a un hombre africano llamado Deogratius que era tres décadas más joven y había crecido en las colinas rurales de Burundi. En algún momento escribió un libro sobre Deo, llamado *Strength in What Remains* [Fuerza en lo que queda]. Este libro es una prueba de que de verdad es posible conocer de manera profunda a otra persona, incluso a una persona muy diferente a uno mismo.

Cuando comienza el libro, Deo tiene 22 años. Estamos en el interior de su cabeza mientras aborda un avión por primera vez en su vida, viajando de Burundi a la ciudad de Nueva York. Ha pasado su vida en un pueblo rural con vacas, su pequeña escuela y su familia. El avión es el objeto más grande creado por el hombre que jamás haya visto. Kidder nos hace sentir su asombro. Deo ve el interior del avión con ojos de asombro. Ve sillones en filas perfectas y se da cuenta de que tienen tela blanca encima. "Ésta era la habitación mejor decorada que jamás había visto", escribe Kidder.[2] Cuando el avión despega, Deo está aterrorizado, pero el sillón acolchado le resulta muy cómodo y disfruta de la sensación de volar: "Qué maravilloso viajar en un sillón en lugar de a pie". Una cosa que le desconcierta es que la literatura que hay en la bolsa que tiene delante no está en francés. Desde la escuela primaria le habían dicho que el francés era el idioma universal, usado en todo el mundo.

Finalmente aterriza en Nueva York con 200 dólares, sin hablar inglés y sin amigos, ni siquiera contactos. Unos desconocidos le ayudan a sobrevivir y al poco tiempo trabaja como repartidor en una tienda de comestibles y duerme en Central Park. Una exmonja llamada Sharon adopta a Deo como su proyecto. Lo ayuda a encontrar refugio, estatus legal y un futuro. Kidder nos deja ver lo incómodo que se siente Deo, un hombre maduro e independiente, de ser receptor de caridad: "Era como una madre, que no podía dejar de preocuparse por ti, que no podía evitar recordarte que todavía necesitabas su ayuda, lo cual era exasperante porque, de hecho, la necesitabas". Más extraños vienen y lo ayudan. Deo le muestra a un estadunidense de mediana edad los libros que trajo de Burundi. El estadunidense le dice a su esposa: "A este hombre le encantan los libros. Necesita ir a la escuela". Lo inscriben en un curso de inglés como segunda lengua en Hunter College. Lo llevan a visitar universidades, y en el momento en que Deo cruza las puertas de Columbia piensa: "¡Esto es una universidad!". Se inscribe en el Programa de Idioma Americano de Columbia. Sus nuevos amigos pagan la matrícula de 6000 dólares. Al final toma una serie de exámenes de ingreso, incluido el SAT y una prueba de cálculo. Termina esta última antes que los demás examinados y se la lleva al supervisor, quien mira sus respuestas, le sonríe y, sin dejar de sonreír, dice: "¡De-*oh*-Gratias! ¡Bien hecho!".

Apenas un par de años después de llegar a Nueva York sin nada, asiste a una universidad de la Ivy League. Estudia medicina y filosofía porque quiere cerrar "la brecha entre lo que había vivido y lo que tenía la capacidad de decir".[3]

Lo que vivió antes de llegar a Nueva York es el núcleo de su historia. Años antes, Deo había estado trabajando en un centro de salud en Burundi cuando estalló un genocidio, en el que los hutus masacraron a los tutsis. Un día, Deo escuchó camiones, silbatos y militares en el patio exterior. Corrió a su habitación y se escondió debajo de su cama. Escuchó a la gente suplicar: "¡No me maten!". Luego disparos, olor a carne quemada. Luego se hizo el silencio, excepto por los sonidos de los perros peleándose por los cuerpos de los muertos. Esa noche estaba oscura, y cuando la matanza se calmó, Deo comenzó a correr. Durante los siguientes cuatro días caminó 45 millas para alejarse del genocidio. Vio a una madre muerta desplomada contra un árbol, con su bebé aún vivo, pero Deo no pudo llevárselo. Kidder captura la mente de Deo mientras experimenta todo esto: "Era como si las imágenes, los sonidos y los olores de los últimos días (gritos, cadáveres, carne quemada) se estuvieran acumulando en algo así como otra versión de sí mismo, otra piel creciendo sobre él".[4]

El viaje a pie desde Burundi estuvo plagado de más cadáveres, más peligro, la amenaza constante de que cada persona con la que se encontrara podría recibir un machetazo en la cabeza.

Kidder conoció a Deo más de una década después de ese viaje, después de que, en ese momento, se hubiera mudado a Nueva York y se hubiera graduado en Columbia. Kidder escuchó las líneas generales de la historia de Deo, pero decidió que era una historia que quería plasmar en un libro cuando Deo le confió que en los días en que dormía en Central Park siempre entraba furtivamente al parque después de que oscureciera, cuando nadie se fijara en él. No quería que los extraños lo miraran con desprecio, viéndolo como un patético vagabundo. Había muchas cosas en la vida de Deo con las que Kidder no podía identificarse, pero ese temor a la mirada crítica de los extraños, esa vergüenza ante el desdén de personas que nunca conocería... esa emoción con la que Kidder estaba familiarizado podría ser un puente entre sus experiencias.

Deo era un sujeto difícil de entrevistar. La cultura de Burundi es estoica. "Es un lenguaje que tiene no una sino dos palabras para recordar algo del pasado, y ambas son negativas", me dijo Kidder. Pero poco a poco, a lo largo de dos años de conversaciones, la historia de Deo salió a la luz. "No veo ninguna manera de hacer esto sin pasar tiempo con una persona —dijo Kidder—. Si dedicas tiempo, lo que quieres saber saldrá poco a poco." La clave es escuchar, estar atento, tener paciencia y no interrumpir. Kidder me dijo que le gusta la versión de sí mismo que surge cuando intenta aprender sobre otro. Es más humilde, no habla tanto.

Kidder no se limitó a entrevistar a Deo; lo acompañó a los lugares donde se había desarrollado su historia. Regresaron y visitaron el paraje donde dormía en Central Park, el supermercado donde había trabajado como repartidor. Sus paseos juntos eran una manera de plantarse en los detalles concretos de la experiencia de Deo. Por último, fueron a Burundi para rastrear su viaje a través del genocidio.

Mientras conducían hacia el hospital donde Deo se había escondido debajo de la cama mientras sus vecinos eran masacrados afuera, Kidder sintió una sensación de hormigueo en la piel. Había alguna presencia maligna en ese lugar. El viaje los estaba llevando demasiado hacia el interior de algo que parecía oscuro y amenazador. "Tal vez deberíamos regresar", le dijo Kidder a Deo desde el asiento trasero del auto mientras se acercaban al hospital. Deo respondió: "Puede que no veas el océano, pero ahora mismo estamos en medio del océano y tenemos que seguir nadando".[5]

Cuando llegaron al hospital, me dijo Kidder, Deo entró en una especie de trance iracundo, que se manifestó con una sonrisa feroz y falsa para todos los que lo saludaron. El hospital era ahora un cascarón vacío, una instalación Potemkin con un médico que en realidad no era médico y no tenía pacientes. Finalmente llegaron a la habitación donde Deo se había escondido. "Deo había tratado de describirme sus pesadillas —escribe Kidder sobre esa visita—. Al contarlo, no parecían inusuales. Todo el mundo tiene malos sueños [...] Hasta ahora no había comprendido completamente la diferencia: que incluso sus sueños más espeluznantes no eran más extraños ni más aterradores que lo que los inspiraba. No despertaba de sus pesadillas agradeciendo que no fueran reales."[6]

El mal ambiente era palpable. Kidder ahora saboreaba la experiencia de Deo de una manera más visceral: "Éste era un lugar sin razón, y en ese momento no tenía fe en el poder de la razón contra eso. Creo que parte del problema fue que por un momento no confié en Deo. La sonrisa que le dedicó al 'doctor' era radiante. Nunca lo había visto tan enojado".

Periódicamente, mientras trabajaba en el libro, Kidder se sentía culpable por devolver a Deo el trauma de su pasado. Kidder pudo ver el daño que el genocidio le había causado a Deo. Hubo momentos en los que de repente estallaba de ira. Otras veces desaparecía dentro de sí mismo. Un amigo dijo que era como si Deo no tuviera una capa protectora; todo lo que tocaba lo penetraba con profundidad y lo sentía con mucha fuerza.

Leí *Strength in What Remains* con una especie de sobrecogimiento. Kidder no sólo creó un retrato rico y complejo de Deo; nos permitió ver el mundo a través de sus ojos. Cuando llamé a Kidder para hablar sobre el libro, el hermano de Deo se estaba quedando en su casa y se había convertido en amigo de la familia. El propio Deo había regresado a Burundi para abrir un centro de salud para el tipo de personas con las que creció, incluidos miembros de la tribu hutu que habían intentado masacrarlo. La curiosidad de Kidder sobre Deo todavía palpitaba mientras hablábamos, aunque había pasado una década desde que se publicó su libro.

Intenté aprender de Kidder a ser más paciente y atento. He aprendido a tratar de acompañar a las personas a través de los detalles concretos de su vida y a no contentarme con historias tan ensayadas. He aprendido que en realidad es posible ver personas cuyas experiencias son radicalmente diferentes a las tuyas. De Deo aprendí algo sobre la confianza. Deo encontró en Kidder a un hombre al que poco a poco podría contarle su historia. Y cuando encontró a ese hombre y dio testimonio de lo que había pasado, le dio un regalo al mundo.

∽

El segundo estudio de caso involucra a Lori Gottlieb, la terapeuta que conocimos en el capítulo 14. Una vez me dijo que "la mayoría de las personas tienen sus respuestas dentro de sí, pero necesitan una guía para poder escucharse a sí mismas mientras las descifran". En su libro *Maybe You Should Talk to Someone* (*Deberías hablar con alguien*) describe un viaje que hizo con un hombre llamado John. John era el clásico idiota narcisista y ensimismado. Durante el día trabajaba como escritor en programas de televisión de fabuloso éxito, ganando un Emmy tras otro. Pero era un monstruo para todos los que lo rodeaban: cruel, distraído, impaciente y humillador. Fue a terapia porque tenía problemas para dormir, porque su matrimonio se estaba desmoronando, porque sus hijas se estaban portando mal. Al principio trató a Gottlieb como trataba a los demás, como a una idiota que tenía que tolerarlo. Sacaba su teléfono durante las sesiones de terapia y ella tenía que enviarle mensajes de texto desde el otro lado de la habitación para llamar su atención. Pedía almuerzo para sí mismo con el fin de poder realizar múltiples tareas mientras hablaba con ella. La llamaba su "prostituta", porque le pagaba por su tiempo. La narrativa dominante de John era que él era el actor alfa, el exitoso, pero que estaba rodeado de mediocridades.

Gottlieb podía haber reducido a John a una categoría: trastorno narcisista de la personalidad. Pero ella me dijo: "No quería perder a la persona detrás del diagnóstico". Sabía por experiencia previa que las personas exigentes, críticas y enojadas tienden a sentirse intensamente solas.[7] Intuyó que había una lucha interna dentro de John, que había sentimientos de los que se escondía y para los cuales había construido fosos y fortalezas para mantenerlos alejados. Se decía a sí misma: "Ten compasión, ten compasión, ten compasión". Más tarde me explicó que "el comportamiento es la forma en que decimos lo indecible. John no podía decir algo indecible, así que lo hacía siendo grosero con los demás y sintiéndose mejor que los demás".

Su primera tarea con John fue establecer una relación con él, hacerle sentir que lo tomaba en cuenta. Su método, como ella lo describe, es: "En esta habitación, te veré y tú intentarás esconderte, pero aun así te veré y todo estará bien cuando lo haga".[8]

Gottlieb mostraba una enorme tolerancia con John, pasando por alto los innumerables episodios en los que se portaba como un idiota, esperando una señal del trauma mayor que estaba sufriendo. La amistad exitosa, al igual que la terapia exitosa, es un equilibrio entre deferencia y desafío. Implica mostrar una consideración positiva, pero también llamar la atención sobre los autoengaños. Los budistas tienen una frase muy útil para referirse a una consideración positiva incondicional: "compasión idiota", que es el tipo de empatía que nunca cuestiona las historias de las personas ni amenaza con herir sus sentimientos. Consuela, pero también oculta. Entonces Gottlieb desafiaba a John, pero no con demasiada agresividad. Se dio cuenta de que sólo podía presionarlo al ritmo con el que él se sintiera cómodo, o huiría. Estaba tratando de despertarle la curiosidad sobre sí mismo con sus preguntas. "Por lo general, los terapeutas van varios pasos por delante de sus pacientes —escribe—, no porque seamos más inteligentes o más sabios, sino porque tenemos la ventaja de estar fuera de su vida."[9]

Al acompañarlo Gottlieb, la historia de John sobre sí mismo se distorsionaba menos. Las experiencias que había estado ocultando comenzaron a salir a la luz. Un día John mencionó, en tono natural, que su madre había muerto cuando él tenía seis años. Era maestra, estaba saliendo de la escuela cuando vio a un estudiante en la calle en la trayectoria de un auto a gran velocidad. Corrió a la calle, empujó al estudiante fuera del camino, pero fue ella quien murió. Gottlieb se preguntó si a John le habían dicho que enterrara sus emociones y que se esperaba de él que mostrara "fuerza" después de la muerte de su madre.

Un día John se estaba desahogando de todas las tensiones de su vida. Estaba hablando de cómo su esposa e hijas se estaban confabulando contra él y soltó: "Y Gabe se está poniendo muy emocional". Gottlieb lo había oído hablar a menudo de sus hijas, pero le preguntó: "¿Quién es Gabe?". Se sonrojó y evadió la pregunta. Gottlieb insistió: "¿Quién es Gabe?". Una oleada de emociones recorrió su rostro. Al final, dijo: "Gabe es mi hijo". Agarró su teléfono y salió de la oficina.

Semanas después, cuando finalmente regresó, reveló que había tenido un hijo. La frase acerca de que Gabe estaba emocional debe de haber salido disparada de algún lugar de su inconsciente porque Gabe estaba muerto. Cuando Gabe tenía seis años, toda la familia conducía hacia Legoland. John estaba al volante cuando sonó su teléfono móvil. John y su esposa comenzaron a discutir sobre la forma en que el teléfono se entrometía en sus vidas. Por último, John miró hacia abajo para ver quién lo había llamado y en ese instante una camioneta los golpeó de frente. Gabe murió. John nunca supo si su acto de mirar su teléfono había sido el error crucial. Si hubiera estado mirando la carretera, ¿podría haber evitado el vehículo? ¿Los habría golpeado de todos modos?

John estaba aprendiendo al fin a contar una historia más verdadera sobre su vida. Mientras esto sucedía, descubrió que podía pasar una velada con su esposa y disfrutar de un tiempo maravilloso con ella. Pudo aceptar que a veces estaba feliz y otras veces triste. Al dejar que Gottlieb lo viera, había llegado a una nueva manera de verse a sí mismo. "No quiero que te vanaglories ni nada por el estilo —le dijo a Gottlieb—, pero estaba pensando: tienes una imagen más completa de mi humanidad total que nadie en mi vida."

Gottlieb escribe sobre ese momento: "Estoy tan conmovida que no puedo hablar".

Me gusta la historia de Gottlieb y John porque ilumina muchas de las habilidades blandas que se necesitan para ser verdaderamente receptivo (en particular, la capacidad de ser generoso con la fragilidad humana, ser paciente y dejar a los otros emerger a su propio ritmo), pero también ilumina la fortaleza mental que a veces se requiere. La persona sabia no está ahí para ser pisoteada, sino para defender la verdad real, para llamar la atención de la otra persona cuando sea necesario, si se esconde de alguna dura realidad. "La receptividad sin confrontación conduce a una neutralidad insípida que no sirve a nadie —escribió el teólogo Henri Nouwen—. La confrontación sin receptividad conduce a una agresión opresiva que perjudica a todos."[10]

⌒

El tercer caso de estudio es de una escena de una película que probablemente hayas visto, *Good Will Hunting* (*En busca del destino*). En la primera sección de la película, Will Hunting, un huérfano y un prodigio de las matemáticas, interpretado por Matt Damon, va de triunfo en triunfo, resolviendo problemas matemáticos sin esfuerzo, desinflando a pomposos estudiantes de posgrado con su conocimiento superior y nivelando a otros con su ingenio. Se pelea con un miembro de una pandilla que solía intimidarlo, termina atacando a un oficial de policía que acude para detener la disputa y es arrestado.

Puede evitar la cárcel, siempre que sea tratado por un terapeuta, que interpreta Robin Williams. A lo largo de la película, el terapeuta crea una zona de cobijo en la que Will puede deponer sus defensas. Se unen gracias a los Medias Rojas; comparten los traumas de los demás. Pero en un momento Will se burla del terapeuta, lo menosprecia, critica un cuadro que ha hecho, tal como menosprecia y se burla de la mayoría de las personas en la película. El terapeuta está devastado por la simplificación de su vida por parte de Will Hunting. Está atormentado y no puede dormir durante parte de la noche. Entonces una comprensión cruza por su mente. Este niño en realidad no sabe de qué está hablando. Will Hunting puede saber matemáticas, puede tener información, pero no sabe cómo ver a la gente. El personaje de Robin Williams invita a Will a encontrarse con él en una banca del parque, frente a un estanque, y le cuenta la verdad:

Eres un chico duro. Te pregunto sobre la guerra y tal vez me citarás a Shakespeare, ¿verdad?: "Una vez más en la brecha, queridos amigos". Pero nunca has estado cerca de uno. Nunca has sostenido la cabeza de tu mejor amigo en tu regazo ni lo has visto exhalar su último aliento, buscando tu ayuda. Y si te preguntara sobre el amor, probablemente me citarías un soneto. Pero nunca has mirado a una mujer ni te has sentido por completo vulnerable. Conozco a alguien que podría equilibrarte con sus ojos. Sentir que Dios puso un ángel en la tierra sólo para ti, que podría rescatarte de las profundidades del infierno [...]

Te veo y no veo a un hombre inteligente y seguro; veo a un niño engreído y asustado. Pero eres un genio, Will. Nadie lo niega [...] Personalmente, todo eso me importa una mierda, porque, ¿sabes qué?, no puedo aprender nada de ti que no pueda leer en algún maldito libro. A menos que quieras hablar de ti, de quién eres. Y estoy fascinado. Estoy dentro. Pero no quieres hacer eso, ¿verdad, amigo? Estás aterrorizado por lo que podrías decir.

El terapeuta se levanta y se marcha. Mientras hablaba, se podía ver una expresión de autorreconocimiento en el rostro de Will Hunting. Se podía ver que Will Hunting ya sabía esto sobre sí mismo pero no confiaba en sí mismo para enfrentar estas duras verdades. Se había estado escondiendo de sí mismo. Para mí, este discurso surge de una gran escucha. El terapeuta ha escuchado no sólo lo que Will dijo sino también lo que Will no dijo: sobre el miedo y la vulnerabilidad que surgieron de su vida como huérfano. Ha oído el secreto más profundo que Will quiere ocultar. Pone ese vergonzoso secreto sobre la mesa y dice, en efecto: "Sé esto sobre ti y de todos modos me preocupo por ti".

El terapeuta está empujando a Will hacia un modo diferente de conocer, el tipo de conocimiento que he estado buscando y que he tratado de mostrar en este libro. Está llevando a Will más allá de una forma impersonal de conocimiento, un catálogo de hechos, que Will domina y utiliza como fortaleza defensiva. El terapeuta está empujando a Will hacia una forma personal de conocer, el tipo de conocimiento que sólo obtienen aquellos que están dispuestos a correr riesgos emocionales, a abrirse a las personas y a las experiencias y a sentir plenamente en qué consisten esas personas y experiencias. Éste es el tipo de conocimiento que se guarda no sólo en el cerebro sino también en el corazón y el cuerpo. El terapeuta le ha concedido un doloroso e importante honor. Ve a Will tal como es, incluso en su forma de atrofiarse. El terapeuta ve que Will tiene potencial para llegar a ser y le señala el camino para llegar ahí.

La historia de *En busca del destino* es una educación sobre cómo criticar con consideración. Se trata de cómo decirle a alguien sus defectos de una manera que ofrezca el máximo apoyo. Permítanme darles un ejemplo trivial y cotidiano de por qué criticar con cuidado puede ser tan eficaz. Cuando escribo, a veces inconscientemente, sé que una parte de lo que escribo no funciona. Tengo estas vibraciones vagas de que algo anda mal, algo así como las vibraciones que sientes cuando sales de casa y sientes de manera sutil que has dejado algo importante detrás pero no sabes qué. A menudo suprimo estas vibraciones porque soy perezoso o quiero terminar el trabajo. Invariablemente, un buen editor localizará el punto exacto que yo de modo semiconsciente sabía que no estaba funcionando. Sólo cuando el editor me lo nombra me enfrento plenamente al hecho de que necesito hacer algunos cambios. Criticar con consideración funciona mejor cuando alguien nombra algo que nosotros mismos casi sabemos pero que no sabemos del todo. Criticar con consideración funciona mejor cuando esa crítica ocurre dentro de un contexto de consideración incondicional, esa atención justa y amorosa que transmite un respeto inquebrantable por las luchas de otra persona.

Esto es lo que nuestros amigos hacen por nosotros. No sólo nos deleitan y exigen lo mejor de nosotros; los amigos también sostienen un espejo para que podamos vernos de maneras que de otro modo no serían accesibles. Cuando nos vemos a nosotros mismos de esa manera, tenemos la oportunidad de mejorar, de convertirnos en nosotros mismos más plenamente. "Un hombre con pocos amigos está sólo a medio desarrollar —observó el escritor radical Randolph Bourne—. Hay aspectos enteros de su naturaleza que están encerrados y nunca han sido expresados. Él mismo no puede desbloquearlos, no puede descubrirlos; sólo los amigos pueden estimularlo y abrirlos."

∼

No hace mucho estuve en una cena a la que asistieron dos muy buenos novelistas. Alguien preguntó cómo comenzaban el proceso de escribir sus novelas. ¿Comenzaban con un personaje y luego construían la historia en torno a eso, o comenzaban con una idea para una trama y luego creaban personajes que operaban dentro de esa historia? Ambos dijeron que no utilizaban ninguno de estos enfoques.

En cambio, dijeron, comenzaban con una relación. Empezaban con el núcleo de una idea sobre cómo podría ser un tipo de persona en una relación con otro tipo de persona. Comenzaban a imaginar en qué se parecían y en qué eran diferentes las personas en esa relación, qué tensiones habría, cómo crecería, fallaría o florecería la relación. Una vez que tuvieran una idea de esa relación y de cómo dos de esos personajes chocarían y cambiarían entre sí, entonces los personajes cobraban cuerpo en sus mentes. Y entonces se hacía evidente una trama que trazaba el curso de esa relación.

Escucharlos esa noche me ayudó a leer las novelas de manera diferente. Ahora, cuando leo una novela, pregunto: ¿Cuál es la relación central de este libro? En las buenas novelas por lo común habrá una de esas relaciones centrales, o quizás unas cuantas relaciones centrales impulsen todo lo demás. Pero esa conversación también me ayudó a ver algo más grande: que la sabiduría no es principalmente un rasgo que posee un individuo. La sabiduría es una habilidad social que se practica dentro de una relación o un sistema de relaciones. La sabiduría se practica cuando las personas se unen para formar lo que Parker Palmer llamó una "comunidad de la verdad".

Una comunidad de la verdad puede ser tan simple como un salón de clases: un maestro y unos estudiantes investigan juntos algún problema. Pueden ser dos personas sentadas en una mesa de una cafetería, discutiendo algún problema. Puede ser tan grandioso como la actividad científica. La ciencia avanza a medida que miles de mentes dispersas por todo el mundo unen sus imaginaciones separadas para considerar juntas algún problema. O puede ser tan íntimo como una persona sola leyendo un libro. La mente de un autor y la mente de un lector se unen, generando conocimiento. Toni Morrison escribió una vez: "Frederick Douglass hablando de su abuela, James Baldwin hablando de su padre y Simone de Beauvoir hablando de su madre, estas personas son mi acceso a mí; son mi entrada a mi propia vida interior".

Una comunidad de la verdad se crea cuando las personas están genuinamente interesadas en ver y explorar juntas. No intentan manipularse unos a otros. No juzgan de inmediato diciendo: "Eso es estúpido" o "Eso es correcto". En cambio, se detienen a considerar cuál es el significado de la declaración para la persona que acaba de pronunciarla.

Cuando estamos en una comunidad de la verdad probamos las perspectivas de los demás. Estamos haciendo viajes a la mente de los demás. Nos saca de la mentalidad egoísta (*soy normal, lo que veo es objetivo, todos los demás son raros*) y, en cambio, nos da la oportunidad de emprender un viaje con los ojos de otra persona.

Algo curioso les sucede a las personas en una comunidad de la verdad. Alguien tiene una idea. El pensamiento es como un pequeño circuito en su cerebro. Cuando alguien comparte un pensamiento y otros lo reciben, de repente el mismo circuito se encuentra en dos cerebros. Cuando toda una clase está considerando el pensamiento, es como el mismo circuito en 25 cerebros. Nuestras mentes se están entremezclando. El científico cognitivo Douglas Hofstadter llama a estos circuitos bucles. Sostiene que cuando nos comunicamos y los bucles fluyen a través de diferentes cerebros, pensamos como un organismo compartido, nos anticipamos unos a otros y terminamos las frases de cada uno. *Empatía* no es una palabra lo suficientemente fuerte para describir esta mezcla. No es una persona, un cuerpo, un cerebro lo que marca esta condición, sostiene Hofstadter, sino la interpenetración de todas las mentes en incesante conversación entre sí.

Digamos que estás en un club de lectura. Se han estado reuniendo durante años y años. A veces ya no puedes recordar qué ideas eran tuyas y cuáles eran de otra persona. Llegas a ver que todas tus conversaciones a lo largo de los años se han entrelazado en una larga conversación. Es casi como si el club tuviera su propia voz, una voz mayor que la voz individual de cada miembro.

Aquí se han generado dos tipos de conocimiento. El primer tipo, por supuesto, es una comprensión más profunda de los libros. El segundo tipo de conocimiento es más sutil e importante. Es conocimiento del club. Es la conciencia que cada miembro tiene de la dinámica del grupo, qué papel tiende a asumir cada miembro en las conversaciones, qué dones aporta cada miembro.

Quizá resulte engañoso utilizar aquí la palabra *conocimiento*. Quizá sea más exacto llamar "conciencia" a este segundo tipo de conocimiento. Es el sentido altamente sintonizado que cada persona tiene sobre cómo se debe impulsar la conversación, cuándo hablar y cuándo contenerse, cuándo apelar a un miembro que ha estado callado. Éste es el tipo de conciencia que sólo puede lograrse mediante un grupo de personas que practican las habilidades que hemos explorado en este libro.

Hay momentos mágicos en una comunidad de la verdad, cuando la gente habla profundamente con honestidad y respeto cristalinos. Como mencioné al principio, no intento enseñar mediante argumentos; intento enseñar con el ejemplo. Concluiré el libro con un último ejemplo de ver y ser visto. Lo encontré en las recientes memorias de Kathryn Schulz, *Lost & Found* [Objetos perdidos y encontrados]. El padre de Schulz, Isaac, fue uno de los millones de europeos cuyas vidas fueron sacudidas por los acontecimientos del siglo xx. Durante la Segunda Guerra Mundial y los años posteriores, pasó de Palestina a la Alemania de posguerra y, por último, a Estados Unidos. Llegó a la edad adulta, se convirtió en abogado y ofreció a su familia el tipo de felicidad y estabilidad que no había conocido cuando era niño.

Era un hombre alegre y parlanchín. Sentía curiosidad por todo y tenía algo que decir sobre todo: las novelas de Edith Wharton, la regla del *infield fly* en el beisbol, si las tartas de manzana eran mejores que las papas fritas. Cuando eran pequeñas, les leía a sus hijas todas las noches, interpretando a los personajes de las historias con voces dramáticas y gestos divertidos. Algunas noches tan sólo abandonaba los libros por completo y creaba historias de suspenso sobre su infancia, provocando que sus hijas alcanzaran un punto máximo de emoción en el momento del día en que su trabajo teórico como padre era calmarlas antes de acostarse. El retrato de Schulz es el de un hombre cálido, curioso y sociable, el ancla de su familia, un hombre que convirtió a su familia en una comunidad de la verdad.

Su salud falló poco a poco durante la última década de su vida y luego, hacia el final, simplemente dejó de hablar. Sus médicos no pudieron explicarlo; ni tampoco su familia. Hablar era su gran deleite.

Una noche, mientras se acercaba la muerte, la familia se reunió a su alrededor. "Siempre había considerado a mi familia como una persona unida, por lo que fue sorprendente darme cuenta de lo mucho que podíamos acercarnos, lo cerca que estábamos alrededor de su llama menguante", escribió Schulz. Esa noche, los miembros de la familia recorrieron la habitación y se turnaron para hablar con su padre. Cada uno dijo las cosas que no quería dejar sin decir. Cada uno de ellos le contó lo que les había dado y cuán honorablemente había vivido su vida.

Schulz describió la escena:

Mi padre, mudo pero aparentemente alerta, miraba de un rostro a otro mientras hablábamos, sus ojos marrones brillaban por las lágrimas. Siempre había odiado verlo llorar, y rara vez lo hacía, pero por una vez estaba agradecido. Eso me dio la esperanza de que, durante lo que pudo haber sido la última vez en su vida, y quizá la más importante, él comprendió [...] Al menos, sabía que dondequiera que mirara esa noche, se encontraba donde siempre había estado con su familia: el centro del círculo, fuente y objeto de nuestro amor eterno.[11]

Ése fue un hombre que de verdad fue visto.

∼

A estas alturas uno pensaría que yo sería un Sigmund Freud común y corriente. He pasado varios años pensando en el problema de cómo ver profundamente a los demás y ser visto con profundidad. Uno pensaría que a estas alturas podría entrar en una habitación y atravesar el alma de las personas con mis ojos. Uno pensaría que tengo la capacidad de estallar con ideas trascendentales sobre quiénes son en realidad. Uno pensaría que navego en las fiestas como un brillante iluminador, dejando a todos los reductores sintiéndose inferiores y avergonzados. Pero si tuviera que evaluar con honestidad hasta qué punto he dominado las habilidades que he descrito en este libro, tendría que decir: se ha avanzado mucho, pero aún queda mucho trabajo por hacer.

Por ejemplo, ayer, el día antes de escribir estos últimos párrafos, tuve dos largas conversaciones. Almorcé con una mujer joven que está dejando su trabajo actual, mudándose al otro lado del país con su esposo y tratando de decidir qué hacer con su vida. Luego cené con un funcionario del gobierno que enfrenta una enorme cantidad de críticas partidistas. Supongo que el hecho de que estas personas vinieran a mí en busca de conversación y consejo es una señal de progreso. La gente rara vez se acercaba al viejo David dispuesta a mostrar vulnerabilidad y buscando acompañamiento. Pero ahora me doy cuenta de que en cada caso desaproveché la ocasión. Hubo un momento crucial en cada conversación, y no tuve la presencia de ánimo para detener el flujo de la plática para que pudiéramos detenernos y profundizar en lo que acabábamos de decir. Durante el almuerzo, la mujer dijo que iba a pasar los próximos cuatro meses haciendo un examen de conciencia. Podría haber detenido la conversación y preguntarle qué quería decir exactamente. ¿Cómo iba a hacer este examen de conciencia? ¿Había hecho alguna vez en su vida este tipo de examen de conciencia? ¿Qué esperaba encontrar?

De manera similar, mi compañero de cena mencionó que le costaba mucho trabajo estar presente con la gente. Estaba en medio de una reunión importante con alguien y su mente siempre regresaba para reconsiderar algo que ya había sucedido o saltaba hacia delante para pensar en algo que tenía que hacer más tarde ese día. ¡Ésa fue una confesión importante! Debería haberlo detenido para preguntarle cómo se había dado cuenta de que tenía esta debilidad, si este defecto había estropeado sus relaciones, ¿cómo esperaba abordar el problema? Después de los encuentros de este día, me di cuenta de que tengo que trabajar en mi capacidad para detectar los momentos cruciales de conversación en tiempo real. Tengo que aprender a hacer las preguntas que nos mantendrán en ellas, buscando comprensión.

Al final de este libro, intentaré evaluarme honestamente, con la esperanza de que el ejercicio te ayude a evaluarte a ti mismo con honestidad. Mi principal problema es que, a pesar de todas mis resoluciones serias y todo lo que sé sobre la habilidad de ver a los demás, en el alboroto de la vida cotidiana todavía dejo que mi ego tome el control. Todavía paso demasiado tiempo social contándote a ti las cosas inteligentes que sé, las historias divertidas que conozco, ejecutando el tipo de actuación social que espero que me haga parecer impresionante o al menos agradable. Todavía me siento demasiado elevado. Si me cuentas algo que pasó en tu vida, muy a menudo te contaré algo vagamente parecido que pasó en la mía. ¿Qué puedo decir? Paso mi vida como columnista de opinión; los hábitos de pontificar son difíciles de abandonar.

Mi segundo problema es que todavía poseo una timidez natural que, supongo, nunca superaré por completo. Sé que es importante escuchar en voz alta, pero mi rostro y mi comportamiento son aún más tranquilos que receptivos, más tranquilos que demasiado emotivos. Sé que cada conversación se define tanto por sus descargas emocionales como por lo que en realidad se dice, pero compartir de manera abierta las emociones sigue siendo un desafío. El otro día, en una cena, miré al otro lado de la mesa grande y vi a mi esposa y a una mujer sentada a su lado enfrascadas en una conversación. Se miraban directo a los ojos y hablaban con tanta atención y deleite que las otras personas en la habitación bien podrían no haber existido. Luego miré hacia otra parte de la habitación y vi a dos conocidos apoyados el uno en el otro, con las frentes juntas, uno con la mano en el hombro del otro, unidos en una amistad tan palpable que eran como una sola persona. Para algunos de nosotros, personas reservadas, ese tipo de intimidad fácil sigue siendo un desafío.

En el lado positivo, creo que ha habido un cambio integral en mi postura. Creo que soy mucho más vulnerable, abierto, accesible y, espero, amable. Mi mirada es más cálida y veo el mundo a través de una lente más personal. Incluso cuando hablamos de política, deportes o lo que sea, lo que realmente quiero saber es sobre ti. Soy más consciente de tu subjetividad: de cómo estás viviendo tu experiencia, de cómo construyes tu punto de vista. Soy mucho mejor tomando conversaciones normales y convirtiéndolas en conversaciones memorables.

Además, he aprendido mucho más sobre la humanidad. Conozco los rasgos de la personalidad, cómo las personas se ven moldeadas por la tarea de vida en la que se encuentran, cómo conforman a las personas sus momentos de sufrimiento, cómo hablar con alguien que está deprimido, cómo reconocer las formas en que las diferentes culturas pueden moldear el punto de vista de una persona. Este conocimiento no sólo me da cierta experiencia sobre las personas en general, sino que también me da más confianza en mí mismo cuando me acerco a un extraño o camino con un amigo. Cuando hablo con una persona, sé qué buscar. Soy mucho mejor para hacer preguntas importantes, mucho mejor para sentir toda la dinámica de las conversaciones y mucho más audaz cuando hablo con alguien cuya vida es por completo diferente a la mía. Cuando alguien se vuelve verdaderamente vulnerable, ya no me congelo; me permito fluir, honrado por su confianza.

La sabiduría que he aprendido y he intentado compartir en este libro me ha dado un claro sentido de propósito moral. Las palabras de Parker Palmer resuenan en mi cabeza: "Toda epistemología implica una ética". La forma en que trato de verte representa mi forma moral de estar en el mundo, que será generosa y considerada o crítica y cruel. Por eso estoy tratando de transmitir la "atención justa y amorosa" sobre la que escribió Iris Murdoch. Habiendo escrito este libro, sé, con cierto detalle concreto, qué tipo de persona busco ser, y ése es un tipo de conocimiento muy importante que debo tener.

Un iluminador es una bendición para quienes lo rodean. Cuando se encuentra con otros, tiene una conciencia compasiva de la fragilidad humana, porque conoce las formas en que todos somos frágiles. Es misericordioso con la sinrazón humana porque es consciente de todas las formas en que somos irracionales. Acepta la inevitabilidad del conflicto y recibe el desacuerdo con curiosidad y respeto.

Quien sólo mira hacia dentro sólo encontrará caos, y quien mira hacia fuera con ojos de juicio crítico sólo encontrará defectos. Pero aquel que mira con ojos de compasión y comprensión verá almas complejas, sufriendo y elevándose, navegando por la vida lo mejor que pueden. La persona que domine las habilidades que hemos estado describiendo aquí tendrá una percepción aguda. Notará la postura rígida de esta persona y el temblor ansioso de otra. Envolverá a las personas en una mirada amorosa, un abrazo visual que no sólo la ayudará a sentir lo que está experimentando, sino que también les dará a quienes la rodean la sensación de que ella está ahí con ellos, que está compartiendo lo que están pasando. Y mantendrá esta amplia atención amorosa incluso cuando la insensibilidad del mundo aumente a su alrededor, siguiendo el consejo de ese sabio poema de W. H. Auden: "Si un afecto por igual no puede haber/ el que más ame déjame ser". Finalmente habrá aprendido que no son sólo los actos épicos de heroísmo y altruismo los que definen el carácter de una persona; son los actos cotidianos de encuentro. Es la simple capacidad de hacer que otra persona se sienta vista y comprendida, esa habilidad difícil pero esencial que convierte a una persona en un apreciado compañero de trabajo, ciudadano, amante, cónyuge y amigo.

Agradecimientos

En cierto nivel, escribir es un asunto solitario. Me despierto cada mañana y escribo entre las 7:30 y la 1:00 p.m. Solía usar un Fitbit. Éste me decía que estaba durmiendo la siesta por las mañanas. No estaba durmiendo la siesta; estaba escribiendo, pero supongo que mi ritmo cardiaco bajaba. El aparato pensaba que estaba dormido, pero en realidad estaba haciendo lo que me gusta hacer.

Pero he tenido suerte y mi vida como escritor también está integrada en instituciones, llenas de personas que me guían, ayudan, apoyan y, comparten el camino. Mi excolega del *New York Times*, Michal Leibowitz, me proporcionó una valiosa orientación durante la preparación de este libro. Ella me dijo qué partes funcionaban y cuáles no: una mirada exterior, que criticaba con consideración. Michal tiene una gran carrera en escritura y edición. Mi editor del *Times*, Nick Fox, siempre me presiona para que aclare mis argumentos. Cuando escribí un artículo para *The Times* sobre mi amigo Peter Marks, que adapté para este libro, él me impulsó a ser más personal, a dejar que mis emociones se mostraran.

En *The Atlantic*, amigos como Jeffrey Goldberg, Scott Stossel y muchos otros me impulsaron a realizar el análisis social que me llevó a creer que este libro es necesario, que me ayudó a comprender las crisis social y relacional en las que nos encontramos, y qué podemos hacer al respecto.

Es probable que sea una de las criaturas más raras: un autor que está enteramente contento con su editor. Éste es mi cuarto libro con Penguin Random House y me han tratado bien desde el principio.

Mi editor, Andy Ward, y su equipo aclararon mi pensamiento en casi cada página y me brindaron el tipo de apoyo intelectual y emocional que cualquier escritor necesita para seguir adelante. Éste es mi cuarto libro con London King, quien me ayuda a dar a conocer mis libros al mundo. Le digo a London que no conozco a casi nadie que sea tan bueno en su trabajo como London en el suyo. Este libro también se ha beneficiado de dos editores excepcionales, verificadores de datos y lectores inteligentes: Bonnie Thompson y Hilary McClellan.

Tuve la oportunidad de enseñar el tema de este libro en la Escuela Jackson de Asuntos Globales de Yale, a pesar de que sólo está débilmente relacionado con los asuntos globales. Mis alumnos, que iban desde estudiantes universitarios hasta infantes de marina, científicos ambientales y emprendedores sociales, profundizaron mi pensamiento, reconfortaron mi corazón y me recordaron una y otra vez que de verdad es divertido conocer gente.

Muchos de mis amigos leyeron borradores de este libro y me ofrecieron sabios consejos que, para ser franco, me evitaron desviarme gravemente del rumbo. En particular, me gustaría agradecer a Pete Wehner, David Bradley, Gary Haugen, Francis Collins, Yuval Levin, Mark Labberton, Philip Yancy, Andrew Steer, James Forsyth y Russell Moore. Dos miembros de nuestra alegre banda murieron cuando estaba terminando este libro, Michael Gerson y Tim Keller. Atesoro los recuerdos de nuestras conversaciones y los extraño mucho.

Libros como éste no se escriben sin expertos. Agradezco a todos aquellos que me devolvieron las llamadas, en especial a Nick Epley, Lisa Feldman Barrett, Dan McAdams, Lori Gottlieb, Tracy Kidder, Robert Kegan y muchos otros.

Mis dos amigos más antiguos en el mundo son Peter Marks y su esposa, Jennifer McSchane. Nos hemos conocido y querido casi toda nuestra vida. Cuando Pete murió en 2022, Jen y sus hijos, Owen y James, me dejaron contar con valentía la historia de Pete. Espero que hayamos ayudado a muchas personas a comprender un poco mejor la depresión y cómo caminar con personas que la padecen. Me faltan palabras para transmitir plenamente mi admiración por Jen, Owen y James.

Mis hijos, Joshua, Naomi y Aaron, alguna vez fueron niños, jugaban y crecían. Ahora son adultos, camaradas a lo largo de la vida, que dan forma a mis pensamientos y esperanzas. Este libro no existiría sin mi esposa, Anne Snyder Brooks; en parte porque yo no sería ni remotamente el tipo de persona capaz de escribirlo. Anne también es escritora y editora de la revista *Comment*. Pones a dos escritores en una casa y creerías que las cosas estarían tranquilas y solitarias. Pero gracias a su naturaleza generosa y trascendente, y a mucho trabajo arduo, nuestra casa está siempre llena de amigos e invitados, de música, juegos, deportes y conversación. Parece que paso mis años escribiendo libros que Anne no necesita. Ella ya es cariñosa, centrada en los demás y perceptiva, dotada para hacer que los demás se sientan vistos, de verdad un deleite para todos los que la conocen, sabia en formas que no se pueden aprender en los libros, generosa en formas que no se pueden fabricar mediante fórmula ninguna, pero que emergen como frutos del espíritu.

Notas

Capítulo 1. El poder de ser visto

1   Aaron De Smet, Bonnie Dowling, Marino Mugayar-Baldocchi y Bill Schaninger, "'Great Attrition' or 'Great Attraction'? The Choice Is Yours", *McKinsey Quarterly*, septiembre de 2021.
2   Citado en Bessel A. van der Kolk, *The Body Keeps the Score: Brain, Mind and Body in the Healing of Trauma* (Nueva York: Penguin Books, 2014), 107.
3   Wendy Moffat, *A Great Unrecorded History: A New Life of E. M. Forster* (Nueva York: Farrar, Straus y Giroux, 2010), 11.
4   *The Idea Factory: Bell Labs and the Great Age of American Innovation* (Nueva York: Penguin Books, 2012), 135.
5   Nicholas Epley, *Mindwise: Why We Misunderstand What Others Think, Believe, Feel, and Want* (Nueva York: Vintage, 2014), 9.
6   William Ickes, *Everyday Mind Reading: Understanding What Other People Think and Feel* (Amherst, NY: Prometheus), 78.
7   Ickes, *Everyday Mind Reading*, 164.
8   Ickes, *Everyday Mind Reading*, 109.

Capítulo 2. Cómo no ver a una persona

1   Epley, *Mindwise*, 55.
2   Vivian Gornick, *Fierce Attachments: A Memoir* (Nueva York: Farrar, Straus & Giroux, 1987), 76.
3   Gornick, *Fierce Attachments*, 6.
4   Gornick, *Fierce Attachments*, 32.
5   Gornick, *Fierce Attachments*, 104.
6   Gornick, *Fierce Attachments*, 204.

Capítulo 3. Iluminación

[1] Iain McGilchrist, *The Master and His Emissary: The Divided Brain and the Making of the Western World* (New Haven: Yale University Press, 2009), 133.

[2] Frederick Buechner, *The Remarkable Ordinary: How to Stop, Look, and Listen to Life* (Grand Rapids, Michigan: Zondervan, 2017), 24.

[3] Zadie Smith, "Fascinated to Presume: In Defense of Fiction", *New York Review of Books*, 24 de octubre de 2019.

[4] Parker J. Palmer, *To Know as We Are Known: Education as a Spiritual Journey* (San Francisco: HarperCollins, 1993), 58.

[5] Nigel Hamilton, *How to Do Biography: A Primer* (Cambridge, Mass.: Harvard University Press, 2008), 39.

[6] León Tolstoi, *Resurrection*, trad. Aline P. Delano (Nueva York: Grosset & Dunlap, 1911), 59.

[7] Palmer, *To Know as We Are Known*, 21.

[8] Iris Murdoch, *The Sovereignty of Good* (Abingdon, Reino Unido: Routledge, 2014), 36.

[9] Martha C. Nussbaum, introducción a *the Black Prince*, por Iris Murdoch (Nueva York: Penguin Classics, 2003), xviii.

[10] Murdoch, *The Sovereignty of Good*, 27.

[11] Murdoch, *The Sovereignty of Good*, 85.

[12] Murdoch, *The Sovereignty of Good*, 30.

[13] Mary Pipher, *Cartas a un joven terapeuta: Historias de esperanza y curación* (Nueva York: Basic Books, 2016), 180.

[14] Pipher, *Letters to a Young Therapist: Stories of Hope and Healing*, xxv.

[15] Pipher, *Letters to a Young Therapist*, 30.

[16] Pipher, *Letters to a Young Therapist*, 43.

[17] Pipher, *Letters to a Young Therapist*, 109.

Capítulo 4. Acompañamiento

[1] Loren Eiseley, "The Flow of the River", *The Immense Journey* (1946; repr., Nueva York: Vintage Books, 1959), 15-27.

[2] D. H. Lawrence, *Lady Chatterley's Lover* (Nueva York: Penguin Books, 2006), 323.

[3] Dacher Keltner, *Born to Be Good: The Science of a Meaningful Life* (Nueva York: WW Norton, 2009), 134.

[4] Gail Caldwell, *Let's Take the Long Way Home: A Memoir of Friendship* (Nueva York: Random House, 2010), 83.

[5] Caldwell, *Let's Take the Long Way Home*, 87.

6 Margaret Guenther, *Holy Listening: The Art of Spiritual Direction* (Lanham, Md.: Rowman & Littlefield, 1992), 23.

7 Daniel Goleman, *Social Intelligence: The New Science of Human Relationships* (Nueva York: Bantam, 2006), 257.

Capítulo 5. ¿Qué es una persona?

1 Emmanuel Carrère, *Lives Other Than My Own*, trad. Linda Coverdale (Nueva York: Metropolitan, 2011), 2.

2 Carrère, *Lives Other Than My Own*, 11.

3 Carrère, *Lives Other Than My Own*, 31.

4 Carrère, *Lives Other Than My Own*, 43.

5 Carrère, *Lives Other Than My Own*, 51.

6 Marc Brackett, *Permission to Feel: Unlocking the Power of Emotions to Help Our Kids, Ourselves, and Our Society Thrive* (Nueva York: Celadon, 2019), 63.

7 Irvin D. Yalom, *The Gift of Therapy: An Open Letter to a New Generation of Therapists and Their Patients* (Nueva York: Harper Perennial, 2009), 31.

8 Anil Seth, *Being You: A New Science of Consciousness* (Nueva York: Dutton, 2021), 97.

9 Seth, *Being You*, 28.

10 Lisa Feldman Barrett, *How Emotions Are Made: The Secret Life of the Brain* (Nueva York: Houghton Mifflin Harcourt, 2017), 27.

11 Stanislas Dehaene, *How We Learn: Why Brains Learn Better Than Any Machine... for Now* (Nueva York: Penguin Books, 2021), 155.

12 Michael J. Spivey, *Who You Are: The Science of Connectedness* (Cambridge, Mass.: MIT Press, 2020), 19.

13 Citado en Dennis Proffitt y Drake Baer, *Perception: How Our Bodies Shape Our Minds* (Nueva York: St. Martin's, 2020), 170.

14 McGilchrist, *The Master and His Emissary*, 97.

15 Barrett, *How Emotions Are Made*, 85.

Capítulo 6. Buenas conversaciones

1 John Buchan, *Pilgrim's Way: An Essay in Recollection* (Boston: Houghton Mifflin, 1940), 155.

2 Kate Murphy, *You're Not Listening: What You're Missing and Why It Matters* (Nueva York: Celadon, 2020), 70.

3 Murphy, *You're Not Listening*, 106.

4 Proffitt y Baer, *Perception*, 123.
5 Murphy, *You're Not Listening*, 186.
6 Murphy, *You're Not Listening*, 145.
7 Mónica Guzmán, *I Never Thought of It That Way: How to Have Fearlessly Curious Conversations in Dangerously Divided Times* (Dallas, Texas: BenBella, 2020), 200.

Capítulo 7. Las preguntas correctas

1 Will Storr, *The Science of Storytelling: Why Stories Make Us Human and How to Tell Them Better* (Nueva York: Abrams, 2020), 17.
2 Murphy, *You're Not Listening*, 96.
3 Peter Block, *Community: The Structure of Belonging* (Oakland, California: Berrett-Koehler, 2009), 135.
4 Guzmán, *I Never Thought of It That Way*, xxi.
5 Ethan Kross, *Chatter: The Voice in Our Heads, Why It Matters, and How to Harness It* (Nueva York: Crown, 2021), 35.
6 Kross, *Chatter*, 37.
7 Kross, *Chatter*, 30.

Capítulo 8. La epidemia de ceguera

1 Holly Hedegaard, Sally C. Curtin y Margaret Warner, "Suicide Mortality in the United States, 1999-2019", Data Brief No. 398, Centro Nacional de Estadísticas de Salud, febrero de 2021.
2 Moriah Balingit, "'A Cry for Help': CDC Warns of a Steep Decline in Teen Mental Health", *Washington Post*, 31 de marzo de 2022.
3 Chris Jackson y Negar Ballard, "Over Half of Americans Report Feeling Like No One Knows Them Well", Ipsos, consultado el 12 de abril de 2023, https://www.ipsos.com/en-us /news-polls/us-loneliness-index-report
4 "Loneliness in America: How the Pandemic Has Deepened an Epidemic of Loneliness and What We Can Do About It", Making Caring Common, consultado el 12 de abril de 2023, https://mcc.gse.harvard.edu/reports/loneliness-in-america
5 Bryce Ward, "Americans Are Choosing to Be Alone: Here's Why We Should Reverse That", *Washington Post*, 23 de noviembre de 2022.
6 David Brooks, "The Rising Tide of Global Sadness", *New York Times*, 27 de octubre de 2022.
7 Johann Hari, *Lost Connections: Why You're Depressed and How to Find Hope* (Nueva York: Bloomsbury, 2018), 82.

8   Giovanni Frazzetto, *Together, Closer: The Art and Science of Intimacy in Friendship, Love, and Family* (Nueva York: Penguin Books, 2017), 12.

9   Van der Kolk, *The Body Keeps the Score*, 80.

10 Joe Hernandez, "Hate Crimes Reach the Highest Level in More Than a Decade", NPR, 31 de agosto de 2021.

11 "Only Half of U.S. Households Donated to Charity, Worst Rate in Decades", CBS News, 27 de julio de 2021.

12 "America Is Taking a Moral Convulsion", *Atlantic*, 5 de octubre de 2020.

13 Ryan Streeter y David Wilde, "The Lonely (Political) Crowd", American Enterprise Institute, consultado el 14 de abril de 2023, https://www.aei.org/articles/the-lonely-political-crowd/

14 "Why Mass Shootings Keep Happening?", *Esquire*, 2 de octubre de 2017.

15 Jean Hatzfeld, *Machete Season: The Killers in Rwanda Speak*, trad. Linda Coverdale (Nueva York: Farrar, Straus & Giroux, 2005), 24.

16 "Where Americans Find Meaning in Life", Pew Research Center, 20 de noviembre de 2018.

Capítulo 9. Conversaciones difíciles

1   Ralph Ellison, *Invisible Man* (Nueva York: Vintage, 1995), 4.

2   Guzmán, *I Never Thought of It that Way*, 53.

3   Kerry Patterson, Joseph Grenny, Ron McMillan y Al Switzler, *Crucial Conversations: Tools for Talking When the Stakes Are High* (Nueva York: McGraw-Hill, 2002), 79.

4   Proffitt y Baer, *Perception*, 38.

5   Proffitt y Baer, *Perception*, 39.

6   Proffitt y Baer, *Perception*, 6.

7   Proffitt y Baer, *Perception*, 56.

8   Proffitt y Baer, *Perception*, 20.

Capítulo 11. El arte de la empatía

1   Andy Crouch, *The Life We're Looking For: Reclaiming Relationship in a Technological World* (Nueva York: Convergent, 2022), 3.

2   Martin Buber, *I and Thou*, trad. Walter Kaufmann (Edimburgo: T. & T. Clark, 1970), 28.

3   Stephen Cope, *Deep Human Connection: Why We Need It More Than Anything Else* (Carlsbad, California: Hay House, 2017), 29.

4   Demi Moore, *Inside Out: A Memoir* (Nueva York: Harper-Collins, 2019), 69.
5   George E. Vaillant, *Triumphs of Experience: The Men of the Harvard Grant Study* (Cambridge, Mass.: Belknap Press of Harvard University Press, 2012), 43.
6   Vaillant, *Triumphs of Experience*, 134.
7   Vaillant, *Triumphs of Experience*, 357.
8   Vaillant, *Triumphs of Experience*, 134.
9   Vaillant, Triumphs of Experience, 139.
10 Tara Bennett-Goleman, *Emotional Alchemy: How the Mind Can Heal the Heart* (Nueva York: Three Rivers, 2001), 96.
11 Storr, *The Science of Storytelling*, 1.
12 Storr, *The Science of Storytelling*, 222.
13 Howard Thurman, *Jesus and the Disinherited* (Boston: Beacon, 1996), 88.
14 Sacha Golob, "Why Some of the Smartest People Can Be So Very Stupid", *Psyche*, 4 de agosto de 2021, https://psyche.co/ideas/why-some-of-the-smartest-people-can-be-so-very-stupid
15 Leonard Mlodinow, *Emotional: How Feelings Shape Our Thinking* (Nueva York: Pantheon, 2022), 28.
16 Epley, *Mindwise*, 47.
17 Barrett, *How Emotions Are Made*, 102.
18 Barrett, *How Emotions Are Made*, 2.
19 Barrett, *How Emotions Are Made*, 183.
20 Matthew D. Lieberman, *Social: Why Our Brains Are Wired to Connect* (Nueva York: Crown, 2013), 150.
21 Elizabeth Dias, "Kate Bowler on Her Cancer Diagnosis and Her Faith", *Time*, 25 de enero de 2018.
22 Karla McLaren, *The Art of Empathy: A Complete Guide to Life's Most Essential Skill* (Boulder, Colorado: Sounds True, 2013), 13.
23 Simon Baron-Cohen, *Zero Degrees of Empathy: A New Theory of Human Cruelty* (Londres: Allen Lane, 2011), 31.
24 Baron-Cohen, *Zero Degrees of Empathy*, 37.
25 Baron-Cohen, Zero Degrees of Empathy, 34.
26 Baron-Cohen, *Zero Degrees of Empathy*, 36.
27 Leslie Jamison, *The Empathy Exams: Essays* (Minneapolis: Graywolf, 2014), 21
28 *Giving Voice*, dirigida por James D. Stern y Fernando Villena (Beverly Hills, California: Endgame Entertainment, 2020).
29 Paul Giamatti y Stephen T. Asma, "Phantasia", *Aeon*, 23 de marzo de 2021, https://aeon.co/essays/imagination-is-the-sixth-sense-be-careful-how-you-use-it
30 Dan P. McAdams, *The Stories We Live By: Personal Myths and the Making of the Self* (Nueva York: Guilford, 1993), 243.

[31] Brackett, *Permission to Feel*, 113.

[32] Brackett, *Permission to Feel*, 124.

[33] Brackett, *Permission to Feel*, 233.

[34] David Brooks, "What Do You Say to the Sufferer?", *New York Times*, 9 de diciembre de 2021.

[35] Barrett, *How Emotions Are Made*, 77.

[36] David Brooks, *The Social Animal: The Hidden Sources of Love, Character, and Achievement* (Nueva York: Random House, 2011), 217.

Capítulo 12. ¿Cómo te moldearon tus sufrimientos?

[1] Barbara Lazear Ascher, *Ghosting: A Widow's Voyage Out* (Nueva York: Pushcart, 2021), 46.

[2] Ascher, *Ghosting*, 124.

[3] Ascher, *Ghosting*, 93.

[4] Stephen Joseph, *What Doesn't Kill Us: A New Psychology of Posttraumatic Growth* (Nueva York: Basic Books, 2011), 109.

[5] Joseph, *What Doesn't Kill Us,* 104.

[6] Joseph, *What Doesn't Kill Us*, 6.

[7] Frederick Buechner, *The Sacred Journey: A Memoir of Early Days* (Nueva York: HarperCollins, 1982), 45.

[8] Buechner, *The Sacred Journey*, 54.

[9] Frederick Buechner, *The Eyes of the Heart: A Memoir of the Lost and Found* (Nueva York: HarperCollins, 1999), 17.

[10] Buechner, *The Sacred Journey*, 46.

[11] Buechner, *The Sacred Journey*, 69.

[12] Buechner, *The Eyes of the Heart*, 68

[13] Joseph, *What Doesn't Kill Us*, 70.

[14] Harold S. Kushner, *When Bad Things Happen to Good People* (Nueva York: Schocken, 1981), 133.

[15] Murdoch, *The Sovereignty of Good*, 91.

Capítulo 13. Personalidad: ¿qué energía traes al entorno?

[1] Dan P. McAdams, *George W. Bush and the Redemptive Dream: A Psychological Portrait* (Nueva York: Oxford University Press, 2011), 34.

[2] McAdams, *George W. Bush and the Redemptive Dream*, 18.

[3] McAdams, *George W. Bush and the Redemptive Dream*, 19

[4] Jonathan Sacks, *Morality: Restoring the Common Good in Divided Times* (Nueva York: Basic Books, 2020), 229.

[5] Citado en Benjamin Hardy, *Personality Isn't Permanent: Break Free from Self-Limiting Beliefs and Rewrite Your Story* (Nueva York: Portfolio, 2020), 28.

[6] Luke D. Smillie, Margaret L. Kern y Mirko Uljarevic, "Extraversion: Description, Development, and Mechanisms", en *Handbook of Personality Development*, editado por Dan P. McAdams, Rebecca L. Shiner y Jennifer L. Tackett (Nueva York: Guilford, 2019), 128.

[7] Daniel Nettle, *Personality: What Makes You the Way You Are* (Nueva York: Oxford University Press, 2007), 81.

[8] Nettle, *Personality*, 84.

[9] Danielle Dick, *The Child Code: Understanding Your Child's Unique Nature for Happier, More Effective Parenting* (Nueva York: Avery, 2021), 92.

[10] Nettle, *Personality*, 149.

[11] Dan P. McAdams, *The Art and Science of Personality Development* (Nueva York: Guilford, 2015), 106.

[12] Nettle, *Personality*, 111.

[13] Scott Barry Kaufman, *Transcend: The New Science of Self-Actualization* (Nueva York: TarcherPerigee, 2020), 10.

[14] Nettle, *Personality*, 119.

[15] Nettle, *Personality*, 160.

[16] Kaufman, *Transcend*, 110.

[17] Ted Schwaba, "The Structure, Measurement, and Development of Openness to Experience across Adulthood", en *Handbook of Personality Development*, 185.

[18] Schwaba, "The Structure, Measurement and Development of Openness to Experience Across Adulthood", 196.

[19] Citado en David Keirsey, *Please Understand Me II: Temperament, Character, Intelligence* (Del Mar, California: Prometheus Nemesis, 1998), 55.

[20] Brent W. Roberts, Nathan R. Kuncel, Rebecca Shiner, Avshalom Caspi y Lewis R. Goldberg, "The Power of Personality: The Comparative Validity of Personality Traits, Socioeconomic Status, and Cognitive Ability for Predicting Important Life Outcomes", *Perspectives on Psychological Science*, 2, núm. 4 (diciembre de 2007): 313-345.

[21] Dick, *The Child Code*, 122.

[22] Edward Mendelson, *The Things That Matter: What Seven Classic Novels Have to Say About the Stages of Life* (Nueva York: Pantheon, 2006), 79.

[23] Brent W. Roberts y Hee J. Yoon, "Personality Psychology", *Annual Review of Psychology* 73 (enero de 2022): 489-516.

Capítulo 14. Tareas de vida

[1] Alison Gopnik, Andrew Meltzoff y Patricia Kuhl, *How Babies Think: The Science of Childhood* (Londres: Weidenfeld & Nicolson, 1999), 29.

[2] Gopnik, Meltzoff y Kuhl, *How Babies Think*, 37.

[3] Mihaly Csikszentmihalyi, *The Evolving Self: A Psychology for the Third Millennium* (Nueva York: Harper-Perennial, 1993), 179.

[4] Philip M. Lewis, *The Discerning Heart: The Developmental Psychology of Robert Kegan* (Seattle: Amazon Digital Services, 2011), 54.

[5] Csikszentmihalyi, *The Evolving Self*, 38.

[6] Csikszentmihalyi, *The Evolving Self*, 97.

[7] Csikszentmihalyi, *The Evolving Self*, 206.

[8] Robert Kegan, *In Over Our Heads: The Mental Demands of Modern Life* (Cambridge, Mass.: Harvard University Press, 1994), 17.

[9] Lori Gottlieb, *Maybe You Should Talk to Someone: A Therapist, Her Therapist, and Our Lives Revealed* (Nueva York: Houghton Mifflin Harcourt, 2019), 174.

[10] Robert A. Caro, *Working: Researching, Interviewing, Writing* (Nueva York: Vintage, 2019), 158.

[11] Caro, *Working*, 151.

[12] Wallace Stegner, *Crossing to Safety* (Nueva York: Random House, 1987), 143.

[13] Vaillant, *Triumphs of Experience*, 153.

[14] C. G. Jung, *Modern Man in Search of a Soul*, trad. WS Dell y Cary F. Baynes (Nueva York: Harcourt, Brace, 1933) 104.

[15] Vaillant, *Triumphs of Experience*, 18.

[16] Vaillant, *Triumphs of Experience*, 20.

[17] Vaillant, *Triumphs of Experience*, 24.

[18] Vaillant, *Triumphs of Experience*, 154.

[19] Robert Kegan y Lisa Laskow Lahey, *Immunity to Change: How to Overcome It and Unlock the Potential in Yourself and Your Organization* (Boston: Harvard Business Press, 2009), 35.

[20] Lewis, *The Discerning Heart*, 88.

[21] Citado en Diane Ackerman, *An Alchemy of Mind: The Marvel and Mystery of the Brain* (Nueva York: Scribner, 2004), 121.

[22] Descrito en Vaillant, *Triumphs of Experience*, 168.

[23] Irvin D. Yalom, *Staring at the Sun: Overcoming the Terror of Death* (San Francisco: Jossey-Bass, 2008), 297.

[24] Wilfred M. McClay, "Being There", *Hedgehog Review* (otoño de 2018), https://hedgehogreview.com/issues/the-evening-of-life/articles/being-there

[25] Jung, *Modern Man in Search of a Soul*, 125.

[26] Citado en Kegan, *The Evolving Self*, 215.

Capítulo 15. Historias de vida

[1] Fernyhough, *The Voices Within*, 36.
[2] Kross, *Chatter*, xxii.
[3] Fernyhough, *The Voices Within*, 65.
[4] Anatoly Reshetnikov, "Multiplicity All-Around: In Defense of Nomadic IR and Its New Destination", *New Perspectives 27*, núm. 3 (2019), 159-166.
[5] Fernyhough, *The Voices Within*, 44.
[6] McAdams, *The Stories We Live By*, 127.
[7] Viola Davis, *Finding Me* (Nueva York: HarperCollins, 2022), 6.
[8] Davis, *Finding Me*, 2.
[9] Davis, *Finding Me*, 67.
[10] McAdams, *The Art and Science of Personality Development*, 298.
[11] Mary Catherine Bateson, *Composing a Life* (Nueva York: Atlantic Monthly Press, 1989), 6.
[12] James Hillman, *The Soul's Code: In Search of Character and Calling* (Nueva York: Ballantine, 1996), 173.
[13] Stephen Cope, *Deep Human Connection: Why We Need It More Than Anything Else* (Carlsbad, California: Hay House, 2017), 178.
[14] Cope, *Deep Human Connection*, 180.
[15] Citado en Storr, *The Science of Storytelling*, 68.
[16] Philip Weinstein, *Becoming Faulkner: The Art and Life of William Faulkner* (Nueva York: Oxford University Press, 2010), 3.

Capítulo 16. ¿Cómo aparecen tus antepasados en tu vida?

[1] Valerie Boyd, *Wrapped in Rainbows: The Life of Zora Neale Hurston* (Nueva York: Scribner, 2003), 32.
[2] Zora Neale Hurston, *Dust Tracks on a Road: An Autobiography* (Nueva York: HarperPerennial, 1996), 34.
[3] Boyd, *Wrapped in Rainbows*, 14.
[4] Hurston, *Dust Tracks on a Road*, 34.
[5] Hurston, *Dust Tracks on a Road*, 46.
[6] Hurston, *Dust Tracks on a Road*, 104.
[7] Boyd, *Wrapped in Rainbows*, 25.
[8] Toni Morrison, "The Site of Memory", en *Inventing the Truth: The Art and Craft of Memoir*, ed. William K. Zinsser (Boston: Houghton Mifflin, 1998), 199.
[9] Boyd, *Wrapped in Rainbows*, 40.
[10] Hurston, *Dust Tracks on a Road*, 66.

[11] Boyd, *Wrapped in Rainbows*, 75.

[12] Boyd, *Wrapped in Rainbows*, 110.

[13] Boyd, *Wrapped in Rainbows*, 165.

[14] Danté Stewart, "In the Shadow of Memory", *Comment*, 23 de abril de 2020, https://comment.org/in-the-shadow-of-memory/

[15] Hurston, *Dust Tracks on a Road*, 171.

[16] Hurston, *Dust Tracks on a Road*, 192.

[17] Joseph Henrich, *The WEIRDest People in the World: How the West Became Psychologically Peculiar and Particularly Prosperous* (Nueva York: Picador, 2020), 41.

[18] Henrich, *The WEIRDest People in the World*, 156.

[19] Henrich, *The WEIRDest People in the World*, 45.

[20] Proffitt y Baer, *Perception*, 195.

[21] Esther Hsieh, "Rice Farming Linked to Holistic Thinking", *Scientific American*, 1 de noviembre de 2014.

[22] Theodor Reik, *Listening with the Third Ear: The Inner Experience of a Psychoanalyst* (Nueva York: Farrar, Straus & Giroux, 1948), 64.

Capítulo 17. ¿Qué es la sabiduría?

[1] Robert Caro, "Lyndon Johnson and the Roots of Power", en *Extraordinary Lives: The Art and Craft of American Biography*, ed. William K. Zinsser (Boston: Houghton Mifflin, 1988), 200.

[2] Tracy Kidder, *Strength in What Remains* (Nueva York: Random House, 2009), 5.

[3] Kidder, *Strength in What Remains*, 183.

[4] Kidder, *Strength in What Remains*, 123.

[5] Kidder, *Strength in What Remains*, 216.

[6] Kidder, *Strength in What Remains*, 219.

[7] Gottlieb, *Maybe You Should Talk to Someone*, 93.

[8] Gottlieb, *Maybe You Should Talk to Someone*, 47.

[9] Gottlieb, *Maybe You Should Talk to Someone*, 154.

[10] Henri J. M. Nouwen, *Reaching Out: The Three Movements of the Spiritual Life* (Nueva York: Image Books, 1966), 99.

[11] Kathryn Schulz, *Lost & Found: A Memoir* (Nueva York: Random House, 2022), 43.

Índice analítico